Música do Parnaso

MÚSICA DO PARNASO

Manuel Botelho de Oliveira

EDIÇÃO FAC-SIMILAR
[1705-2005]

A POESIA AGUDA
DO ENGENHOSO FIDALGO
MANUEL BOTELHO DE OLIVEIRA

por

Ivan Teixeira

Ateliê Editorial

Copyright © by 2005 Ivan Teixeira e Ateliê Editorial

Direitos reservados e protegidos pela Lei 9.610 de 19.02.1998.
É proibida a reprodução total ou parcial sem autorização, por escrito, da editora.

Dados Internacionais de Catalogação na Publicação (CIP)
(Câmara Brasileira do Livro, SP, Brasil)

Oliveira, Manuel Botelho de, 1636-1711.
  Música do Parnaso / Manuel Botelho de Oliveira. – Cotia, SP: Ateliê
Editorial, 2005.

  Edição Fac-Similar, 1705-2005.
  "A poesia aguda do engenhoso fidalgo Manuel Botelho de Oliveira por Ivan
Teixeira"
  Bibliografia.
  ISBN 85-7480-312-X

  1. Oliveira, Manuel Botelho, 1636-1711. Música do Parnaso – Crítica e
interpretação.   2. Literatura barroca   3. Poesia brasileira   I. Teixeira, Ivan.
A poesia aguda do engenhoso fidalgo Manuel Botelho de Oliveira.   II. Título.

05-9216   CDD-869.91

Índices para catálogo sistemático:
1. Poesia barroca: Literatura brasileira   869.91

Direitos reservados à

ATELIÊ EDITORIAL
Estrada da Aldeia de Carapicuíba, 897
06709-300 – Granja Viana – Cotia – SP
Telefax: (11) 4612-9666
www.atelie.com.br
atelie_editorial@uol.com.br

Printed in Brazil   2005
Foi feito o depósito legal

SUMÁRIO

7 A POESIA AGUDA DO ENGENHOSO FIDALGO MANUEL BOTELHO DE OLIVEIRA – Ivan Teixeira

11 *Lugar de Música do Parnaso*

20 *Petrarquismo*

24 *Elocução Ornada*

33 *Leitores de Botelho*

40 *Poesia Acadêmica*

44 *Metáfora, Agudeza, Engenho*

49 *Estrutura Musical*

50 *Lirismo Amoroso*

53 *Rosa Metafísica*

64 *Lirismo e Sociedade*

74 *Panegírico e Correlações*

80 *Vida em Papel*

89 *Bibliografia*

[I] MUSICA DO PARNASSO

[III] *Ao Excelentissimo Senhor D. Nuno Alvares Pereyra*

[IX] *Licenças do Santo Officio*

[XI] *Prologo ao Leytor*

1 PRIMEYRO CORO DE RIMAS PORTUGUESAS

1 *Sonetos*

11 *Madrigaes*
19 *Decimas*
26 *Redondilhas*
30 *Romances*

41 Versos Varios [Rimas Portuguesas]
43 *Sonetos*
91 *Panegyrico*
104 *Cancoens Varias*
127 *Á Ilha de maré termo desta Cidade Bahia. Sylva*
137 *Romances*

149 SEGUNDO CORO DAS RIMAS CASTELHANAS
151 *Sonetos*
160 *Cançoens*
164 *Madrigaes*
170 *Decimas*
175 *Romances*

191 Versos Varios [Rimas Castelhanas]
193 *Sonetos*
196 *Cançoens*
200 *Romances*

215 TERCEYRO CORO DAS RIMAS ITALIANAS
215 *Sonetos*
221 *Madrigaes*

225 QUARTO CORO DAS RIMAS LATINAS
227 *Heroycos*
228 *Epigrammas*
231 *Colloquium Elegiacum*

237 DESCANTE COMICO REDUSIDO EM DUAS COMEDIAS
239 Hay Amigo para Amigo.
281 Amor, Engaños, y Zelos.

415 Índice dos Poemas

A POESIA AGUDA
DO ENGENHOSO FIDALGO
MANUEL BOTELHO DE OLIVEIRA

— 300 ANOS DEPOIS —

Ivan Teixeira

Para Plinio Martins Filho, mestre e amigo,
por ocasião dos dez anos da Ateliê Editorial,
espaço aberto à experimentação
na arte de fazer livros.

O editor e o organizador agradecem a
José Mindlin. Sem seu apoio e sensibilidade,
esta edição não teria sido possível.

LUGAR DE *MÚSICA DO PARNASO*

Escrita no apogeu da propagação da poesia seiscentista italiana e espanhola, mas publicada em 1705, quando já se consolidava a reação ao estilo agudo e engenhoso, *Música do Parnaso*, de Manuel Botelho de Oliveira, apropria-se deliberadamente do código poético instaurado por Camões, Góngora, Marino, Quevedo, John Lyly e Shakespeare, entre outros[1]. Em meio a outras diretrizes, esse código inclui as seguintes noções: exploração da imagem, concentração semântica, equivocidade de vocábulos e plasticidade sintática. Botelho de Oliveira, portanto, não será lido como poeta original nem como inoperante imitador, mas como usuário ativo da poética cultural de seu tempo. Entendo por poética cultural a base interdiscursiva responsável pela produção dos saberes, dos valores e das convicções de uma comunidade em determinado tempo. Regendo as práticas sociais, a poética de uma dada cultura unifica conceitualmente o diverso e dá inteligibilidade às construções simbólicas de seu tempo. A poé-

---

1. O presente ensaio é versão ampliada de "O Engenhoso Fidalgo Manuel Botelho de Oliveira", *Revista USP*, n. 50, jun.-ago. 2001, pp. 178-209. Partes do mesmo texto foram divulgadas em "Metáfora Engenhosa", *Folha de S. Paulo*, Mais!, domingo, 19 ago. 2001, pp. 22-23; e em "O Engenhoso Botelho de Oliveira", *O Estado de S. Paulo*, Caderno 2 / Cultura, domingo, 19 jun. 2005, p. D6.

tica cultural de um período envolve não só o conceito de arte e as regras de composição, de leitura e de veiculação, mas também a própria idéia de realidade vigente no momento da imitação[2]. Esse pretende ser o pressuposto da presente leitura, que efetua um recorte parcial no variado acervo de *Música do Parnaso*, de que serão considerados apenas os poemas amorosos e os encomiásticos escritos em português e castelhano.

Por um lado, o ensaio investigará a poesia como artefato verbal, procurando descrever os processos constitutivos da elocução ornada, que envolvem, entre outras, a noção de metáfora, de agudeza e de conceito engenhoso. Examinará, também, a invenção das tópicas poéticas, a origem de algumas delas, sua circulação e o sentido que possuem no conceito de poesia da época, bem como a significação que assumem no uso particular que o poeta faz delas. Por outro lado, o ensaio também entenderá a poesia como evento cultural[3], que partilha de discursos sociais específicos, com normas próprias de invenção, de escritura e de circulação. Assim, procurar-se-á recompor, ainda que parcialmente, o sistema de referências segundo o qual o artista escrevia, sem o que se torna difícil sustentar uma visão histórica do fenômeno poético. Da mesma forma, tentar-se-á traçar um esboço da história da leitura de *Música do Parnaso*, posto que falar de uma obra de arte não é falar apenas dela, mas também dos sentidos que se agregam a ela ao longo de sua existência como objeto de cultura.

2. Expus essa noção em "Literatura como Imaginário: Introdução ao Conceito de Poética Cultural", *Revista Brasileira*, fase VII, ano X, n. 37, out.-dez. 2002, Rio de Janeiro, Academia Brasileira de Letras, pp. 43-67.

3. Para a sistematização do conceito de literatura associada ao binômio artefato verbal / evento cultural, extraí sugestões de diversos autores, entre os quais se contam: Louise M. Rosenblatt, *The Reader, the Text, the Poem: The Transactional Theory of the Literary Work*, Carbondale and Edwardsville, Southern Illinois University Press, 1994, pp. 6-21; 48-70; 101-130; Charles E. Bressler, *Literary Criticism: an Introduction to Theory and Practice*, Englewood Cliffs, Prentice-Hall, 1994, pp. 4-7; 45-54; Jonathan Culler, *Literary Theory: a Very Short Introduction*, Oxford, Oxford University Press, 1997, pp. 55-82; e Barbara Herrnstein Smith, *On the Margins of Discourse: The Relation of Literature to Language*, Chicago/London, University of Chicago Press, 1978, pp. 3-40; 133-154.

Ao editar, em Lisboa, *Música do Parnaso*, Botelho de Oliveira pretendia eſtabelecer "as Luzes de Apolo" na "inculta habitação" do Brasil, já em franco processo de civilização pela economia do açúcar. Depois de anunciar o eſtabelecimento das Musas "neſte empório", revela ser o primeiro "filho do Brasil" a tornar "pública a suavidade do metro". Ainda que apenas quisesse, com tais declarações, ressaltar o pioneirismo de seu livro no processo de integração da América Portuguesa com o siſtema da cultura européia, o escritor passaria para a hiſtória como o primeiro poeta brasileiro. Conforme essa tradição, poder-se-ia imaginar que a poesia impressa (em Portugal) completa trezentos anos de exiſtência no Brasil.

Música do Parnaso é obra complexa. Dificilmente um único ensaio daria conta da pluralidade de sua eſtrutura e da complexidade do lugar hiſtórico de sua enunciação. Uma das dificuldades de leitura consiſte em que, pertencendo ao acervo do que hoje se considera literatura brasileira, foi quase toda escrita em língua caſtelhana, sendo certo que o frontispício da obra caraćteriza o autor como integrante da fidalguia portuguesa. Redigida a partir de um ponto identificado como "América", a dedicatória do livro deſtina-se à nobreza da casa de Bragança, representada em D. Pedro II (1683-1706), a quem o autor chama "nosso monarca". Embora se considere "filho do Brasil", o poeta – entendido sempre como sujeito da enunciação – pensava e escrevia como europeu, tendo compoſto apenas trinta por cento de seu livro em português, aproximadamente. As partes em italiano e latim não chegam a cinco por cento. A metáfora musical do título sugere que a obra não foi propriamente escrita, mas *entoada* em quatro *coros de rimas*, correspondendo cada qual a um dos idiomas em que se compuseram os poemas. Além deſtes, o livro contém duas comédias, ambas redigidas em caſtelhano: *Hay Amigo para Amigo* e *Amor, Engaños y Celos*.

O plurilingüismo de *Música do Parnaso* pode ser explicado pela convicção de que o caſtelhano era língua mais adequada ao exercício do verso naquele preciso momento de composição, como foram, em outros momentos, o grego, o latim e o italiano. Na dedicatória do livro, o poeta expõe essa idéia, conforme se verá adiante. Mais tarde, após constatar o relevo adquirido pela obra de Camões no mundo internacional das Letras, o autor passou a considerar que não era mais necessário escrever em língua estrangeira para dialogar com as musas. O português já se impusera como língua poética. Por isso, escreveu quase inteiramente em vernáculo *Lyra Sacra* – que permaneceu inédito até o século XX[4]. Ao dedicar o volume ao Marquês de Alegrete, desculpa-se por não escrever em latim, argumentando que "a língua portuguesa se tem levantado com a poesia".

Além disso, não se pode esquecer que a poética cultural de que partilhava Botelho entendia a poesia como manifestação do gênero epidítico, tomando-o no sentido de demonstração ostensiva de virtuosismo técnico e talento pessoal[5]. Segundo essa hipótese, o domínio de diferentes línguas – e de cada uma em particular – integraria o desígnio de produzir o efeito de energia intelectual do autor, que se esforça por compor uma imagem de si mesmo como arguto, sutil e perspicaz. O livro de Botelho de Oliveira parece encenar reiteradamente o ato de compor agudezas, no sentido de reduplicar a imitação de modelos previamente estabelecidos como ótimos. Conforme essa premissa, o poeta identificar-se-á com o perfil do letrado discreto do Antigo Regime, sempre apto a se manifestar, ao mesmo tempo, com prudência e com maravilha. Todos os poemas escritos em língua estrangeira, exceto os dramáticos, possuem o título em português, como a indicar que o idioma praticado em cada caso não é o natural do

4. Editado em 1971, por Heitor Martins, São Paulo, Conselho Estadual de Cultura.
5. Em 1665, publicou-se em Lisboa o volume coletivo da produção da Academia dos Singulares, escrita em português, castelhano e latim. Consultar *Academias Literárias dos Séculos XVII e XVIII*, de João Palma-Ferreira, Lisboa, Biblioteca Nacional, 1982, pp. 21-29. O mesmo plurilingüismo observa-se, também, na vasta matéria dos volumes de *O Movimento Academicista no Brasil: 1641-1820 / 22*, editados sob direção de José Aderaldo Castello, São Paulo, Conselho Estadual de Cultura, 1969-1978. Luciana Stegagno Picchio associa *Música do Parnaso* às *Obras Métricas* de D. Francisco Manuel de Melo, tanto pela divisão do livro em coros quanto pela adoção do português e do castelhano, em *História da Literatura Brasileira*, Rio de Janeiro, Nova Aguilar, 1997, pp. 103-105.

poeta, e sim aquele que a cultura letrada do tempo lhe facultou como deliberação do espírito e conquista da vontade.

Além de se inscrever na prática dos poemas, o conceito de poesia em Botelho de Oliveira pode ser abstraído de passagens doutrinais da dedicatória e do prólogo do volume. Fiéis à sua função de degrau para o argumento da obra, esses textos contêm uma pequena lição de poética, apresentada ora explícita ora implicitamente. Como se sabe, a retórica tradicional entende a dedicatória como manifestação do gênero exornativo de discurso, tomado como sinônimo de deliberativo ou epidítico, por meio do qual o orador louva ou censura a matéria de sua invenção[6]. Assim, pelos preceitos retóricos do tempo, a dedicatória de um livro deveria exaltar aquele que, com a autoridade de sua posição na hierarquia do Estado, protegesse a obra contra a malícia dos maus leitores[7]:

> Porém, encolhido em minha desconfiança e temeroso de minha insuficiência, me pareceu logo preciso valer-me de algum herói que me alentasse em tão justo temor e me segurasse em tão racionável receio, para que nem a obra fosse alvo de calúnias nem seu autor despojo de Zoilos, cuja malícia costuma tiranizar a ambos, mais por impulso da inveja que por arbítrio da razão: para segurança, pois, destes perigos, solicito o amparo de Vossa Excelência, em quem venero relevantes prerrogativas para semelhante patrocínio [...][8]

Além desse pensamento, do pedido de proteção, do catálogo das supostas virtudes do mecenas e de uma súmula de sua doutrina poética, a dedicatória de Botelho apresenta uma breve história da poesia, anteposta ao encômio propriamente dito. Nesse sentido é que, como

6. Padre Bartolomeu Alcaçar, "Das Especies, invençam, e Disposiçam das Orações, que pertencem ao gênero Exornativo", *Delicioso Jardim da Retórica*, Lisboa, Officina de Manoel Coelho Amado, M.DCC.L.

7. Botelho de Oliveira dedica seu livro a D. Nuno Álvares Pereira de Melo, Duque de Cadaval. Membro da primeira nobreza de Portugal, Nuno Álvares nasceu em 1638 e morreu em 1727 (com pouca variação, esse é também o tempo de vida de Botelho), tendo servido a quatro monarcas portugueses: D. João IV, D. Afonso VI, D. Pedro II e D. João V.

8. Edição de 1705, início, p. [v].

D. Nuno Álvares Pereira de Melo, 1º Duque de Cadaval.
Gravura setecentista de François Harrewin.

parte integrante da invenção de *Música do Parnaso*, a dedicatória do volume não deve ser desdenhada pelo leitor, sob pena de se perderem os fundamentos conceituais da obra.

Esses fundamentos ensinam que Botelho de Oliveira partilhava de um código formado por procedimentos consagrados pela tradição dos grandes poetas, entre os quais são citados Homero, Virgílio, Ovídio, Tasso, Marino, Lope de Vega, Góngora, Camões, Jorge Monte-Maior e Gabriel Pereira de Castro. Independentemente das línguas que adota, o autor fiava-se no costume criado pela história da composição verbal. Essa história milenar, ele a traça em poucas linhas: tendo nascido na Grécia, a poesia passou para Roma; depois, espalhou-se em língua vulgar pela Itália, chegando à Espanha e a Portugal. Caberia a ele dar continuidade ao percurso dessa arte, implantando-a e difundindo-a nas incultas terras do Brasil.

Tal visão sistêmica da arte poética – que hoje se diria estrutural, fundada em procedimentos cristalizados, fórmulas reiteradas e tópicas consagradas – prende-se à tradição aristotélica, segundo a qual a poética era entendida como parte subordinada à retórica. Praticava-se a poesia como modalidade verbal de imitação, cadenciada pela métrica e especialmente ornada por tropos e figuras, que falam pelo poeta. Como é sabido, esse é o sistema internacional que orientou a comunicação artística no Ocidente até mais ou menos a Revolução Francesa. Vivendo, portanto, antes da invenção do eu psicológico e quando ainda não existiam as sonhadas liberdades do ideário burguês, Botelho de Oliveira não podia pensar em autenticidade expressiva nem no mito da singularidade nacionalista do Brasil. Não obstante, isso foi causa de ser classificado como artificial e inoperante pela interpretação do período colonial maquinada pelos figurões do Instituto Histórico e Geográfico Brasileiro, que, como se sabe, inventou um Brasil-Colônia à imagem e semelhança de Pedro II.

Nesse particular, deve-se considerar, ainda, que a crítica romântica leu o famoso poemeto "À Ilha de Maré" como exceção nativista ou prenúncio de nacionalismo brasileiro, desconsiderando que o elogio da parte se impunha como artifício para produzir a apologia do todo do Império Português. Ao compor, nesse poema, uma paisagem ideal para produzir o efeito de cópia das formas de sua terra, o poeta imita antes modelos literários europeus, entre os quais se conta a ilha paradisíaca de Camões[9]. De fato, não há antecipação nacionalista em Botelho de Oliveira. Vivendo no Brasil, pensava como europeu, porque esse era o sistema de organização mental de seu tempo. No prólogo aos poemas de *Lyra Sacra*, afirma: "Este parto poético que, nas horas de minha ociosidade ou, para melhor dizer, da mais útil

---

9. Consultar Antônio Soares Amora, "A Literatura da Expansão Portuguesa Ultramarina e Particularmente *Os Lusíadas* como Principais Elementos Enformadores da Silva *À Ilha de Maré*, de Manuel Botelho de Oliveira", *Actas do V Colóquio Internacional de Estudos Luso-Brasileiros*, Coimbra, 1966, vol. III, pp. 465-468.

ocupação, produziu meu discurso sai à luz do berço do Brasil para os olhos da Europa"[10].

Botelho de Oliveira tinha 69 anos quando editou o livro de sua vida. Isso faz supor que, antes de serem impressos em Lisboa por Miguel Manescal, os textos de *Música do Parnaso* tiveram circulação manuscrita e oral, conforme o padrão dominante na sociedade seiscentista da Bahia, regida por regras de comunicação das coletividades sem imprensa, nas quais a leitura pública se impunha como forma corrente de veiculação de poesia, bem como de outras modalidades de escritura. Essa condição histórica determinou, mais tarde, a criação de centros especializados em que as pessoas se reuniam com o propósito de partilhar da socialização da produção cultural. Sabe-se que a primeira agremiação sistemática desse tipo no Brasil foi a Academia Brasílica dos Esquecidos, inaugurada em 1724, na cidade de Salvador. Antes dela, houve inúmeras associações em Portugal, à imitação das quais os letrados da Bahia deviam se reunir em encontros menos formais e menos sistemáticos para leitura e crítica dos trabalhos, o que, por si só, já conferia o estatuto de difusão sistêmica do fenômeno poético, sempre, é claro, de acordo com as regras do período, que certamente variavam conforme a especificidade do evento[11]. Essa é, em síntese, a poética da cultura no tempo de Botelho de Oliveira, cuja configuração estilística coincide com a poesia aguda e engenhosa do Seiscentismo, chamada *barroca* a partir do século XIX.

Como se verá adiante, Botelho de Oliveira celebrou, em 1697, a morte do Padre Antônio Vieira e a de seu irmão Bernardo Vieira Ravasco. Em 1699, celebrou também a morte da rainha D. Maria Sofia Isabel, esposa de D. Pedro II e mãe do futuro D. João V. Custa crer que tais poemas, assim como outros publicados somente em 1705, na primeira edição de *Música do Parnaso*, não tenham sido divulgados por meio de leitura pública em exéquias ou em outra espécie de sole-

10. Edição citada, p. 9.
11. Consultar *Academias Literárias dos Séculos XVII e XVIII*, João Palma-Ferreira, edição citada.

D. Filipe III (1621-40)

D. João IV (1640-56)

D. Afonso VI (1656-83)

Reis sob os quais viveu Manuel Botelho de Oliveira, *História del Reyno de Portugal*, Manuel de Faria y Sousa, 3ª edição, Bruxelas 1730

D. Pedro II (1683-1706)

D. João V (1706-50)

nidade fúnebre, como era coſtume então. Em ambiente de sociedade escribal, necessariamente não se concebia o poema para publicação impressa, mas para a comunicação social por meios disponíveis no momento do evento que motivou a escritura. Da mesma forma, o manuscrito não era entendido como eſtágio intermediário entre o presente e o futuro, mas como condição definitiva e suficiente para a difusão do texto no presente[12]. Esses dados podem fundamentar a hipótese, já discutida em diversos trabalhos, de que a imprensa talvez não tenha sido condição necessária para a formação de um siſtema acabado de integração inteleĉtual na sociedade colonial do Brasil.

PETRARQUISMO

Os coros de rimas em português e em espanhol subdividem-se em poemas dedicados a Anarda, de pura idealização petrarquiſta (exaltação da beleza absoluta); c cm versos relacionados à vida social da Monarquia (exaltação dos modelos dignos de imitação). Ambas as modalidades são poemas líricos, no sentido clássico de celebração de noções abſtratas em sua manifeſtação particular.

No primeiro caso, celebram-se o amor, a beleza, o recato, a prudência da amada e a abnegação do amante diante de sua inacessibilidade. A apreciação desses poemas pressupõe a clara noção de que não se trata de poesia amorosa no sentido romântico, em que o indivíduo simula ou supõe viver uma paixão, conſtruindo a emotividade como parte imprescindível do enunciado poético. Trata-se, ao contrário, de poemas celebrativos, em que a encenação do elogio integra um todo

---

12. Como introdução à sua tese de doutorado sobre o eſtatuto bibliográfico do *corpus* atribuído a Gregório de Matos, Marcello Moreira eſtudou a eficácia do manuscrito no processo de comunicação entre os rebeldes da Revolução dos Alfaiates. Esse eſtudo oferece importantes subsídios para o conceito de circulação cultural na Bahia do séculos XVI e XVII. Consultar *"Critica Textualis In Caelum Revocata?": Prolegômenos para uma Edição Crítica do* Corpus *Poético Colonial Seiscentiſta e Setecentiſta Atribuído a Gregório de Matos e Guerra*, DLCV/FFLCH/ USP, 2001.

conceitual, em que cada parte apresenta aspecto ou diferente prisma de um gênero retórico do discurso, jamais esquecido pelo poeta e do qual sempre deve se lembrar o leitor. Assim, a crueldade e a indiferença de Anarda nada mais são, conforme se verá adiante no ensaio, do que particularização da perfeição das idéias platônicas, completamente inacessíveis ao sentido dos homens. Sua proverbial indiferença não passa de alegoria pedagógica, no sentido de impor a contemplação mística das formas essenciais e condenar os impulsos sensoriais, dualidade de que decorre o reiterado desencontro do poeta com a musa, visto que este só sabe abordá-la pela encenação encantatória da aparência. O eu lírico a ambiciona e a corteja em termos sensoriais. Por isso, ela se esquiva, como a luz do sol, que se pode sentir, mas não se pode tocar. Sendo pura inteligibilidade, representa o eterno feminino, em sua multiplicidade de aspectos e cores: atormenta os sentidos, mas se protege com a intangibilidade das formas essenciais.

Apresentado pela preceptiva seiscentista como causa eficiente da agudeza, o engenho é a força com que o entendimento ou juízo "acha, recolhe, penetra, une ou separa" as propriedades dos conceitos, estabelecendo, portanto, relações de semelhança ou de diferença. Embora considerado virtude natural do entendimento, o engenho deixa-se assessorar por ramificações de sua potência, tais como a perspicácia, a destreza e a argúcia, sujeitas ao aprimoramento por exercício[13]. Interpretando o capítulo 10 do livro III da *Retórica* de Aristóteles (sobre a metáfora), o Conde Emanuele Tesauro, que considera esse tropo a principal de todas as agudezas, ensina que o poeta deve decompor o assunto de sua invenção a partir do "índice categórico" do Filósofo:

> El cuarto ejercicio (como decíamos) se practica por vía de un INDICE CATEGÓRICO, secreto verdaderamente secreto, nueva, profunda, e inagotable mina de infinitas metáforas, y símbolos agudos, e ingeniosos conceptos, porque (como he dicho arriba) no es otra cosa el ingenio, que una virtud de penetrar los objetos muy ocultos, bajo diversas categorías, y de com-

13. Francisco Leitão Ferreira, *Nova Arte de Conceitos*, edição citada, vol. 1, pp. 125-127.

binarlos, por lo cual se deben dar gracias infinitas a nueſtro Autor, por haber sido el primero que abrió eſta puerta secreta a todas las ciencias, no siendo otra cosa el filosofar, que volar con el entendimiento por todas las categorías, y buscar las *noticias*, o llamar las *circunſtancias* para argumentar, y el que más comprende, mejor filosofa[14].

Enquanto atributo do entendimento, cabe ao engenho analisar, em súbito ato de intelecção, os componentes das tópicas, procedendo conforme as dez categorias ou predicamentos de Ariſtóteles, que são: subſtância, quantidade, qualidade, relação, ação, paixão, lugar, modo, duração e hábito[15]. Caso um poeta considere metaforicamente a rosa, como o faz Botelho de Oliveira em texto analisado adiante no presente ensaio, ela conſtituirá a subſtância temática do poema; ao passo que seu tamanho, sua cor, seu perfume, sua hierarquia entre as flores comporão os acidentes temáticos segundo os quais se forma a idéia de rosa. Conclui-se daí que a subſtância, sendo insensível – pois é essência –, torna-se acessível somente por meio de acidentes, que se deixam perceber pelos sentidos humanos. Assim, o engenho poético será responsável pela organização sensível do mundo, representando-o por meio de tropos, figuras, silogismos e outras formas de manifeſtação da agudeza. Essas noções serão, talvez, o fundamento para o entendimento da poesia aguda seiscentiſta como elogio da aparência enquanto meio de se atingirem as essências, o que pressupõe as manifeſtações literárias do platonismo, sobretudo em sua vertente petrarquiſta, até chegar em Góngora propriamente dito e em Botelho de Oliveira.

14. *Cannocchiale Ariſtotelico: Eſto és, Anteojo de Larga Viſta o Idea de la Agudeza e Ingeniosa Locucion que Sirve a Toda Arte Oratória, Lapidaria, y Symbolica, Examinda com los Principios del Divino Ariſtóteles*. Traducido al Español por Fr. Miguel de Sequeyros, Madrid, por Antonio Marin, 1741, vol. I, pp. 92-93. A explicação do índice categórico prossegue, depois da p. 93.

15. Francisco Leitão Ferreira, *Nova Arte de Conceitos*, edição citada, vol. I, pp. 270-274. Ariſtóteles apresenta a doutrina das dez propriedades do ser no capítulo IV das *Categorias*. No capítulo II do mesmo livro, adotando critério mais geral, classifica as coisas em quatro espécies. Como se sabe, essas formulações representam a primeira resposta de Ariſtóteles à teoria platônica dos universais.

CANNOCCHIALE
ARISTOTELICO:
ESTO ES,
ANTEOJO DE LARGA VISTA,
O IDEA DE LA AGUDEZA,
E INGENIOSA LOCUCION,

QUE SIRVE A TODA ARTE ORATORIA,
Lapidaria, y Symbolica, examinada con los prin-
cipios del Divino Ariſtoteles.

ESCRITO EN IDIOMA TOSCANO
Por el Conde Don Manuel Theſauro, Gran Cruz de los
Santos Mauricio, y Lazaro.

AñADIDOS POR EL AUTOR
Dos Tratados de Conceptos predicables, y Emblemas.

TRADUCIDO AL ESPAñOL
Por el R. P. M. Fr. Miguèl de Sequeyros, del Orden de
N. P. S. Aguſtin, Maeſtro en Sagrada Theologia, &c.

DEDICADO
AL EXCᴹᴼ SEñOR
MARQUES DE LOS BALBASES.

TOMO I.

Con Privilegio : En Madrid, por Antonio Marin. Año de 1741.

Vendeſe en la Porteria del Convento de San Phelipe el Real.

Edição espanhola de *Il Cannochiale Ariſtelico*, 1741.

ELOCUÇÃO ORNADA

Em consonância com o repertório de seu tempo, a elocução de *Música do Parnaso* partilha da concepção de poesia como imitação de eſtilos, em que o eſtudo e o exercício convergem para o desenvolvimento de assuntos recomendados pela tradição. Trata-se de uma poética voltada, como se viu anteriormente, para a exploração da imagem, para a concentração semântica e para a equivocidade dos vocábulos. A doutrina da imagem implícita em Botelho integra um conjunto de técnicas que, aplicadas ao poema, conſtituem modalidade específica de conhecimento do mundo, cuja dispersão se unifica por meio da invenção sensorial das coisas. Na esfera dos tropos, predominam a metáfora antitética e a hipérbole metafórica, quase sempre fundidas no típico processo gongórico de aproximar as diferenças e ampliar os afetos. Além disso, o poeta intensifica a adoção equívoca dos vocábulos, seja por meio do trocadilho, seja por meio da calculada polissemia da frase, seja por meio da exploração de efeitos da luz e das cores sobre os afetos. Reitera continuamente o risco de dizer as coisas pelo avesso delas mesmas. No âmbito das figuras, diſtinguem-se as inversões agudas dos termos na oração e as repetições simétricas de palavras ou de unidades maiores do período. No plano fônico do verso, o poeta juſtapõe harmonias e dissonâncias, privilegiando as dificuldades sonoras, com resultados de verdadeiros trocadilhos, que mobilizam paronomásias, juſtaposição de vocábulos proparoxítonos, rimas imperfeitas, rimas toantes e jogos de termos homônimos.

Para exemplo preliminar da elocução ornada de Botelho de Oliveira, examine-se a décima "Cravo na Boca de Anarda":

> Quando a púrpura fermosa
> Desse cravo, Anarda bela,
> Em teu céu se jaĉta eſtrela,
> Senão luzente, olorosa;
> Equivoca-se luſtrosa,
> (Por não receber o agravo

De ser nessa boca escravo)
Pois é, quando o cravo a toca,
O cravo, cravo da boca;
A boca, boca de cravo[16].

Esse talvez seja um dos momentos mais equívocos da poesia praticada no Brasil, entendendo-se por equívoco o contínuo jogo entre ser e parecer, de que tanto gosta o poeta. Tal é a chave do poema, inteiramente fundado na astúcia camaleônica das aparências. Antes da breve análise que se pretende apresentar, examinem-se algumas ocorrências do equívoco em *Música do Parnaso*. No soneto "Ponderação do Rosto e Olhos de Anarda", comentado adiante, o sujeito da enunciação, conturbado pelos encantos da musa, considera-se *equivocado*, sugerindo com isso que se acha dividido entre o rosto da amada e os efeitos que ele provoca em seu juízo, que se confunde e que acaba tomando um por outro. Nasce daí a expressão equívoca, que se consubstancia na metáfora engenhosa e em seus correlatos agudos, tal como a paronomásia, o trocadilho e a antanáclase. O vocábulo *equivocado* aparece também no soneto xv do cancioneiro de Anarda, em posição ainda mais estratégica:

Quer esculpir artífice engenhoso
Ũa estátua de bronze fabricada,
Da natureza forma equivocada,
Da natureza imitador famoso[17].

Pelo sistema de correlações entre os versos, vê-se que *forma equivocada da natureza* qualifica *estátua*, assim como *imitador famoso da natureza* qualifica *artífice*. Lida como compilação de preceitos de seu tempo, a estrofe glosa o princípio de que a arte é imitação *equivocada* da natureza, no sentido de resultar do *artifício* e do *engenho*, tomados

16. Edição de 1705, p. 24.
17. Edição de 1705, p. 8.

como inſtrumentos aptos a engendrar realidades ilusivas e polimór-ficas, cuja essência consiſte em tomar o ser pelo parecer e vice-versa. Daí resulta o primado da metáfora como pressupoſto básico da cons-trução poética em Botelho de Oliveira, conforme o presente ensaio procura demonſtrar.

Na décima "Cravo na Boca de Anarda", ocorre algo semelhante. Em seu quinto verso, surge a forma verbal *equivoca-se*, empregada como sinônimo de *fundir-se a*, cujo sujeito é *púrpura fermosa*, que, ao atingir o roſto (*céu*) de Anarda, miſtura-se a seus encantos cromáti-cos. Por outro lado, não se pode esquecer que *equívoco*, em retórica, significa *trocadilho*, entendido como jogo entre as várias significações de uma mesma palavra. De fato, quando o poema diz *púrpura fermosa*, entende-se *cravo*; quando diz *céu*, entende-se *roſto*; quando diz *eſtrela*, entende-se *cravo com pretensões de eſtrela*; quando diz *escravo*, enten-de-se *inferior*; quando diz *boca*, entende-se *cravo*; quando diz *cravo* entende-se *boca*, etc. Jerônimo Soares Barbosa, em nota à sua tradução das *Inſtituições Oratórias* de Quintiliano[18], define paronomásia como a modalidade de equívoco que une vocábulos de significação diferente por meio da semelhança física e que provoca identidade semântica entre os mesmos, tal como se nota na relação entre os termos *escravo* e *cravo*, que se ligam tanto pela forma quanto pelo significado, porque o segundo se incruſta fisicamente no primeiro, de modo a sugerir sua inferioridade diante de Anarda. Outra modalidade de equívoco muito conhecida, e já referida pelo ensaio, é a antanáclase, que consiſte na adoção alternada de significados diferentes de um mesmo vocábulo, de que se tem exemplo canônico nos versos finais deſta décima.

Diante da composição, o leitor entende, mas não consegue ex-plicar o que entende; vê, mas não sabe exatamente o que vê. Tal equi-vocidade eſtende-se a boa parte dos poemas de *Música do Parnaso*, porque a atribuição metafórica dos termos não se fixa com eſtabili-

18. Jeronymo Soares Barbosa, *Inſtituiçoens Oratorias de M. Fabio Quintiliano*, Coimbra, na Im-prensa Real da Universidade, 1790, vol. II, pp. 274-277.

dade, deixando a impressão de grande mobilidade semântica, a qual oscila ao sabor do jogo reiterativo dos vocábulos. Mas talvez se possa fixar um possível sentido para a décima, a partir da seguinte base de intelecção: quando, Anarda, colocas o cravo na boca, ele, querendo ostentar ares de estrela no céu de teu rosto – senão pelo brilho, com certeza pelo perfume –, vê-se subitamente obrigado a camuflar-se em tua boca, para evitar a vergonha de ser inferiorizado, pois, ao tocar a boca, ele assume a aparência dela e ela assume a aparência dele. Por decorrência lógica, a seqüência *cravo da boca* é metáfora de flor, assim como *boca de cravo* é metáfora de boca. Em rigor, a primeira metáfora sugere que a flor, ao contato da boca, assume aparência de lábios; a segunda insinua que os lábios assumem aparência de flor. Em ambos os casos, os fatores de semelhança entre os termos da imagem são a cor, o brilho, o formato, o perfume, o som e o efeito de prisão – *cravo* pode ser também prego e instrumento musical –, sendo certo que tais propriedades são imanentes à boca de Anarda, independentemente da aproximação do cravo. Este serve como elemento de realce da beleza da ninfa, pois todos os cravos possuem tais atributos, ao passo que ela os possui como fator de distinção entre todas as musas, razão pela qual o cravo sai vencido quando posto em paralelo com ela. Por isso, sem pertencer ao reino vegetal, a musa supera um de seus mais estimados espécimes. Assim, o cravo, funcionando como elemento fecundante de assunto estéril (beleza de Anarda)[19], a distingue entre as musas, ao mesmo tempo em que é reduzido à uniformidade genérica de sua espécie. Outro motivo da impressão equívoca da décima consiste no quiasmo dos dois últimos versos, constituídos, basicamente, pelos substantivos *cravo* e *boca*, que se espelham em reverberações sonoras, visuais, olfativas e semânticas.

A situação da ninfa com uma flor na boca surge como hipótese temática prevista pela preceptiva da poesia seiscentista, tal como se

---

19. Mais adiante, o ensaio divide os assuntos poéticos do tempo em estéreis e férteis. Consultar p. 42 do presente volume.

pode ver em Francisco Leitão Ferreira, que analisa essa tópica no primeiro volume de sua *Nova Arte de Conceitos*. Como se sabe, esse livro traduz e adapta o ideário poético de Emanuele Tesauro e Baltazar Gracián para o português, sendo, por isso, muito útil à compreensão do código lingüístico de Botelho de Oliveira. Ao explicar a natureza do assunto acadêmico na poesia engenhosa, o autor demonstra que a busca da identidade entre coisas diferentes integra o processo de conhecimento poético do mundo:

> Se, pois, se propusesse louvar a *Rosa estando na boca de uma Ninfa*, seria proposição complexa, porque envolveria dous objetos diferentes e correlatos, *Rosa* e *Ninfa*, e ligá-los-ia a circunstância acidental e única de *estar na boca*: de maneira que, sem aquela circunstância, que também entra como objeto, faltaria ao assunto a sua integridade, destruir-se-ia a composição do todo e, separadas, as partes principais, *Ninfa* e *Rosa*, seriam objetos distintos, e não extremos identificados; ficariam independentes, e não correlativos; e constituiriam singelamente dous assuntos, com diversos fins e especiais conceitos. [...] Da mesma sorte, a circunstância que ligar os objetos de uma proposição faz com que se prediquem de um as propriedades e noções de outro [...][20].

Essa passagem não só auxilia a compreensão da décima de Botelho de Oliveira, como fornece elementos para o conceito de metáfora, entendida como modalidade de conhecimento comparativo. Assim, é possível afirmar que aquele breve poema deve ser entendido, também, como alegoria da percepção poética do mundo, a qual, embora pressuponha a autonomia das essências, acredita igualmente na natureza relacional do sentido aparente das coisas. Assim, explica Leitão Ferreira que, se Aquiles é o Leão dos heróis, o Leão poderá ser o Aquiles das feras[21]. Participam desse processo de associação engenhosa entre elementos semelhantes de noções diferentes as três operações do entendimento seiscentista: apreensão, juízo e discurso. A primeira

20. Lisboa, na Oficina de Antônio Pedrozo Galram, 1718, pp. 317-318.
21. *Nova Arte de Conceitos*, edição citada, p. 104.

NOVA ARTE
DE
CONCEITOS

QUE COM O TITULO DE
Licções Academicas

*Na publica Academia dos Anonymos
de Lisboa,*

DICTAVA, E EXPLICAVA
O BENEFICIADO
FRANCISCO LEYTAM FERREYRA,
Academico Anonymo,
PRIMEYRA PARTE
Dedicada ao Senhor
D. CARLOS DE NORONHA
*Primogenito do Excellentiſſimo Senhor
Dom Miguel de Noronha, Conde
de Valladares, &c.*

LISBOA OCCIDENTAL,
Na Offi cina de ANTONIO PEDROZO GALRAM.

Com todas as licenças ueceſſarias.
Anno de 1718.
A' cuſta de Miguel Rodriguez, Mercador de Livros,
ás portas de Santa Catharina.

1ª edição de *Nova Arte de Conceitos*, 1718.

produz a imagem intelectual das coisas sensíveis; o segundo pondera sobre as propriedades positivas ou negativas das imagens apreendidas; o terceiro unifica as mesmas imagens e as representa nos símbolos da escrita[22]. Desse modo, na décima de Botelho, a imagem da flor encontra equivalência na metáfora tradicional que representa a boca como flor, assim como a imagem da boca confunde-se com as formas da imagem de flor. Pode-se extrair daí a noção de que a poesia não opera com coisas, mas com representação lógica das coisas, princípio fundamental para uma leitura verossímil de *Música do Parnaso*.

Por outro lado, convém saber que Botelho de Oliveira se apropriou da tópica da boca como cravo em outro poema do livro. Trata-se do madrigal II do "Segundo Coro das Rimas Castelhanas", cujo título é "Anarda Negando Certo Favor":

> Culpóme por agravios
> (Por querer ser Abeja de sus labios):
> Anarda esquiva, y luego
> Hurtándole un clavel mi dulce fuego,
> Le dije: Dueño hermoso[23],
> Aunque no quieras tú, seré dichoso,
> Besando del clavel porción tan poca,
> Pues si beso el clavel, beso tu boca[24].

Também aqui se aplicam as agudezas do conceito metafórico, que acaba por instituir uma pequena narrativa como derivação dialética do pensamento engenhoso: querendo roubar um beijo de Anarda, o poeta transforma-se em abelha, posto que a metáfora encenara os lábios dela como flor e mel. O pudor da dama recusa o artifício retó-

---

22. *Nova Arte de Conceitos*, edição citada, pp. 38-41, 65-70.

23. *Dueño hermoso* pode ser traduzido por *senhora formosa*, visto que, na tradição da lírica espanhola, *Dueño* significa *mulher, dona, senhora*. Devo essa explicação a Maria Augusta da Costa Vieira que, para justificar a acepção do vocábulo, indicou-me o *Diccionario de Autoridades*, Madrid, Gredos, 1990, Tomo tercero, p. 348.

24. Edição de 1705, p. 164. Ver também "Boca de Anarda", p. 176

rico, obrigando o poeta a reordenar os termos da elocução. Restituído à forma humana, isto é, tendo descoberto a dicção adequada, ele converte a boca da ninfa em metáfora de cravo, que imediatamente se estabelece como coisa que se deixa roubar e beijar. Como se vê, o poema instaura um jogo oscilante entre categorias acidentais e essenciais do assunto, entendendo por acidentais as propriedades destacadas pelo termo impróprio da translação; e por essenciais, as destacadas pelo termo próprio. A argúcia do poema consiste, entre outros artifícios, na mutação do acidental em essencial, de modo que a metáfora se impõe como centro da ficção poética, produzindo o efeito de que o termo próprio não passa de pálido suporte para o termo impróprio. A esse processo ficcionalização absoluta da imagem, Francisco Leitão Ferreira, fundado no livro III da *Retórica* de Aristóteles, chama proporção análoga, porque estabelece relação entre noções muito diferentes, como é o caso da associação do poeta com a abelha; e dos lábios com a flor[25]. Ver-se-á adiante que a preceptiva setecentista caracterizava esse procedimento como resultante de operação fantástica do entendimento e, por isso, condena-o como artifício poético[26].

O suposto Gregório de Matos também se apropriou dessa tópica nas décimas "A Uma Dama que Tinha um Cravo na Boca":

> Vossa boca para mim
> não necessita de cravo,
> que o sentirá por agravo
> boca de tanto carmim:
> o cravo, meu serafim,
> (se o pensamento bem toca)
> com ele fizera troca:
> mas, meu bem, não o aceiteis,

---

25. *Nova Arte de Conceitos*, Lisboa, 1721, vol. II, pp. 268-291. Conforme o retor, no processo metafórico, pode haver proporção análoga e proporção unívoca. A segunda estabelece relação entre coisas aparentemente do mesmo gênero ou da mesma espécie, como seria chamar *lágrima da gruta* à água que destila de suas pedras.

26. Consultar pp. 45-48 do presente ensaio.

porque melhor pareceis,
não tendo o cravo na boca.

Quanto mais que é escusado
na boca o cravo: porque
prefere ela, como se vê
na cor todo o nacarado:
o mais subido encarnado
é de vossa boca escravo:
não vos fez nenhum agravo
ele de vos dar querela,
que menina, que é tão bela,
sempre tem boca de cravo[27].

Evidentemente, o sentido do poema depende de sua inserção na poética cultural do momento de enunciação. Descendo ao nível das particularidades, deve-se dizer que depende, sobretudo, dos pressupostos poéticos do mesmo período. Por essa perspectiva, a leitura não deverá levar em conta apenas os artifícios da elocução, mas também o sistema tradicional de tópicas do qual procede a invenção do poema, entendida como operação consciente do entendimento, que confere maior ou menor grau à fantasia no processo de apropriação do assunto. O escritor do período apresenta-se tributário consciente de discursos alheios; cada fala sua traz em si a história passada e a historicidade presente, pois seus textos serão sempre respostas a indagações de outros textos. A isso se liga o conceito de emulação, segundo o qual, necessariamente, o artista se acha em permanente disputa com os artistas da tradição. Por meio da destreza intelectual, deverá superar os antecedentes de sua escrita. O engenho, estimulado pela necessidade da emulação, o conduz ao exercício da agudeza, que o capacitará a participar do desafio que a poesia lhe impõe. Diante de velhas tópicas,

27. Gregório de Matos, *Obra Poética*, edição de James Amado, preparação e notas de Emanuel Araújo, Rio de Janeiro, Editora Record, 1990, vol. II, p. 900. O título do poema em Amado é: "A Huma Dama que Tinha um Cravo na Bocca".

caberá à agudeza produzir o efeito de novidade, que amplia o uniforme e dilata o particular. Esses serão alguns dos motivos que levaram Baltasar Gracián a escrever sua *Arte de Ingenio, Tratado de la Agudeza* (1642), conjunto de preceitos (uma arte) que, para aprimorar o repertório do letrado de seu tempo, pretende ampliar as lições aristotélicas da *Retórica* e da *Poética*: "Hallaron los antiguos método al sylogismo, arte al Tropo; sellaron la Agudeza, o por no ofenderla, o por desahuciarla, remitiéndola a sola la valentía del Ingenio. Contentáronse con admirarla, no pasaron a observarla, con que no se le halla reflexión, quanto menos difinición"[28].

Eis alguns dos elementos que deverão sustentar uma leitura histórica das décimas do suposto Gregório de Matos. Certamente, a tópica da moça com flor na boca terá tido grande incidência nas poesias do tempo. Diante disso, o poeta procura a variação do assunto como garantia de novidade. Não abandona a objetividade do lugar-comum tradicional, porque é ele que conferirá inteligibilidade à comunicação. Assim, o poeta imita a tópica, e não propriamente um poema. O texto não será também paródia, mas glosa irônica do assunto. No início dele, a imitação gregoriana dá-se por preterição, no sentido de excluir a flor do âmbito da tópica, sob pretexto de que a beleza da moça prescinde da ajuda do enfeite. O encanto dela é assegurado pela própria boca, que traz em si aparência e forma de flor. Se, no início, o texto insinua que eliminará o cravo da tópica, dando auto-suficiência à beleza da moça, no final, retoma a importância do cravo, reinserindo-o no poema não já como flor, mas como metáfora de boca.

LEITORES DE BOTELHO

Atributos como os apontados até aqui, suficientes talvez para o esboço de uma compreensão histórica do poeta, levaram a crítica tradicional brasileira, de pressupostos romântico-nacionalistas, a desprestigiar a

---

28. Baltasar Gracián, *Arte de Ingenio, Tratado de la Agudeza,* edición de Emilio Blanco, Madrid, Cátedra, 1998, p. 135.

poesia de Botelho de Oliveira, sob pretexto de que lhe faltam singularidade expressiva e integração com a realidade do país. Intérpretes como Joaquim Norberto de Sousa Silva[29], Cônego Fernandes Pinheiro[30], Sílvio Romero[31], José Veríssimo[32] e Ronald de Carvalho[33], entre outros, consideram-na fria, cerebral, mecânica, artificial e ridícula. Seu estilo e matéria são interpretados como conseqüência da frivolidade do espírito barroco. Herdeiros do Iluminismo português, que se opôs à poesia seiscentista por entendê-la, talvez, como resultado da hegemonia espanhola sobre Portugal, esses críticos odeiam a poesia luso-brasileira do período, especialmente em sua variante gongórica. Pela perspectiva deles, a poesia seiscentista portuguesa não passaria de encarnação da decadência política e do mau gosto literário dominante no país, completamente entregue aos exageros da imaginação desmedida, manifesta no culto do trocadilho e da metáfora despropositada. Essa visão acabou por determinar o destino editorial da obra capital de Botelho de Oliveira, que até hoje foi reeditada na íntegra apenas uma vez. A segunda edição saiu em dois volumes, pelo Instituto Nacional do Livro, em 1953, com estabelecimento de texto e prefácio de Antenor Nascentes[34]. Antes disso, em 1929 (?), a Academia Brasileira de Letras editara apenas os poemas em português de *Música do Parnaso*, com apresentação de Afrânio Peixoto e estudos críticos de Xavier Marques e Manuel de Sousa Pinto.

Ao longo do século XX, a recepção crítica de Manuel Botelho de Oliveira oscilou entre condenações sumárias, que praticamente

29. *Bosquejo da História da Poesia Brasileira*, edição, apresentação e notas ao texto por José Américo Miranda, Belo Horizonte, Editora UFMG, 1997, pp. 36-37.
30. *Resumo de Historia Litteraria*, Rio de Janeiro, Garnier, 1873, tomo II, pp. 309-312.
31. *História da Literatura Brasileira*, Rio de Janeiro, Garnier, 1888, pp. 184-186.
32. *Historia da Literatura Brasileira: de Bento Teixeira (1601) a Machado de Assis (1908)*, Rio de Janeiro / Paris, Livraria Francisco Alves & Cia. / Livrarias Aillaud e Bertrand, 1916, pp. 81-85.
33. *Pequena História da Literatura Brasileira*, 2ª edição revista e augmentada, Rio de Janeiro, Briguet & Comp. Editores, 1922, pp. 97-100.
34. À segunda edição de *Música do Parnaso* foi reproduzida, em um volume, Edição de Ouro, Rio de Janeiro, 1967.

proíbem a circulação do poeta, e comentários genéricos, que não revelam leitura pormenorizada de sua obra. Antônio Soares Amora, ao examinar a tópica camoniana da ilha paradisíaca no poemeto "À Ilha de Maré", elaborou um roteiro conceitual de interpretação da literatura luso-brasileira a partir da recusa da aplicação do termo *barroco* como "palavra mágica" para compreender e explicar a totalidade da produção colonial durante os séculos XVII e XVIII[35]. Observações muito favoráveis à inclusão artística do poeta encontram-se em dois estudiosos preocupados com a investigação estilística do fenômeno literário, Eugênio Gomes[36] e Péricles Eugênio da Silva Ramos[37], responsáveis por análises e notas capazes de estimular a necessária reavaliação de Botelho de Oliveira. Em sua *História da Inteligência Brasileira*, Wilson Martins oferece informes e considerações de relevo para o conhecimento do poeta[38]. Em poucas palavras, João Carlos Teixeira Gomes apresenta argumento envolvente e decisivo para a correta apreciação de *Música de Parnaso*, em seu clássico *Gregório de Matos, o Boca de Brasa (Um Estudo de Plágio e Criação Intertextual)*[39]. Em outra perspectiva, Luciana Stegagno Picchio[40] e Haroldo de Campos[41] também apresentam razões favoráveis à integração de Botelho ao grupo de poetas apreciáveis aos olhos do presente. Além disso, recentemente os estudos acadêmicos têm privilegiado a obra de Botelho, como fazem supor estudos de Enrique Martinez López[42],

35. "A Literatura da Expansão Portuguesa Ultramarina e Particularmente *Os Lusíadas* como Principais Elementos Enformadores da Silva *À Ilha de Maré*, de Manuel Botelho de Oliveira", citado.
36. "A Infanta e o Javali", *Visões e Revisões*, Rio de Janeiro, MEC, INL, 1958, pp. 29-37.
37. *Poesia Barroca: Antologia*, introdução, seleção e notas, 2ª edição, revista e aumentada, São Paulo / Brasília, Edições Melhoramentos / INL, 1977, pp. 62-93.
38. Vol. I, São Paulo, Cultrix, 1976, pp. 259-269.
39. Petrópolis, Vozes, 1985, pp. 319-320.
40. *História da Literatura Brasileira*, Rio de Janeiro, Nova Aguilar, 1997, pp. 103-105.
41. *O Seqüestro do Barroco na Formação da Literatura Brasileira: o Caso Gregório de Mattos*, Salvador, Fundação Casa de Jorge Amado, 1989, pp. 98-100.
42. "Poesia Religiosa de Manuel Botelho de Oliveira", *Revista Iberoamericana*, vol. XXXV, mayo-agosto, n. 68, 1969, pp. 303-327, Pisttsburgh, University of Pittsburgh Press.

Carmelina Almeida[43], Leopoldo M. Bernucci[44], Enrique Rodrigues-Moura[45], Marlene Machado Zica Vianna[46] e Adma Muhana[47]. Todavia, em março de 1998, a Editora Humanitas, responsável por livros destinados ao circuito interno da Faculdade de Filosofia, Letras e Ciências Humanas da Universidade de São Paulo, editou o volume *Iniciação à Literatura Brasileira: Resumo para Iniciantes*, do professor Antonio Candido, no qual se lê o seguinte juízo crítico, citado aqui a partir de sua terceira edição:

> A esse espírito entre devoto e cortesão se vincula um escritor de certo interesse, Manuel Botelho de Oliveira, exemplo típico do falseamento a que chegou o espírito barroco nos seus aspectos menores, quando a argúcia virou pedantismo e a sutileza um mero exibicionismo, dando a impressão de que a palavra rodava em falso, à procura de nada[48].

Essa opinião, exposta com admirável competência de escritor, decorre da convicção de que a poesia seiscentista contribui para o mau gosto do leitor e para seu afastamento da realidade imediata dos

43. Carmelina Almeida, *O Marinismo de Botelho*, tese Apresentada ao Instituto de Letras da Universidade Federal da Bahia para concurso de Professor Assistente do Departamento de Letras Românicas, Salvador, 1975. Pelo que me consta, este é primeiro trabalho inteiramente dedicado à analise de *Música do Parnaso*. Recomenda-se pelo levantamento de dados comparativos entre Botelho de Oliveira e Marino.

44. Leopoldo M. Bernucci, "Disfarces Gongorinos en Manuel Botelho de Oliveira", *Revista de Occidente*, n. 570, Madrid, dicienbre 1997.

45. Enrique Rodrigues-Moura, "Manuel Botelho de Oliveira (1636-1711). Un Poeta, Dos Continentes, Cuatro Idiomas". Texto lido no 50º Congresso Internacional de Americanistas, Varsóvia, julho de 2000. Prepara tese de doutorado sobre Botelho de Oliveira, a ser defendida no Departamento de Filología Románica, Facultad de Filología, Universidad Complutense de Madrid.

46. Marlene Machado Zica Viana, *Música do Parnaso: Temas, Formas, Linguagem*. Belo Horizonte, Faculdade de Letras da UFMG, 2001, tese de doutorado, 2 vols. Tanto quanto posso supor, trata-se do mais extenso trabalho dedicado a Botelho de Oliveira. Recomenda-se pelo exaustivo levantamento de processos estilísticos e também pelas aproximações do autor com suas matrizes européias, particularmente Marino e Góngora.

47. Atualmente, Adma Muhana prepara edição da poesia completa de Botelho de Oliveira para a Coleção Poetas do Brasil, da Editora Martins Fontes.

48. 1999, p. 26.

fenômenos dignos de imitação artística, que, basicamente, seriam a emoção pessoal, os embates da vida em sociedade e a relação do indivíduo com os valores responsáveis pela formação da nacionalidade. Trata-se de concepção que privilegia a função formadora da literatura, vendo nela principalmente os aspectos utilitários, que acabam por se confundir com a noção de valor artístico. Botelho, ao contrário, dava prioridade ao prazer com as formas sutis de jogo intelectual, que, embora também visasse à educação da pessoa, não era concebido nos termos do século XIX, época em que se consolidou a concepção de literatura como expressão de verdades psíquicas e como captação da essência nacional. Ocorre que Botelho de Oliveira não escreveu para a posteridade, e sim para o seu tempo, procurando na comunicação com os contemporâneos a razão social de sua produção. Isso obriga procurar em *Música do Parnaso*, não apenas uma possível identidade com o nosso tempo, mas, sobretudo, a diferença com o nosso e a identidade com o dele, porque da percepção dessa diferença e dessa identidade é que nasce a integração do leitor com a história, necessariamente impregnada das desiguais configurações dos tempos e das sociedades.

Evidentemente, uma das conclusões a que se chega por meio da perspectiva que procura resgatar as condições históricas de produção do texto artístico é a relatividade dos valores e das posturas. Chega-se, sobretudo, à idéia de que não deve haver a ambição por uma leitura verdadeira e excludente, mas por leituras mais ou menos convincentes e coerentes com o modelo eleito pelo crítico. Quando Antonio Candido condena a maquinaria retórico-conceitual de um poeta como Botelho de Oliveira, não se pode esquecer que o ensaísta atuava a serviço de um engajamento poético. Como se sabe, ele foi um dos primeiros defensores conceituais da oralidade espontânea e do tema cotidiano na poética modernista, tal como se manifesta, sobretudo, em Mário de Andrade, Oswald de Andrade e Manuel Bandeira. Por essa razão, quase sempre desconsiderou o estilo seiscentista, enxergando nele o perigo do mau gosto contra o despojamento modernista. Esse pensamento já aparecera, muito antes, nas páginas de *Literatura e Sociedade*, onde se lê a seguinte observação, a propósito de Botelho de Oliveira:

> Já aqui não estamos na região elevada em que o estilo culto exprime uma visão da alma e do mundo, emprestando-lhe o seu caprichoso vigor expressivo. Estamos, antes, no âmbito do Barroco vazio e malabarístico, contra o qual se erguerão os árcades, e que passou à posteridade como índice pejorativo da época[49].

Ao denunciar o suposto *vazio* verbal do poeta, esse tipo de crítica pretende estimular o compromisso do leitor com uma presumível literatura *elevada*. Sem indicar um autor em particular, o texto admite que, em princípio, o *estilo culto*, apesar de *caprichoso*, pode produzir aquela espécie de arte. Todavia, busca no programa neoclássico testemunho contra a prática engenhosa, insinuando que a pretensa naturalidade da poesia árcade substitui com vantagem o *malabarismo* seiscentista. Sem dúvida, esse terá sido um dos argumentos do combate iluminista contra a poética do engenho, o que relativiza sua aplicação como critério de valor fora das condições específicas de sua formulação. Não obstante, a escolha de vocábulos como *exprimir, vigor expressivo, alma*, revelando afinidade com a crítica romântica, sugere que, em vez de *vazio*, o poeta devesse ser autêntico, pleno. Seria possível julgar que o fragmento de *Literatura e Sociedade*, tanto quanto o anteriormente citado, tomando Botelho como pretexto, partilha da tópica de que o estilo agudo é falso, pedante, exibicionista e contrário ao que se espera da verdadeira arte. No limite, seria ainda verossímil imaginar que ambas as passagens transpõem para o registro sério da crítica o argumento paródico da "Carta pras Icamiabas", o que efetivamente desfavorece o esplender artístico de um livro como *Música do Parnaso*.

Para fundamentar a exclusão dos poetas seiscentistas de seu *Curso de Literatura Portuguesa e Brasileira*, Francisco Sotero dos Reis escreve:

---

49. São Paulo, Companhia Editora Nacional, 1965, pp. 111-112.

Apreciar escrito de autores, que não só não eſtão no caso de servir de modelo aos que se propõem o eſtudo das boas letras, mas cujo mau goſto deve ser evitado com cuidado, seria perder tempo e trabalho inutilmente, quando não resultasse daí perigo a algumas inteligências que começam a desenvolver-se, e podem por isso mesmo deixar-se iludir com os falsos brilhantes que neles flamejam como fogo fátuo. Ainda bem que as poesias dos seiscentiſtas, cuja lição é prejudicial ao bom goſto, já se vão tornando mui raras no Brasil[50].

Aqui, o primado da função formadora da poesia como fundamento do juízo eſtético mal consegue disfarçar o projeto cultural de proibir no passado o que não interessa ao presente. Muito comum na crítica oitocentiſta, essa perspeɛtiva acaba por conſtituir um cânone reſtritivo e excludente, em que domina o argumento evolucioniſta de que a hiſtória só exiſte como juſtificativa do presente. As raízes do juízo de Sotero dos Reis, a cuja tradição se filia Antonio Candido, são bem conhecidas. Origina-se na própria reação do século XVIII ao Seiscentismo, quando se tratou de acusar o absurdo de suas formas como maneira de alicerçar um conjunto de preferências eſtilíſticas apropriadas ao ideário da Iluſtração, que, em favor da univocidade, inſtituiria como ideal artíſtico a clareza, a simplicidade e o equilíbrio. A partir daí, o eſtilo engenhoso passou a se caraɛterizar como obscuro, alambicado, excessivo e monſtruoso. Os termos da refutação do século XIX e XX não diferem muito daqueles adotados pelos iluminiſtas, como deixa ver o seguinte fragmento da *Arte Poética ou Regras da Verdadeira Poesia*, de Francisco José Freire, contra o Conde Emanuele Tesauro:

> Eſte Autor era homem de grande doutrina e de um engenho vivo, ainda que daqueles a que os Franceses chamam *brilhantes*; porém a deſtemperada ambição de novidade lhe depravou: por isso, quis enganar o mundo com o nome de Ariſtóteles e o encheu de conceitinhos e de argúcias frívolas, ridículas, pueris, insulsas e irreverentes, como são as metáforas

50. Maranhão, 1867, vol. 3, pp. XIII-XIV.

apontadas [...]. Muito ajudou a Tesauro em eſtabelecer o péssimo goſto Lourenço Gracián, na sua *Arte y Agudeza de Ingenio* [sic], infeſtando tanto a Espanha como o outro a Itália e ambos o mundo. Porém, entendo que em parte nenhuma foram tão bem recebidos como em Portugal, como se vê pela experiência[51].

Desconsiderando o aspeĉto eſtratégico de programa da mentalidade iluminiſta, a crítica romântica adotou essa visão como preceito absoluto e desenvolveu verdadeiro horror às obliqüidades do eſtilo agudo, por interpretá-lo como eſtagnação do progresso do espírito humano. Desde então, os românticos fundaram seus critérios eſtéticos no binômio biografismo + nacionalismo, de particular vitalidade na crítica brasileira subseqüente. No século XX, Mário de Andrade acolheu o princípio de repúdio à sinuosidade das formas artíſticas e de adesão ao nacionalismo, propagando a idéia de que era preciso esquecer Góngora[52]. Enquanto isso, García Lorca e Dámaso Alonso, integrantes da Geração de 27 na Espanha, cuidavam de reſtaurar o autor de *Soledades*; um, em dimensão poética; outro, em dimensão ensaíſtica[53].

POESIA ACADÊMICA

No primeiro volume de sua *Nova Arte de Conceitos* (lição duodécima)[54], Francisco Leitão Ferreira expõe os preceitos segundo os quais os acadêmicos de seu tempo deveriam se reunir. As Academias deveriam defender os propósitos, os objetivos e os assuntos adequados às convicções do tempo, tendo por princípio geral a imitação dos jogos olímpicos da Antigüidade, em que os atletas aprimoravam o domínio sobre o corpo como forma de integração social. Imitando os des-

51. Lisboa, 1759, vol. I, p. 150.
52. *A Escrava que Não é Isaura*, São Paulo, 1925, p. 67.
53. "Claridad y Belleza de las Soledades", *Soledades de Góngora*, editadas por Dámaso Alonso, Madrid, Reviſta de Occidente, 1927.
54. Lisboa, 1718, pp. 311-353.

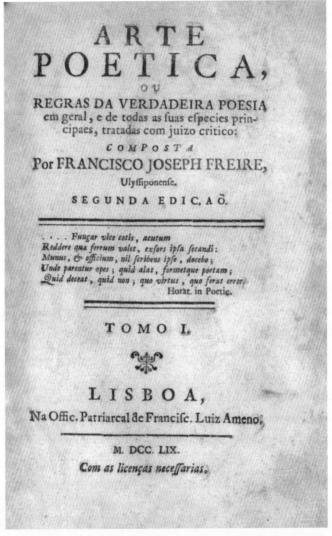

2ª edição de *Arte Poética ou Regras da Verdadeira Poesia*, 1759.

portistas da Grécia antiga, os acadêmicos seiscentistas e setecentistas buscavam o exercício já não do corpo, mas do espírito, aprimorando sua perspicácia em penetrar na identidade dos assuntos e aguçando sua versatilidade em associar as semelhanças e as diferenças obtidas. Leitão Ferreira também compara as academias com os circos, com as escolas e com os teatros, porque seus integrantes deveriam imbuir-se do espírito de aprendizado, de encenação, de competição e de entretenimento. Conclui-se daí que a poesia não decorria daquele momento quase religioso de recolhimento e de auto-investigação consagrado pelos românticos, mas sim de situação pública, em que se discutiam os princípios gerais da composição poética, a partir de assuntos objetivos e comuns a todos, por meio dos quais cada um se empenhava em dar o melhor de seu engenho e de sua técnica.

Na mesma lição, o retor fala dos conceitos e dos assuntos acadêmicos, detendo-se na explicação dos processos segundo os quais aqueles são extraídos destes. O assunto acadêmico é definido como uma breve proposição acerca de objeto bem delimitado, da qual se deduza alguma reflexão ou conclusão provável ou necessária. A poesia prevista pelo código acadêmico, de que Botelho é exímio usuário, resulta de operações lógicas do espírito dialético, ainda quando entrem em jogo os acidentes sensoriais dos objetos. Apresentada a proposição, cabia ao poeta estabelecer as devidas conexões entre seu sujeito e seu predicado, associá-los a um terceiro elemento estranho a ela e, por ilação, extrair conclusão nova, sutil e maravilhosa, a que se chamava propriamente conceito. Sempre traduzindo Tesauro, Leitão Ferreira divide o assunto acadêmico em simples e complexo. O primeiro contém um único objeto; o segundo, um objeto central intimamente associado a uma circunstância ou a outro objeto. Ao assunto simples chama também estéril; ao complexo, fértil. Assim, a proposta de um cravo como assunto de poema seria estéril; mas passaria a fértil se fosse adicionada a circunstância de o cravo estar na boca de uma ninfa, o que dividiria a atenção do entendimento entre cravo e ninfa.

Depois dessas noções, o retor português concentra-se na enumeração analítica das regras de expansão dos assuntos, as primeiras das quais consistem no uso do paralelo e da contraposição, de onde resulta a prática da metáfora e da antítese como elementos definidores da elocução acadêmica, que é também a chave do discurso poético praticado por Botelho de Oliveira. Efetuando agudeza no desenvolvimento do assunto escolhido, o autor deverá aplicar a ele imagens alheias ao universo primeiro de seu significado. Será esse um estágio decisivo no entendimento da metáfora como modo de conhecimento do mundo, o que necessariamente pressupõe a noção de *diferença*. Decorre daí a dominante metafórica e antitética no estilo de Botelho de Oliveira, que sempre escreve por paralelos ou contrapostos, conforme se pode exemplificar com o soneto "Ponderação do Rosto e Olhos de Anarda":

> Quando vejo de Anarda o rosto amado,
> Vejo ao Céu e ao jardim ser parecido;
> Porque, no assombro do primor luzido,
> Tem o Sol em seus olhos duplicado.
>
> Nas faces considero equivocado
> De açucenas e rosas o vestido;
> Porque se vê, nas faces reduzido,
> Todo o Império de Flora venerado.
>
> Nos olhos e nas faces mais galharda,
> Ao Céu prefere, quando inflama os raios;
> E prefere ao jardim, se as flores guarda:
>
> Enfim, dando ao jardim e ao Céu desmaios,
> O Céu ostenta um Sol; dous sóis, Anarda;
> Um *Maio* o jardim logra; ela, dous Maios[55].

Em rigor, o poema desenvolve o assunto da beleza do rosto de Anarda, que emana das *faces* e dos *olhos*. Associando-se com o céu e com a terra, tais elementos transformam-se em fontes de luz e cores: assim como o céu tem sol, Anarda tem olhos; da mesma forma que o jardim tem flores, a face dela tem cores. Evidentemente, a novidade dessa sutileza consiste no contraposto do *perto* com o *distante*, do *alto* com o *baixo*, associados em *jardim* e *céu*, que permitem a sobreposição de *flores* e *faces*, *sol* e *olhos*.

55. Edição de 1705, p. 6.

O discurso poético preconizado pela Academia seiscentista deveria, pois, evidenciar a unidade de matérias diversas, estabelecendo conexões metafóricas nem sempre acessíveis aos olhos do vulgo. Essa é uma das razões pelas quais os preceptores aproximavam o poeta dos anjos, pois eram estes que, em primeira instância, incumbiam-se de revelar aos homens a maravilha de Deus. Em favor do prodígio, a poesia de tradição engenhosa consagrou essas imagens, com as quais Botelho, pela reatualização de procedimentos da instituição retórica, opera com versatilidade, produzindo vivo efeito cromático, sem deixar de insinuar que a beleza particular da amada decorre da intervenção do céu para fecundação da terra, como a dizer que a beleza floresce da harmonia entre pólos contrastantes.

No final, contra a expectativa do leitor inexperto, o poeta introduz uma diferença importante, que não desfaz a fusão dos opostos; antes a confirma, revelando que, embora resultante da interação do céu com a terra, Anarda supera a ambos no sortilégio da beleza, porque os reproduz duplicadamente. Eis aí o conceito ou a reflexão aguda que se extrai do assunto proposto, momento em que o elogio confirma a particularidade, que, não obstante, é legitimada como decorrência de idéia geral. Por outro lado, como processo de singularização engenhosa da beleza, o poema opera sistematicamente por equívoco de termos, que se equivalem em contínuas imagens de oposição especular, desde o sol e as flores – que, apesar das diferenças, refletem-se no rosto de Anarda – até o eco da rima final, proveniente da reverberação sonoro-visual entre *desmaios* e *dous maios*.

METÁFORA, AGUDEZA, ENGENHO

O Conde Emanuele Tesauro define metáfora como a mais aguda e engenhosa conquista do entendimento humano, não só porque aproxima propriedades distantes dos assuntos propostos, como também porque explica um conceito por meio de outro muito diverso. Penetrando nas coisas da invenção, o poeta extrai delas as mais recônditas noções para as associar com outras pertencentes a gêneros e espécies diferentes. Como se vê, a metáfora seiscentiſta funda-se no princípio da analogia engenhosa, pois, desencadeando associações impreviſtas no juízo, promove a semelhança entre assuntos diſtintos[56]. Partilhando de convicções de seu tempo, é evidente que Botelho prefere o padrão da metáfora aguda, segundo o qual deve ser apreciada. Francisco Leitão Ferreira, ao adaptar para o português idéias de Tesauro, faz queſtão de preservar as propriedades preconizadas por Ariſtóteles na metáfora, afirmando que deve conter clareza, novidade e brevidade. Por isso, acha apreciável chamar águia ao girassol; ou pensamento do campo, ao veado. No primeiro caso, une-se à beleza da flor a altivez da ave, aproximando o reino vegetal ao animal, sem deixar de associar os olhos do pássaro com a esfericidade da planta, que, de certa forma, paira, como ave, acima das demais flores do jardim. No segundo, associa-se a rapidez do animal com a velocidade do pensamento. Como se vê, os exemplos fornecidos por Leitão Ferreira baseiam-se no princípio da analogia engenhosa, pois unem, em linguagem, elementos díspares na natureza, o que decorre de operação fantáſtica do entendimento.

Francisco José Freire, em sua *Arte Poética*, ao esboçar uma teoria adequada à Iluſtração portuguesa – e, portanto, contrária ao eſtilo engenhoso do Seiscentismo –, não vê com bons olhos metáforas desse tipo, sem, contudo, condená-las completamente. Todavia, considera inaceitáveis as operações que, associando em poesia elementos desconexos na natureza, chegam ao extremo de projetar seus termos para o supoſto mundo da realidade empírica, tal como se observa no exemplo em que, tendo o paſtor uma chama amorosa no peito, oferece-a para que companheiros acendam nela suas tochas[57]. Algo

---

56. *Cannocchiale Ariſtotelico: Eſto és, Anteojo de Larga Viſta o Idea de la Agudeza e Ingeniosa Locucion que Sirve a Toda Arte Oratória, Lapidaria, y Symbolica, Examinda con los Principios del Divino Ariſtoteles,* traducido al Español por Fr. Miguel de Sequeyros, Madrid, por Antonio Marin, 1741, vol. II, p. 235.
57. Edição citada, vol. I, pp. 127-129.

semelhante se observa na décima "Sono Pouco Permanente", de Botelho de Oliveira:

> Quando, Anarda, o sono brando
> Quer suspender meus tormentos,
> Condenando os sentimentos,
> Os desvelos embargando;
> Dura pouco, porque quando
> Cuido que em belo arrebol
> Estou vendo teu farol,
> Foge o sono à cova fria;
> Porque lhe amanhece o dia,
> Porque lhe aparece o Sol[58].

Fundados em pressupostos neoclássicos de Francisco José Freire, os críticos românticos e seus seguidores no século xx rejeitam composições dessa espécie, sem contudo traduzir em termos teóricos os motivos da recusa. Contentam-se com o argumento de mau gosto e frivolidade, quando, em rigor, o que não aceitam é a ficcionalização extremada do discurso poético. Querem-no como projeção psicológica ou tradução de posições práticas. Mas, em que consiste, pela perspectiva do presente ensaio, a ficcionalização do discurso poético nesse poema? Primeiro, a voz poética alegoriza o empenho do sono em minimizar seu sofrimento amoroso; depois, metaforiza a presença de Anarda em farol, por associação com a luz de seus olhos. Até aí, a razão iluminista aceitaria o andamento do poema, embora talvez não o recomendasse. O que não aceitaria nem recomendaria, antes condenaria como operação indesejável do juízo, é a metáfora do farol de Anarda clarear o dia, desfazendo a noite e obrigando o sono a se refugiar em sua caverna sem luz.

Entendida como imagem resultante da aplicação consciente do engenho, a agudeza não se deixa definir em termos absolutos, podendo

---

58. Edição de 1705, p. 23.

assumir as mais variadas formas, desde a metáfora, o paradoxo, o equívoco sonoro até o silogismo sutil. Todavia, não se manifesta somente no discurso verbal, mas também na pintura, na escultura e até nas ações humanas[59]. Nos termos de Tesauro, a agudeza pode se compor de simples palavras engenhosas, isto é, palavras metafóricas ou figuradas; de proposições engenhosas, como as sentenças figuradas e sutis; e de argumentos engenhosos ou conceitos inesperados e surpreendentes[60]. Em sentido amplo, a agudeza será sempre o vivo resultado de operação do entendimento, que, em vez de se ater aos termos próprios dos conceitos, os apreende e os traduz por meio de nomes, frases ou elementos fantásticos, evitando a expressão comum em favor de expressões *peregrinas*, adjetivo com que Leitão Ferreira caracteriza as novidades bizarras de vocábulos distantes da esfera das coisas a que se referem[61]. Ainda nos termos de Tesauro, toda agudeza será sempre uma fala figurada com significação engenhosa[62]. No madrigal "Anarda Vendo-se a um Espelho", Botelho de Oliveira fornece ágil exemplo de agudeza, obtida por meio de jogo entre espelhos: o espelho real, em que Anarda se reflete; e o metafórico, que reproduz o espelho apresentado como real:

> Anarda, que se apura
> Como espelho gentil da fermosura,
> Num espelho se via,
> Dando dobrada luz ao claro dia;
> De sorte que com próvido conselho
> Retrata-se um espelho noutro espelho[63].

Cícero afirma que a agudeza é o gesto da frase, querendo dizer com isso que ela atribui visibilidade à abstração do conceito[64]. É o

---

59. Baltasar Gracián, *Arte de Ingenio, Tratado de la Agudeza*, edição citada, pp. 135-145; 424-427.
60. *Cannocchiale Aristotélico*, edição citada, vol. 1, p. 7.
61. *Nova Arte de Conceitos*, edição citada, vol. 1, pp. 94-104.
62. *Cannocchiale Aristotelico*, edição citada, vol. 1, p. 105.
63. Edição de 1705, p. 18.
64. *Cannocchiale Aristotelico*, Emanuelle Tesauro, edição citada, vol. I, pp. 4-6.

que se observa na situação instaurada pelo poema: Anarda emite luz; o espelho reflete luz; logo, quando se coloca diante do espelho, ela dobra a luz do dia. Além disso, observa-se: o espelho ilumina; Anarda também ilumina; logo, ela é espelho. A argumentação do poema não é apresentada apenas como hipótese discursiva, mas como encenação da situação responsável pelos equívocos e espelhamentos, o que aproxima o poema da metáfora de hipotipose, que consiste em pôr diante dos olhos o objeto de que se fala. Com isso, o madrigal compõe uma breve cena, uma concisa alegoria da luz, cuja reduplicação decorre do juízo dos espelhos, que se animam no poema por deliberarem sobre a própria ação. Por fim, a sobreposição de acidentes figurados conduz a décima ao entimema urbano ou silogismo engenhoso, considerado pela retórica seiscentista como a agudeza perfeita, porque parte de premissas metafóricas e conduz a conclusões maravilhosas, processo em que a fantasia opera sobre a realidade, como se observa no fato de o espelho metafórico reproduzir o espelho dado como real e iluminar o dia, operação imagética que se observa também na décima "Sono Pouco Permanente"[65].

---

65. Francisco Leitão Ferreira, *Nova Arte de Conceitos*, edição citada, vol. I, 313-316. Como se vê, a poética seiscentista, considerando o entimema como sinônimo de silogismo engenhoso, entende-o como técnica para a obtenção do conceito, isto é, da agudeza decorrente de operação lógico-metafórica do juízo: "os cabelos da ninfa são ouro; ouro tem valor, logo a ninfa é rica". Conforme George A. Kennedy, *Aristotele on Rhetoric: A Theory of Civic Discourse*, Newly translated with Introduction, notes and Appendixes, New York / Oxford University Press, 1991, pp. 14, 28-29, 40, 42, 45-46, 186-190, entimema é a demonstração lógica de uma premissa, como se observa, afirma o tradutor, no primeiro período da *Retórica* de Aristóteles: "A retórica é a contraparte da dialética, pois ambas tratam de questões que, em certa medida, integram o repertório coletivo das pessoas, sem apresentar noções exclusivas de nenhum campo específico do saber". Nessa acepção, estruturando-se como forma elementar de raciocínio, será sempre uma oração iniciada por conjunção (pois) que exprime idéia de causa, motivo ou razão do núcleo conceitual de uma oração principal. Em outro sentido, entimema será um silogismo abreviado, em que, por óbvia, se omite uma premissa, tal como ocorre em "Sócrates é mortal, pois é homem", supondo-se, logicamente, que todo homem é mortal.

ESTRUTURA MUSICAL

Conforme a perspeĉtiva que procura recriar as condições de produ-
ção e de recepção do texto artíĥico, é importante ter em mente que
Música do Parnaso imita certas conĥantes da atividade musical. Não
foi à toa que o poeta definiu a poesia como modalidade de *canto*, o
que se reflete não só no título da obra (*Música entoada* por Manuel
Botelho de Oliveira), mas também na divisão do volume em quatro
coros de rimas. No soneto de abertura ao cancioneiro de Anarda – um
dos mais coesos, siĥemáticos e belos conjuntos de poemas de amor da
literatura brasileira –, o poeta pondera que a amada, apesar de cruel,
acha-se em condições de conceder *cultas flores* a seu discurso (poético)
e conferir *doce harmonia* à sua música (poética):

> Invoco agora Anarda laĥimado
> Do venturoso, esquivo sentimento:
> Que quem motiva as ânsias do tormento,
> É bem que explique as queixas do cuidado.
>
> Melhor Musa será no verso amado,
> Dando para favor do sábio intento,
> Por Hipocrene, o lagrimoso alento;
> E por louro, o cabelo venerado.
>
> Se a gentil fermosura em seus primores
> Toda ornada de flores se avalia,
> Se tem como harmonia seus candores;
>
> Bem pode dar agora Anarda impia
> A meu rude discurso cultas flores;
> A meu pleĉtro feliz, doce harmonia[66].

66. Edição de 1705, p. 1.

Portanto, logo no primeiro poema do livro, o poeta reitera o sentido do título da obra, explicitando o propósito de fundir poesia e música, por meio do cultivo das *flores eloqüentes*, expressão com que os seiscentistas designavam os tropos e as figuras do discurso poético, os quais tanto podiam ornar a linha da frase quanto adensar o significado do verso ou torná-lo melodioso. Mas tais pormenores não aproximam tanto a estrutura do livro do discurso musical quanto revelam o valor da agudeza nos pressupostos elocutivos do poeta, que extrai os componentes básicos da obra da constituição da própria musa, não obstante ela seja invenção do mesmo livro. Ainda aqui a ficcionalização da metáfora instaura o reflexo especular como fundamento do discurso engenhoso de Botelho, que não entende Anarda senão como projeção da idéia de poesia, de beleza e de perfeição.

LIRISMO AMOROSO

Imitando Góngora, Botelho encena situações humildes, em que figura Anarda escondida atrás de uma árvore, mirando-se em espelho, passeando de barco, jogando cartas, etc. Todavia, o poeta trata tais situações como sublimes, de onde a crítica romântica, desconsiderando a tradição gongórica, extraiu o argumento da suposta vacuidade temática de *Música do Parnaso*. Mas o contraposto entre a invenção do assunto e as formas de sua elocução em nada prejudica o retrato da musa, plenamente resguardada pelo idealismo petrarquista, que é, antes, realçado pela oposição entre a abstração da beleza e a particularização sensível das situações, como se observa no início do romance "Anarda Colhendo Neve":

> Colhe a neve a bela Anarda,
> E nos peitos incendidos
> Contra delitos de fogo
> Arma de neve castigos.

Na brancura, na tibieza
Tem dous triunfos unidos;
Vence a neve à mesma neve,
Vence o frio ao mesmo frio.

Congela-se e se derrete;
De sorte que em branco eſtilo
A um desdém se há congelado
A dous sóis se há derretido[67].

Na poesia aguda de Botelho não há assuntos banais, porque a dialética do engenho transforma a matéria humilde em tema fértil, que tanto mais enriquece o poema quanto mais possibilita o prazer com as formas sensíveis do idioma, encarnadas, sobretudo, nas sutilezas dos paralelos e dos contrapoſtos. Na primeira eſtrofe do exemplo, Anarda, identificando-se com a neve, não só pela brancura, mas também pela frieza, combate o incêndio amoroso do desejo alheio com o gelo do desdém, operação metafórica de que resulta o conceito engenhoso. Na segunda eſtrofe, o conceito decorre da agudeza de, ainda no processo metafórico, o termo próprio superar a qualidade do termo ideal, iſto é, Anarda, sendo comparada com a neve, supera a própria neve, não só em brancura, mas igualmente em frieza. Na última eſtrofe, a novidade sutil consiſte na descoberta de acidentes contrapoſtos no mesmo sujeito, pois Anarda, por ser fria e possuir olhos brilhantes, tanto pode congelar quanto derreter a neve.

Via de regra, a celebração de Anarda dá-se por meio do constante paralelo de sua beleza com o brilho do sol e com o colorido das flores (rosa, lírio, açucena, cravo, jasmim), reiteração que se multiplica em contínuas variações e reiterados espelhamentos. Mas se a beleza imita o brilho do sol, do raio, da eſtrela, do diamante e do criſtal, o contrapoſto entre fogo e frio é a imagem preferida da perseverança do poeta e da indiferença da musa, cuja crueldade alegórica se manifeſta

---

67. Edição de 1705, p. 35.

nos menores índices dos encantos que a cercam, conforme se pode observar na décima "Eco de Anarda":

Entre males desvelados,
Entre desvelos conſtantes,
Entre conſtâncias amantes,
Entre amores caſtigados,
Entre caſtigos chorados,
E choros que o peito guarda,
Chamo sempre a bela Anarda;
E logo a meu mal, fiel,
Eco de Anarda cruel
Só responde ao peito que Arda[68].

Se, no romance anterior, o poeta explora o contrapoſto entre invenção e elocução, neſta décima, procede de maneira inversa, simulando identidade entre a invenção e a elocução da matéria, procedimento de que resulta engenhosa conſtrução poética, em que se reiteram vocábulos ou variações de vocábulos, com o propósito de promover a representação de um eco por meio da reverberação das palavras. Esse eco, no poema, reflete as negativas de Anarda, sem deixar de refletir também as súplicas amorosas do poeta: ele chama *Anarda*; ela responde *Arda*. Nos cinco primeiros versos, a repetição anafórica da preposição suporta modalidade mais sutil de retomada, que consiſte no uso de uma espécie de variante da anadiplose, que repete no início do verso a última palavra do anterior. Aqui, para promover a deformação do revérbero, não se repete o mesmo vocábulo no início do verso seguinte, como seria em perfeita anadiplose; mas se retoma, no meio, a matriz cognata do vocábulo anterior, pois primeiro surgem *desvelados, conſtantes, caſtigados, amantes, chorados*; depois, as formas principais *desvelos, conſtâncias*, etc., como a sugerir que de Anarda emanam as matrizes da condição do poeta, exiſtindo nele apenas como deformações perturbadoras.

68. Edição de 1705, p. 26.

ROSA METAFÍSICA

Mesmo considerando o prestígio de "À Ilha de Maré", cujo interesse é enorme, talvez o mais representativo poema de Botelho de Oliveira seja "À Rosa", conjunto de doze oitavas em que se celebra a beleza de Anarda, por meio do contínuo paralelo com essa flor, que, depois de nascer por elevada conjuração de astros, converte-se metaforicamente em sol (3ª estrofe), em deusa (4ª estrofe), em ave (5ª estrofe), em amante (6ª estrofe) e em lua (7ª estrofe). A confluência reiterada dos tropos pretende personificar a beleza absoluta de Anarda, para cujo perfil contribuem inúmeros outros acessórios retóricos, resultando o poema em poderosa sugestão orquestral, em que a variada harmonia das cores se mescla com o inconstante encadeamento de metamorfoses semânticas e reverberações sonoras. Poucas vezes um poeta demonstrou, no Brasil, tão elevado domínio técnico sobre o verso. Não obstante, o poema excede a absurda hipótese de exercício mecânico de retórica, atingindo a condição de autêntica poesia engenhosa, em que, variante da matriz gongórica, convergem a agudeza racional da construção e o equívoco insinuante dos sentidos. Depois de edificar a maravilha da rosa, o poema, a partir da oitava estrofe, introduz o lamento do *carpe diem*, segundo o qual a brevidade do encanto deve conduzir ao gozo do mesmo encanto, pois, assim como o sol, a rosa e Anarda não brilham mais que um instante, tópica desenvolvida também no célebre soneto da tradição gregoriana "Nasce o Sol e Não Dura Mais que um Dia". Como tudo em *Música do Parnaso*, as oitavas de "À Rosa" partilham do princípio de que o poema deve ocultar sua agudeza, no sentido de torná-la objeto de procura atenta e igualmente aguda, tal como se observa em sua primeira estrofe, cujo significado depende de paciente operação de associações entre elementos distantes um do outro:

Inundações floridas de Amaltéia
Prodigamente Clóri derramava

E, líquida em rocio, a sombra feia;
No fraudulento Bruto, o Sol brilhava:
Quando entre tanta flor que Abril semeia,
Fidalgamente a Rosa se adornava,
Ostentando por garbo repetido
De ouro o toucado; de âmbar, o vestido[69].

A pontuação que o ensaio propõe para a oitava resulta, em si mesma, de hipótese interpretativa, tomando-a como cronografia ou perífrase cronológica, por entender que alude a determinado momento na evolução do tempo, o que necessariamente envolve referência à posição dos astros. A agudeza, no caso, consiste em aludir à primavera como *inundações* de flores da ninfa Amaltéia, derramadas sobre a terra por meio de sua auxiliar Clóri, que também *derrama* a noite (*sombra feia*) convertida em orvalho (*rocio*). É aguda também a relação de *líquida* com *sombra feia*, que se deve tomar como predicativo de objeto direto, e não como adjunto adnominal. A perífrase *fraudulento Bruto* está em lugar de *touro*, chamado daquela maneira por ter servido de instrumento ardiloso a Júpiter no rapto de Europa; mais precisamente, a perífrase designa *constelação de touro*, em cujo âmbito deve estar o sol para que ocorra a primavera. Assim, a oitava pode ser resumida pela idéia de que era primavera, quando a rosa nascia e ostentava seus encantos coloridos, matizada pelas irradiações do sol, que lhe acrescentavam tons de ouro e de mel ao vermelho das pétalas e ao verde das folhas. Há inúmeras cronografias dessas em *Os Lusíadas*, que serviu de referente textual ao início das *Soledades* de Góngora. Todavia, é possível precisar um pouco mais a origem da tópica de Botelho, que parece ter sido a estrofe 72 do canto II do poema camoniano, cujos quatro primeiros versos são os seguintes:

Era no tempo alegre, quando entrava
No roubador de Europa a Luz Febéia,

69. Edição de 1705, p. 100.

54 MÚSICA DO PARNASO

Quando um e outro corno lhe aquentava,
E Flora derramava o de Amaltéia[70].

Como é sabido, a poética antiga considera duas espécies de imitação: a livre e a servil. Tomada em sentido aristotélico, a primeira prescinde de modelo, pois parte da própria sugestão dos afetos, ainda que para isso o poeta deva obedecer ao artifício dos gêneros e das normas. Embora apresentado pelos preceptistas como modo superior de invenção, esse processo não passa de hipótese que jamais se realiza, pois consta que até Homero se fundou em discursos míticos, históricos e poéticos preexistentes. Assim, na prática, a chamada imitação servil, cuja designação não possui conotação pejorativa, explica-se unicamente porque o autor que a realiza se deixa orientar por um discurso específico e deliberadamente escolhido, podendo o resultado ficar aquém, à altura ou acima do modelo. Servis propriamente ditos seriam apenas os textos que, demasiado presos ao original imitado, não adquirem feição própria, de onde Francisco Leitão Ferreira conclui que há autores que possuem uma corrente no pé, e não o pé corrente[71]. Os demais casos de imitação servil classificam-se todos como emulação, desejável e inevitável, no sentido de o autor, por costume, apropriar-se de coordenadas impessoais do sistema poético de seu tempo, conforme se discutiu anteriormente[72].

A tradição didática aponta *Os Lusíadas* como o mais acabado exemplo de emulação vitoriosa. Segundo essa visão, Camões teria superado o modelo de *A Eneida*. Por essa perspectiva pedagógica, já não se poderia, talvez, dizer o mesmo de Botelho de Oliveira com relação à estrofe em questão, mas não parecerá exagero admitir, pelos preceitos de Leitão Ferreira, que, longe de imitação escrava, o poeta praticou emulação singular e eficaz. Além disso, deve-se levar em conta que a estrofe mistura o registro camoniano com o de Góngora, o que indi-

---

70. *Os Lusíadas*, Porto, Porto Editora, 1987. Edição organizada por Emanuel Paulo Ramos.
71. *Nova Arte de Conceitos*, edição citada, p. 156.
72. *Idem*, pp. 150-176.

ca apropriação do estilo asiático (artificioso, perifrástico, alusivo), por cujas regras deve ser lida. Como se tem visto, essa questão é decisiva para a leitura de Manuel Botelho de Oliveira, pois, conforme a poética de sua cultura, entendia-se por bom aquele poeta que, por meio de imitação artificiosa, fosse apto a produzir o efeito de novidade com relação ao modelo, observando dele tanto a generalidade quanto a particularidade. A idéia de generalidade incluía os aspectos associados ao gênero e à tradição normativa da obra; e a de particularidade, os componentes pessoais da elocução e do conceito aplicados pelo autor àquela obra em particular. Ao se apropriar de padrões e tópicas de um dos maiores períodos da poesia européia, Botelho de Oliveira acabou por produzir um livro de grande interesse no processo de implantação da língua poética no Brasil, em que as oitavas de "À Rosa" se destacam pelo singular efeito de artifício engenhoso.

Evidentemente, a leitura desse poema deverá contar com o exame da presença da rosa como metáfora de beleza e efemeridade na tópica do *carpe diem*, combinação que surge e ressurge em inúmeros poetas seiscentistas da Europa em geral e de Portugal em particular. Apenas para esboçar uma mínima relação dessa série, lembre-se do célebre fragmento dedicado ao assunto no poema "Adone" de Giambattista Marino, aliás muito bem traduzido no Brasil por Augusto de Campos[73]. Em *A Fênix Renascida*, há espantosa quantidade de poemas que incorporam essa metáfora, sendo que D. Simão Cardoso empenhou-se na composição de um cancioneiro completo, com dezesseis sonetos e um madrigal, intitulado "Roseira Poética", cuja abertura se compõe, tal como o poema de Botelho de Oliveira, de doze oitavas camonianas, também em estilo gongórico[74]. Jerônimo Bahia seguiu o mesmo padrão e a mesma extensão em suas oitavas "A Uma Rosa"[75].

73. Augusto de Campos, "A Rosa de Marino", *Verso, Reverso, Controverso*, São Paulo, Perspectiva, 1978, pp. 179-187.
74. *A Fenis Renascida: ou Obras Poeticas dos Melhores Engenhos Portugueses*, Lisboa, 1717, tomo II, pp. 242-262.
75. *Idem*, tomo IV, 1721, pp. 34-38.

1ª edição de *Fênix Renascida*, 1717.

Merece especial deftaque a glosa anônima ao soneto de Góngora "Vana Rosa" ("Ayer nascifte, y moriràs mañana"), cujas oitavas terminam, todas, pela repetição de um dos versos do soneto[76]. Há ainda o conhecidíssimo e sempre magnífico soneto atribuído a Gregório de Matos "É a vaidade, Fábio, nefta vida Rosa", com a mesma elocução aguda e engenhosa que se percebe nas demais composições da série. O próprio Francisco Leitão Ferreira não deixou de eftampar, com propósito didático, uma dissertação sobre os encantos da rosa no primeiro volume da *Nova Arte de Conceitos*, descrevendo-a conforme as dez categorias ariftotélicas – o que, por fim, ratifica a circulação da tópica no Seiscentismo europeu[77].

Vifta hoje, tal recorrência em nada diminui a necessidade de atenção ao encanto das oitavas de Botelho de Oliveira, da mesma forma que a semelhança entre as diversas catedrais góticas da assim chamada Baixa Idade Média não dispensa a apreciação de cada uma em particular; assim como, também, a vertiginosa reincidência, digamos, do arquétipo da madona com o menino na hiftória da arte não torna a pintura sacra européia menos digna de interesse entre os séculos XIII e XVI. De qualquer modo, a similitude entre tais poemas deve, hoje, ser entendida pelos termos da época, quando Francisco Leitão Ferreira chegou a comparar o poeta à abelha, que, extraindo o néftar de várias flores, forma o próprio mel:

> Assim como a abelha não tece o doce favo do suco de quaisquer flores, mas procura o pafto das mais fragrantes; da mesma sorte, o bom imitador não se deve servir, para sua imitação, de quaisquer figuras, frases e conceitos, mas, lendo e observando os escritos de melhor nota no gênero de obra que fizer, imitará o mais singular, sutil e engenhoso deles, reduzindo a tais regras a sua imitação, que não pareça que trasladou ou traduziu, senão que, competindo com o imitado, o igualou ou o excedeu[78].

76. *Idem*, tomo III, 1718, pp. 268-273.
77. Edição citada, vol. I, pp. 298-310.
78. *Nova Arte de Conceitos*, edição citada, vol. I, pp. 179 e 183-184.

Tomando a historicidade das tópicas por guia, esboce-se um exercício comparativo para apreciar a concepção do texto como espelho de texto, em que cada um se deixa entender como imitação da natureza artificiosa da arte verbal de outro, que tomava Góngora e Marino como autoridades primeiras, porque repositórios do longo repertório da tradição. Observe-se, para exemplo, a décima estrofe do poema de Botelho de Oliveira, em comparação com a correspondente de Jerônimo Bahia:

> Se abre a Rosa pomposo nascimento,
> Se bebe a Rosa nacarada morte,
> Se foi Sol no purpúreo luzimento,
> Também se iguala Sol na breve sorte:
> Se o Sol nasce e padece o fim violento,
> Nasce a Rosa e padece o golpe forte;
> De sorte que, por morta e por luzente,
> No Ocaso, ocaso tem; no Oriente, oriente[79].

*

> Púrpura mostra, ostenta brilhadora
> Luzido centro em círculo rosado,
> Do radiante Sol, da roxa Aurora
> Retrato lindo, singular traslado:
> Ele no seu brilhante centro mora,
> Ela mora em seu círculo encarnado,
> Trazendo assi, com duplicado adorno,
> Um Sol em meio e uma Aurora em torno.

Cada uma das estrofes ocupa a mesma posição na argumentação do tema da *vanitas*. Nem por isso, deixam de produzir o efeito de variedade. Como se sabe, a noção de variedade pressupõe a idéia de padrão. Básico na poética cultural dos Seiscentos, tal preceito se encontra sintetizado na *Arte Poética* de Horácio. Aí, a doutrina recomenda que,

79. Edição de 1705, p. 103.

em lugar de inventar novos caracteres, o poeta deve limitar-se aos consagrados pelo costume, porque, além de evitar a dificuldade, terá assim garantida a compreensão da audiência, que, diante da identidade, poderá confortavelmente admirar a novidade de sua variação:

> Muito melhor farás, se os argumentos
> Fores buscar a Homero do que expores
> Outros nunca tratados nem ouvidos[80].

A exemplo de Marino, ambos os poetas comparam a rosa com o sol e com a aurora, tal como o fazem também Simão Cardoso e o anônimo da glosa de Góngora, referidos acima. Todavia, enquanto Jerônimo Bahia se limita a relacionar o brilho e a cor dos três elementos, Botelho de Oliveira lhes adiciona a idéia de efemeridade, em sucinta superposição de aspectos: tal como o sol, que surge com luz forte e se põe com luz difusa, a rosa nasce em pompa e morre em nácar. Por esses termos, é possível traduzir a antanáclase final da oitava de Botelho da seguinte maneira: tal como o sol ao surgir (*Oriente*), a rosa ganha brilho ao nascer (*oriente*); tal como o sol ao se pôr (*Ocidente*), a rosa perde o brilho ao morrer (*ocidente*). Além desse admirável jogo de cor e sentido, o verso mantém estreita correlação com o antecedente: a rosa tem oriente porque nasce; a rosa tem ocaso porque morre. Mas a correlação não pára aí; antes, retroage em cadeia até o início: *Oriente* está para *luzente*, que está para *luzimento*, que está para *sol nasce*, que está para *pomposo nascimento*; assim como *Ocaso* está para *morta*, que está para *golpe forte*, que está para *fim violento*, que está para *breve sorte*, que está para *nacarada morte*. Como se vê, a estrofe é circular, já que seu sentido só se revela por meio da releitura, que impõe nova leitura, sugerindo uma vez mais o breve e reiterado circuito do sol e da rosa, por meio do qual o poeta demonstra para Anarda a força do tempo sobre os homens.

---

80. *Arte Poética*, traduzida e ilustrada em português por Cândido Lusitano (Francisco José Freire), Lisboa, 1758, p. 61.

Como se viu acima, Simão Cardoso, Jerônimo Bahia e Botelho de Oliveira estruturaram seus poemas em doze oitavas camonianas, sendo certo que o anônimo da glosa de Góngora, determinado pelo propósito de multiplicar por oito os versos de um soneto, teve de adicionar duas estrofes àquele número. Qual seria o motivo da uniformidade de tal procedimento em particular? Uma resposta possível acha-se em *Serão Político, Abuso Emendado*, de Felix da Castanheira Turacem, mais conhecido por Frei Lucas de Santa Catarina, um dos primeiros autores portugueses a recusar, por modo engenhoso, a poesia gongórica, que, além de ridícula, ele considera *culta*. Lê-se no livro a afirmação de que os antigos pintavam o sol coroado por doze raios, sendo que nem todos fecundavam a terra, senão aqueles correspondentes aos meses da primavera e do outono[81]. Por aí se vê que o número doze possui função aguda nesses poemas, pois o *carpe diem*, além de elogio à beleza ou convite amoroso, é sempre alerta sobre a passagem do tempo, conforme se vê na penúltima oitava do poema de Botelho de Oliveira, que corresponde à ascensão do inverno da beleza:

Se, Anarda, vibras na beleza ingrata
Raios de esquiva, de fermosa raios,
Adverte, adverte, que um rigor maltrata
Adulação de Abris, primor de Maios:
Ouve na flor, que desenganos trata,
As mudas vozes dos gentis desmaios;
Atente enfim teu néscio desvario
Que a fermosura é flor; o tempo, Estio.

Se o poema começou em *Abril*, o que se ratifica pela presença metonímica desse vocábulo no quinto verso de sua primeira estrofe (página 51), nesta décima primeira só poderíamos estar em pleno domínio dos meses frios, visto que a última menciona dezembro em seu

---

81. *Seram Politico, Abuso Emendado, Dividido em tres Noytes para divertimento dos curiosos*, Lisboa, 1723, terceira página da dedicatória, que é sem numeração.

verso final, imediatamente antes de repetir *Abril*, com que se encerra o texto e onde o sol recomeça o ciclo do ano, em sua eterna reinvenção do tempo. Pelo calendário das flores, o mundo começa em abril; por isso, os efeitos de dezembro, janeiro, fevereiro e março insinuam-se no poema a partir da oitava estrofe, quando tem início o alerta sobre a precariedade da beleza, que se esvai com a chegada do vazio gelado dos meses em que o sol inexiste como elemento fecundante:

> Mas ai, quão brevemente se assegura
> A flor purpúrea no primor luzido!
> Que não logre isenções a fermosura!
> Que a morte de ũa flor rompa o vestido!
> Oh da Rosa gentil mortal ventura!
> Que logo morta está, quando há nascido,
> Sendo o toucado do infeliz tesouro
> Em berço de coral sepulcro de ouro.

Se os dois primeiros versos da estrofe lamentam a brevidade da beleza, os dois seguintes impõem a aceitação da mobilidade das coisas: que a formosura, portanto, não aspire a privilégios em *Khrónos* e que o desfalecimento da rosa desfaça o engano da aparência (*vestido*)! Os quatro versos finais glosam a tópica estóica de que o homem é cadáver adiado, que, eco da poesia aguda européia, também surge e ressurge na *Fênix Renascida* e no *Postilhão de Apolo*, vindo se aclimatar genialmente no poema "A D. Sebastião, Rei de Portugal", em *Mensagem*, de Fernando Pessoa. O poema figura sua própria poética, como se vê no verso final, que revela o jogo alegórico da significação cromática, associando *coral* a esplendor; e *ouro*, a declínio. Além disso, aí, a justaposição de contrapostos, que, apenas insinuada no início, intensifica-se com o andamento da estrofe e patenteia-se no final como essência do paradoxo da vida – a idéia de que o fim está no começo.

Conforme a teologia seiscentista, tudo é efeito e signo de Deus; o mundo é um enorme conjunto de metáforas da luz divina, que ordena tudo como espelho de sua perfeição. Alegorias do absoluto, as coisas têm sentido em si mesmas como coisas, mas também são indicadoras da Verdade que as causa e que elas representam. O texto seiscentista imita a hierarquia desse enigmático mundo de sinais e, ao reproduzir em sua trama a natureza alegórica das coisas, constitui-se como alegoria de alegoria. Por essa razão, a rosa de Botelho, nascendo do sol, torna-se pássaro, lua, estrela, de novo sol, esmeralda, rubi – porque tudo se relaciona na lógica unitária da grande metáfora de Deus. Por isso, Anarda deve aprender a interpretar as coisas como manifestação da ordem cósmica: é o que dizem os versos quinto e sexto, ao insistirem em que ela ouça as *mudas vozes* da flor, que fala (*trata*) de desenganos. Da mesma maneira, a *formosura* e o *tempo* figuram também a efemeridade e a destruição: *flor* e *estio*, respectivamente. Logo, a metáfora aguda da poesia seiscentista indicia igualmente o espelhamento de um mundo cujo sentido só se realiza plenamente em sua Causa[82].

A estrofe final, que termina por *Dezembro* e recomeça por *Abril*, tenta persuadir Anarda sobre a harmonia das coisas, que pressupõe a corrupção da carne em favor da alma que aspira ao Todo, movido pelo eterno jogo de auto-espelhamento:

> Não queiras, não, perder, com cego engano,
> Dessas flores que logras a riqueza;
> Vê pois que cada idade, por teu dano,
> É sucessivo Inverno da beleza;
> Aprende cedo, Anarda, o desengano
> Desta ufana, já morta gentileza;
> Não queiras, não, perder em teu desgosto
> Do Dezembro da idade o Abril do rosto.

O sentido geral de atenção para o tempo é bastante claro na estrofe. Mas há nuanças sutis no desenvolvimento da idéia de que o indivíduo é criação do tempo, razão pela qual Anarda não deve se ilu-

---

82. As relações entre teologia e retórica podem ser encontradas tanto em Emanuele Tesauro (*Cannocchiale Aristotelico*, edição citada, vol. I, pp. 49-69) quanto em sua adaptação portuguesa de Francisco Leitão Ferreira (*Nova Arte de Conceitos*, edição citada, vol. I, pp. 251-258).

dir com a falsa idéia de incomunicabilidade ou de autocontemplação, porque isso é exclusividade de Deus, que faz girar o sol e é a única criatura igual a si mesma; Ele inclui tudo e não admite diferenças. Enfim, o *engano* (artifício que conduz ao erro) de Anarda consiste na vaidade de considerar a beleza como condição suficiente para se colocar acima do tempo e dos homens, contra o que se coloca o *dano* (estrago) do mesmo tempo, produzindo sucessivos declínios (*invernos*) na formosura. Por isso, o conhecimento do *desengano* (desilusão) não é apenas a meta da vida, mas também da doutrina do poema, que ensina que é pela vivência desse estado que se desfazem os enganos da vaidade e da presunção. Os dois versos finais repetem o núcleo temático dos dois primeiros, especificando um pouco mais a noção de que não se deve trocar o prazer da juventude (*Abril do rosto*) pelo desprazer da velhice (*desgosto do Dezembro da idade*). Mais uma vez, a releitura impõe retorno paradigmático às palavras-chave da estrofe, localizadas, agora, na extremidade das rimas: *rosto* está para *gentileza*, que está para *beleza*, que está para *riqueza*; assim como *desgosto* está para *desengano*, que está para *dano*, que está para *engano*. Observe-se, por fim, que, em comparação com os poemas da *Fênix* aqui considerados, o de Botelho é o único em que a luta do tempo contra a vaidade termina em convite amoroso, ainda que de maneira discreta, sobretudo quando comparado com os poemas congêneres de Góngora, Quevedo e da tradição de Gregório de Matos, em que o convite é ostensivo. A sutileza do convite em Botelho decorre do pressuposto de que o gozo sugerido, assim como a vaidade, não deve aspirar à superação dos limites impostos ao homem pelo projeto divino.

LIRISMO E SOCIEDADE

Observou-se anteriormente que, além de versos de exaltação da beleza, há em *Música do Parnaso* poemas voltados para a celebração dos modelos dignos de imitação nas relações históricas da Monarquia. Esses são os poemas encomiásticos, que dominam a segunda parte dos respectivos coros de rimas em português e em castelhano, denominada "Versos Vários" em ambos os casos. Os poemas encomiásticos em português iniciam-se pelo conhecido soneto "À Morte Felicíssima de um Javali pelo Tiro que nele Fez uma Infanta de Portugal". Com nítida função de proêmio aos textos celebrativos que vêm a seguir, esse poema apresenta e desenvolve a tópica da construção da eternidade por meio das letras, que é, como se sabe, o núcleo semântico dessa espécie de poesia. De maneira quase absoluta, a crítica tradicional não deu por ela, contentado-se em acusar o poeta de indiferença social ou de bajulação aos poderosos. Pela perspectiva do presente ensaio, os poemas encomiásticos serão vistos como manifestação do desejo de integração social, pois celebram a virtude civil, particularizada no rei, em homens de gênio e em agentes da nobreza, das letras, do clero e das armas. Ao elogiar o rei e aqueles que, em princípio, contribuem diretamente para a boa governação dos povos, o poeta procura incluir-se como membro hipotético do conselho de sua Majestade, cuja razão requer a prudência do apoio para que a cabeça coordene com eqüidade os membros do corpo místico do Estado[83]:

> Não sei se diga (ó bruto) que viveste
> Ou se alcançaste morte venturosa;
> Pois morrendo da destra valerosa,
> Melhor vida na morte mereceste.
>
> Esse tiro fatal de que morreste
> Em ti fez ũa ação tão generosa,
> Que entre o fogo da pólvora ditosa
> Da nobre glória o fogo recebeste.
>
> Deves agradecer essa ferida,
> Quando esse tiro o coração te inflama,
> Pois à maior grandeza te convida:

---

83. Trato do assunto com mais detalhe em *Mecenato Pombalino e Poesia Neoclássica*, São Paulo, Edusp / Fapesp, 1999, pp. 406-411.

De sorte que te abriu do golpe a chama
Uma porta perpétua para a vida,
Ua boca sonora para a fama.

Trata-se de um poema venatório, espécie epidítica com que se celebravam as caçadas da nobreza no Antigo Regime. Entre as folganças preferidas, essa atividade era encarada com muita diſtinção, pois, além da concentração do tiro ao alvo em movimento, implicava exercício de equitação, que pressupunha o domínio do espírito sobre o corpo. A singularidade eſtilíſtica do soneto decorre da inversão metonímica de celebrar o javali como forma de exaltar a jovem que o matou, D. Isabel Luísa Josefa, filha única de D. Pedro II com a rainha Maria Francisca Isabel de Sabóia. Nesse sentido, trata-se de poema irônico, pois afirma uma coisa por meio de outra. Há também um contrapoſto que contribui para o efeito equívoco do texto, o qual consiſte no confronto da bela com a fera ou, por outra, no paralelo entre as linhas ideais do perfil de uma princesa e o volume informe do corpo de um javali (ó bruto). O efeito artíſtico do poema depende, ainda, do jogo ambivalente entre o sentido próprio da expressão *fogo da pólvora* e de sua acepção metafórica *fogo da glória*, pois se o primeiro provoca a morte, o segundo conduz à vida eterna da fama, cuja boca divulgaria para sempre o privilégio de morrer pela mão de uma mulher que se deſtinava ao trono de Portugal (caso a morte prematura não a impedisse de se tornar rainha). Todavia, por mais razões que se aduzam à análise do poema, ele será sempre celebração lírica da caça, entendendo, com Horácio[84], o gênero lírico como forma de louvor de manifeſtações da vida prática, como são os amores, os banquetes, os atletas, os cavalos vencedores nas corridas, etc.[85].

---

84. *Arte Poética*, traduzida e iluſtrada em português por Cândido Lusitano (Francisco José Freire), edição citada, p. 41. A matéria, em português, acha-se assim colocada: "A musa deu aos líricos poetas / Poder cantar dos deuses, dos seus filhos, / Do vencedor atleta, do cavalo, / Mais veloz na carreira, dos lascivos / Cuidados juvenis e dos banquetes".

85. Embora em outra perspeƈtiva, Eugênio Gomes fornece subsídios úteis para a leitura do soneto

Nos poemas encomiásticos de *Música do Parnaso* (em português), há mais três recorrências da tópica da morte como início da vida, entre as quais se destaca a glorificação do Padre Antônio Vieira, cujo falecimento o poeta, a exemplo de outros da *Fênix Renascida*, celebrou em belíssimo soneto, que em nada fica devendo ao texto de Fernando Pessoa sobre o mesmo escritor, resguardados os respectivos horizontes de cada poeta:

Fostes, Vieira, engenho tão subido,
Tão singular e tão avantejado,
Que nunca sereis mais de outro imitado,
Bem que sejais de todos aplaudido.

Nas sacras Escrituras embebido,
Qual Agostinho, fostes celebrado;
Ele de África assombro venerado,
Vós de Europa portento esclarecido.

Morrestes; porém não; que o Mundo atroa
Vossa pena, que aplausos multiplica,
Com que de eterna vida vos coroa;

E quando imortalmente se publica,
Em cada rasgo seu a fama voa,
Em cada escrito seu ũa alma fica.

A questão central do poema é a conquista da imortalidade da fama pelo mérito da vida, que, no caso de Vieira, notabilizou-se pela aplicação do engenho à interpretação da *Sagrada Escritura*, por meio da oratória escrita (*pena*). Respeitado em vida, o orador tem direito

de Botelho de Oliveira, no mencionado ensaio "A Infanta e o Javali", no qual se aprende que, no século XVII, foi Góngora quem colocou em moda a celebração do animal que tem a fortuna de morrer por mão de soberano. Depois, a tópica passou para Portugal, tendo inspirado poemas a Jerônimo Bahia, ao Padre Antônio Vieira e a seu irmão Bernardo Vieira Ravasco, que a aplicaram ao caso particular da mesma infanta de Botelho de Oliveira.

também à eternidade, porque a alma dele renasce a cada leitura de seus textos. A agudeza básica do soneto consiste no conceito paradoxal que dispõe que é preciso morrer para viver, assim como, para esse tipo de ressurreição, quem vive não deve viver para si, mas por uma causa, tal como se deu com Santo Agostinho, que fornece o elemento paralelo ao poema, que o estende depois para os continentes da África e da Europa, como a sugerir a universalidade do Cristianismo e o poder de ambos os propagadores. Pela lógica do argumento, vive muito quem vive pouco, pois, entregando-se (*embebido*) à palavra de Deus, Vieira renunciou à vida pessoal para dedicar-se ao trabalho de orador, de onde decorre o prodígio da eternidade. Entre os vocábulos importantes do poema, deve-se dar atenção àqueles que mais a merecem, tais como *assombro, portento* e seus respectivos qualificadores (*venerado* e *esclarecido*), que indicam a concepção segundo a qual se deu a invenção do poema, que é a do milagre, do assombro, da maravilha, efeitos previstos tanto pela poética dos *Sermões* de Vieira quanto pela de *Música do Parnaso*.

A julgar por esses sonetos, pode-se afirmar que a integração social observada na poesia de Botelho de Oliveira dá-se pela fórmula horaciana, segundo a qual a arte deve se empenhar na busca da utilidade, do prazer e dos afetos persuasivos, sendo certo que o poeta privilegiou a noção de prazer, por meio do encantamento dos sentidos e da diversão do intelecto. Se se particularizar um pouco mais essa idéia, chega-se ao gênero do discurso conhecido por epidítico ou demonstrativo, que, conforme os ensinamentos de Aristóteles, manifesta-se no louvor ou na censura, correspondendo respectivamente às modalidades do encômio e da sátira[86]. Em nome da utilidade das artes, a sátira condena, em estilo baixo, os vícios praticados contra a sociedade, idealmente concebida. Outra face da mesma moeda, o encômio elogia, em estilo sublime, as virtudes sociais que modelam a pessoa. Em ambos os casos, o leitor é juiz de uma elocução que se apresenta como

86. Cf. Ivan Teixeira, *Mecenato Pombalino e Poesia Neoclássica*, pp. 271 e 450-457.

espetáculo edificante no presente: no primeiro, o texto deve convencer pelo riso; no segundo, pela elevação do exemplo encenado. Da aplicação singular do engenho, decorrerá o grau de agudeza do texto, que determinará o nível de sua eficácia. Embora a tradição tenha consagrado Gregório de Matos pela sátira, não lhe nega também poemas encomiásticos, ao passo que Botelho de Oliveira preferiu as situações elevadas do louvor, embora tenha deixado algumas composições em estilo jocoso, entre as quais se contam seis romances do primeiro coro de rimas e os poemas dramáticos situados na parte final de *Música do Parnaso*. Aristóteles pensa que o louvor deve se restringir ao que é belo[87]; Quintiliano julga que se aplica também ao útil[88]. Botelho de Oliveira funde a honestidade com a utilidade, praticando o encômio de maneira singularmente lúdica. Na dedicatória de seu livro, manifesta a convicção de que dessa atividade resulta o aprimoramento intelectual da pessoa, que é luzimento da sociedade, pois, sendo exercício do entendimento, a poesia é também agente de civilização:

> Nesta América, inculta habitação antigamente de Bárbaros índios, mal se podia esperar que as Musas se fizessem brasileiras; contudo quiseram também passar-se a este empório, aonde, como a doçura do açúcar é tão simpática com a suavidade do seu canto, acharam muitos engenhos, que, imitando aos poetas de Itália e Espanha, se aplicassem a tão discreto entretenimento, para que se não queixasse esta última parte do mundo que, assim como Apolo lhe comunica os raios para os dias, lhe negasse as luzes para os entendimentos. Ao meu, posto que inferior aos de que é tão fértil este país, ditaram as Musas as presentes rimas, que me resolvi expor à publicidade de todos, para ao menos ser o primeiro filho do Brasil que faça pública a suavidade do metro, já que o não sou em merecer outros maiores créditos na Poesia[89].

87. *Retórica*, tradução e notas de Manuel Alexandre Júnior, Paulo Farmhouse Alberto e Abel do Nascimento Pena, Lisboa, Imprensa Nacional – Casa da Moeda, livro I, capítulo 3, 1998, pp. 56-58.
88. *Instituiçoens Oratorias*, traduzidas e ilustradas por Jeronymo Soares Barboza, Coimbra, 1788, pp. 82-98.
89. Edição de 1705, início, p. [IV].

Assim, há, no mínimo, dois modos complementares de ler *Música do Parnaso*: primeiro, como manifeſtação lúdica do engenho; segundo, como índice de incorporação da América ao jogo civilizado praticado na Europa. Concebido apenas como categorias críticas de leitura, tais aspeĉtos não se dissociam na prática dos poemas, como se pode perceber pela maravilhosa canção dedicada à morte da rainha Maria Sofia Isabel, segunda esposa de D. Pedro ii e mãe de D. João v, ocorrida em 1699[90]. O poema conſta de vinte e seis sextilhas e uma coda, nas quais se simulam lamentos de todos os elementos do cosmos, sugerindo que a morte da rainha sensibilizou desde o máximo até o mínimo. Trata-se de poema prismático que, captando os suspiros das partes, compõe um coro universal de gemidos e choros muito convincente como composição deſtinada a encenar a perda de um emblema que se supunha essencial à unidade míſtica do corpo do Eſtado: primeiro, lamuriam-se as nações cultas do mundo; depois, os aſtros, as plantas e, por fim, os integrantes do Reino, começando pelo rei até as pessoas mais humildes do povo. Tal como "À Ilha de Maré", o poema segue a eſtrutura da silva, não só por mesclar versos decassílabos com hexassílabos, mas também por se basear na enumeração engenhosa de aspeĉtos diversos de um mesmo campo semântico. Cada eſtrofe possui autonomia de significado e é animada pela singularidade de conter uma ou duas agudezas, conſtituídas por trocadilho, metáfora impreviſta, brevidade eloqüente, repetição organizada, clareza precisa ou conceito engenhoso, sendo certo que o artifício básico do todo decorre da singeleza das partes, que se reveſtem do cuidado de explorar moderadamente as argúcias de linguagem, exceto a primeira eſtrofe, em que se concentram diversos ornatos da elocução seiscentiſta:

> Que pavor, que crueza?
> Que pena, que desdita a Lísia enluta!
> Já do pranto a triſteza,

---

90. Edição de 1705, p. 104. Nos "Versos Vários" do coro de rimas em caſtelhano, o poeta retoma a tópica da morte dessa rainha, comparando-a com o eclipse do sol. Edição de 1705, p. 193.

Como mar lagrimoso, ao mar tributa;
Vendo Netuno, para novo espanto,
Que tem dous mares, quando corre o pranto.

Como tudo em *Música do Parnaso*, a estrofe funda-se no artifício e no cálculo, que são correlatos da perspicácia e da destreza, das quais procede a novidade da composição, que se obtém não por inspiração, mas por exercício. O efeito almejado é a sublimidade da dor coletiva, sintetizada no pranto da pátria, que se confunde com o mar. Ainda que a metáfora do pranto como rio seja corrente na poesia seiscentista, nem por isso deixa de promover o efeito de agudeza, porque, como se viu, a variedade pressupõe a uniformidade. O motivo principal da surpresa artística na estrofe consiste em que o pranto, antes de ser rio tributário do mar, é já um mar de lágrimas, que conduz suas águas ao mesmo mar, de onde, em espanto, Netuno admira o tumulto de dois mares que surgem dos olhos de Portugal (*Lísia*) e se precipitam em sua direção. Essa sobreposição de imagens ratifica a idéia de que o núcleo da poética de Botelho se funda na metáfora hiperbólica e na hipérbole metafórica, que se harmonizam na elocução aguda e engenhosa. Além disso, não pode ser posta em questão a eficácia da reiteração do vocábulo *mar*, distribuído estrategicamente ao longo dos versos e com projeções especulares em *pranto* e *Netuno*. A brevidade da estrofe resulta da agilidade com que se passa da noção do choro de Portugal para o da precipitação de dois mares em direção ao mar. A clareza decorre da imediata figuração dos olhos de Lísia como dois fecundos mananciais. Acrescente-se a isso o equívoco sonoro do sintagma *Lísia enluta*, que tanto pode soar como *Lísia de luto* quanto

D. Maria Sofia Isabel de Neuburgo (1666-99), segunda mulher de D. Pedro II.

Lísia em combate. Enfim, domina essa estrofe a força das construções condensadas, que mais tarde reapareceriam nas *Odes Pindáricas*, de Antônio Dinis da Cruz e Silva, e nos poemas celebrativos de *Mensagem*, de Fernando Pessoa, nos quais também se observa a presença do panegírico como modalidade de exaltação das virtudes cívicas da Monarquia Lusitana.

Examine-se outra estrofe da mesma canção, escolhida desta vez pelo critério da representatividade da economia dos artifícios de elocução, marcados pela singeleza e moderação:

> A América sentida
> Faz tanta estimação da dor, que ordena,
> Que desejara a vida
> Eterna, para ser eterna a pena;
> E quando no tormento mais se alarga,
> O doce açúcar troca em pena amarga.

A estrofe apóia-se, apenas, em duas agudezas de médio alcance. A primeira consiste na simulação do desejo de os brasileiros (*América* é sinédoque personificada de *americanos*, que equivale a *súditos do Brasil*) viverem eternamente, para jamais cessar a homenagem à rainha, por meio da expressão contínua do sofrimento. Em rigor, o texto afirma que a vida é curta para tamanha pena (padecimento, expiação, perda), conceito engenhoso de origem estilonovista que se projeta sobre o paradoxo de que a dor é querida, apesar de subjugadora (*que ordena*), visto associar-se com o objeto do encômio. A segunda agudeza manifesta-se na conversão da propriedade básica do açúcar em condição afetiva do luto, aludindo ironicamente à economia baiana e à possível constituição poética de um caráter pátrio local. Como a estrofe anterior, esta raciocina por meio da alegoria, movimentando nuanças oblíquas de significação hipotética, sempre fundada na *expressão peregrina*, que, viu-se, os seiscentistas identificavam com a elocução rara e surpreendente.

Tão moderada quanto eſta é a nona eſtrofe da canção, tomada aqui como modelo de unidade em que opera, já não duas, mas uma única agudeza:

Também padece a Lua
Deſta mágoa infeliz o desalento;
E, quando mais flutua
No inconſtante noturno luzimento,
Minguante e cheia eſtá, se a dor se eſtréia:
Minguante em glórias, de desditas cheia.

Assim como os demais aſtros evocados na canção, a lua desfalece, perdendo o brilho por causa da dor. Ainda aqui, persiſte a animação alegórica, como de reſto em todo o poema. No singular momento de triſteza, a lua oſtenta dupla condição aſtronômica, com diferentes correlatos afetivos, porque ela é, enfim, aſtro humanizado: como minguante, carece de orgulho, de vaidade ou de beleza (*glórias*); como cheia, excede em infortúnio (*desditas*). A natureza equívoca dessa agudeza associa-se particularmente aos vocábulos *flutua* e *inconſtante*, que também oscilam em sua significação. Muito adequada ao afeto da tristeza, a elocução da eſtrofe, mais que moderada, é discreta, no sentido de acusar sabedoria no ajuſte dos vocábulos e dos ornatos ao decoro da queixa própria da elegia, espécie poética que, conforme os antigos, pode ser traduzida pela expressão *ai de mim*! Isso explica a adoção do eſtilo médio na canção, que não se eleva nem se abaixa, porque pretende encenar a fala de um cortesão abatido, mas que, como discreto, será sempre detentor de sabedoria retórica ou eficiência elocutiva. Tendo em viſta o poema como um todo, essa é a conclusão mais importante que se tira: como elegia ou epicédio, a canção, ao eleger o tema do lamento pela morte da rainha, inſtitui uma audiência específica, os galantes freqüentadores da Corte, a cujo espírito o poeta, enquanto *persona* encomiáſtica, deve ajuſtar sua fala, produzindo-a conforme as leis do decoro ou adequação. Nisso consiſte a discrição geral do texto.

PANEGÍRICO E CORRELAÇÕES

O tom da elocução altera-se completamente quando o artista compõe poemas em louvor à guerra, tal como se observa no panegírico ao Marquês de Marialva[91]. O estilo, então, torna-se festivo e elevado, pois, como se sabe, o panegírico baseia-se na fusão do gênero épico com o histórico, de onde nasce a euforia bélica dessa espécie poética, cujas manifestações singulares podem ser lidas como se fossem episódios soltos de epopéia inconclusa. Todavia, o tom desse poema não é propriamente de elevação heróica, mas de heroísmo galante, com gestos mais adequados à corte que ao campo de batalha. Diga-se, então, que se trata de reminiscência estilizada da guerra, filtrada pela tópica da declamação palaciana. Esse é o efeito produzido pelas 34 oitavas do encômio, cujo virtuosismo as recomenda como exemplo de singular eficácia poética. O poema abre-se com a seguinte estrofe, de extraordinário recorte artístico:

> Agora, Aquiles lusitano, agora,
> Se tanto concedeis, se aspiro a tanto,
> Deponde um pouco a lança vencedora,
> Inclinai vossa fronte ao rude canto:
> Se minha veia vossa fama adora,
> Corra em Mavórcio, corra em sábio espanto,
> Cheia de glória, de Hipocrene cheia,
> No mundo a fama, no discurso a veia.

A construção lembra Camões, sem ser propriamente camoniana. O terceiro e o quarto versos são apropriações de aspectos específicos da oitava estrofe de *Os Lusíadas*, a cuja inflexão o poeta baiano imprime tonalidade inteiramente nova, produzindo o que a preceptiva chama de emulação original ou novidade, resultante de íntimo convívio com o costume poético do tempo. O epíteto com que se glorifica

---

91. Edição de 1705, pp. 91-100.

o Marquês, *Aquiles Lusitano*, decorre também do poema camoniano (x, 12), assim como todo o vocabulário da eſtrofe (*rude, canto, fama, mavórcio, espanto, glória, Hipocrene, mundo*), pois pertence antes ao repertório da poesia heróica, criſtalizado em português por Camões. Logo, o primeiro princípio para a leitura do panegírico de Botelho é entendê-lo como emulação – não só de Camões, mas também do gênero épico e de todo o universo cavalheiresco da epopéia renascentiſta. Mas a disposição da matéria, e particularmente dos vocábulos na eſtrofe, pertence inteiramente à língua poética de Góngora. Poucas vezes a agudeza sintática atingiu tamanha eficácia em língua portuguesa. Observe-se a elegante horizontalidade arquitetônica do primeiro verso, em que os advérbios externos centralizam a alusão perifráſtica ao homenageado: *agora, Aquiles lusitano, agora*, como a sugerir que a exiſtência do Marquês antecede em muito o momento do canto. Essa eſtrutura reiterativa repete-se no verso seguinte, em que a ordem do advérbio se alterna conforme o esquema do quiasmo. Se, aqui, o fluxo sintático segue, conforme a eſtrutura da língua, a disposição horizontal dos vocábulos, nos três últimos versos, contrariamente à eſtrutura usual da língua, o fluxo sintático orienta-se para baixo, em franco declínio vertical, graças ao esquema da correlação entre os termos da oração, iſto é, os sintagmas iniciais dos três versos, cujo limite é marcado por vírgula, forma uma frase, assim como os três sintagmas reſtantes dos mesmos versos formam outra frasc, verticalmente[92]:

a) corra em Mavórcio (*domínio de Marte*), cheia de glória, a fama no mundo;

b) corra em sábio espanto, cheia de Hipocrene *(inspiração)*, a veia no discurso.

Espantosamente, esse artifício em colunas, insinuando a fachada de um templo ou altar para a apoteose do homenageado, não preju-

---

92. Em termos atuais, poder-se-ia dizer que a primeira leitura segue a diretriz do eixo sintagmático; a segunda, sem deixar de ser um sintagma, imita a idéia do eixo paradigmático.

PANEGYRICO
AO EXCELLENTISSIMO SENHOR
D ANTONIO LVIS
DE MENEZES
Marquez de Marialua.
Offerecido
A SEV PRIMOGENITO, O SENHOR
D. PEDRO DE MENEZES
Conde de Cantanhede.
Escrito em gloria da naçaõ Portugueza
Por Dr FERNANDO CORREA DE LA CERDA
Bispo do Porto.

EM LISBOA.
Na Officina de IOAM DA COSTA.
A custa de MIGVEL MANESCAL.
M.DC.LXXIV.
Com todas as licenças necessarias.

D. Antonio Luís de Menezes

dica o ritmo nem a leitura seqüencial; antes, possibilita harmonicamente ambas as hipóteses, em procedimento muito ajustado às preferências equívocas do poeta. Ressalte-se, por fim, que Aquiles Lusitano é epíteto com que Camões saúda Duarte Pacheco Pereira, também chamado *fortíssimo* – guerreiro que, no século XVI, destacou-se nas lutas portuguesas do extremo Oriente. Assim, a filiação de Marialva (D. Antônio Luís de Meneses) à tradição de guerreiros homéricos e camonianos constitui-se em traço galante de mitificação poética da personagem, que, ao tempo da elocução, revestia-se ainda de nítida condição histórica, aliás muito apreciada por seus compatriotas, pois foi um dos principais integrantes do movimento de restauração da independência contra o domínio de Espanha em 1640, tendo liderado, como general, as célebres batalhas das Linhas de Elvas e de Montes Claros, já no reinado de Afonso VI, quando ao título de Conde de Cantanhede acrescentou o de Marquês de Marialva.

O sistema de versos correlativos, observado no final da estrofe de Botelho de Oliveira, integra o repertório técnico de Góngora, que o incorpora como um dos processos sintáticos mais típicos de sua poesia[93]. É também muito freqüente em *Música do Parnaso* e aparece de maneira persistente no soneto "A um Grande Sujeito Invejado e Aplaudido", que pode, em toda a extensão, ser lido tanto em direção horizontal quanto em direção vertical:

> Temerária, soberba, confiada,
> Por altiva, por densa, por lustrosa,
> A exalação, a Névoa, a Mariposa,
> Sobe ao Sol, cobre o dia, a luz lhe enfada.
>
> Castigada, desfeita, malograda,
> Por ousada, por débil, por briosa,

---

93. Cf. Dámaso Alonso, "La Correlación en la Poesía de Góngora", *Estudios y Ensayos Gongorinos*, Madrid, Editorial Gredos, 1960, pp. 222-247.

Ao raio, ao resplandor, à luz fermosa,
Cai triſte, fica vã, morre abrasada.

Contra vós solicita, empenha, altera,
Vil afeto, ira cega, ação perjura,
Forte ódio, rumor falso, inveja fera.

Eſta cai, morre aquele, eſte não dura,
Que em vós logra, em vós acha, em vós venera,
Claro Sol, dia cândido, luz pura.

Percebe-se, de imediato, que se trata de símile diſtendido ou comparação alegórica, cujos termos se associam por juſtaposição assindética. Os termos ideais dominam os quartetos; os reais, os tercetos: assim como as fracas manifeſtações da natureza (*exalação, névoa, mariposa*) são derrotadas por manifeſtações fortes (*sol, dia, luz*), os baixos sentimentos do homem (*vil afeto, ira cega, ação perjura*) serão deſtruídos por disposições elevadas do indivíduo, reveladas metaforicamente, no último verso, em *sol, dia* e *luz*, por meio da recolha de palavras disseminadas no primeiro quarteto. Conseqüência da eleição ternária dos termos comparativos, todos os versos se dividem em três membros sintáticos, cuja ordem se mantém inalterada até o fim, razão pela qual seu processo conſtrutivo recebe o nome específico de correlação progressiva, com versos trimembres.

Alguns classificarão o soneto de ocioso e mecânico, mas é também possível entendê-lo como manifeſtação do conceito de poesia enquanto artifício engenhoso do entendimento, perspeƈtiva em que o texto ganha força e passa a exibir notável plaſticidade em sua urdidura. Ao transcrevê-lo em sua *Hiſtória da Inteligência Brasileira*, Wilson Martins julga que se trata de um dos mais altos momentos da poesia brasileira, afirmando que esse resultado fora obtido "por acaso"[94]. Ex-

94. Edição citada, pp. 261-262. João Carlos Teixeira Gomes também chama atenção para esse soneto, em *Gregório de Matos, O Boca de Brasa (Um Eſtudo de Plágio e Criação Intertextual)*, Petrópolis, Vozes, 1985, p. 313.

ceto pela idéia da casualidade, o juízo deve ser acatado. Com resultados muito diferentes, Botelho de Oliveira produziu outro soneto com a técnica da correlação trimembre, em sua *Lyra Sacra*[95].

VIDA EM PAPEL

Em 1799, a Academia Real das Ciências de Lisboa selecionou um conjunto de obras para extrair delas a normatividade léxica a ser registrada no *Dicionário da Língua Portuguesa*, que então se publicava. A relação dos autores que se deviam consultar foi publicada com o nome de *Catálogo dos Livros que se Hão de Ler para a Continuação do Dicionário da Língua Portuguesa, Mandado Publicar pela Academia Real das Ciências de Lisboa*[96]. *Música do Parnaso* consta desse catálogo, o que confere ao volume, ainda no século XVIII, a condição de clássico do idioma. De fato, não há como negar a elevada significação da experiência do poeta com a língua portuguesa na aguda operação de moldá-la às configurações da linguagem poética de seu tempo. Aquele terá sido o segundo documento impresso que se conhece sobre Manuel Botelho de Oliveira no século XVIII. O primeiro consiste em pequeno verbete no tomo III da *Biblioteca Lusitana*, de Diogo Barbosa Machado, editada em Lisboa em 1752, de onde se extrairiam os primeiros dados para a formulação do discurso biográfico do poeta.

Aí, afirma-se que Manuel Botelho de Oliveira nasceu em 1636, na Cidade da Bahia, capital da América Portuguesa. Seu pai, capitão de infantaria, chamava-se Antônio Álvares Botelho. Tendo estudado jurisprudência cesárea em Coimbra, o poeta viria a exercer a advocacia durante muitos anos na cidade natal (identificada como sua *pátria*

---

95. Edição citada, p. 65. Trata-se de "A S. Maria Madalena aos Pés de Cristo". Pode ser lido também em *Poesia Barroca: Antologia*, de Péricles Eugênio da Silva Ramos, edição citada, p. 90. Ao estudar esse processo construtivo na poesia gongórica, Dámaso Alonso discute sua matriz petrarquista, explicando que se trata de um "maneirismo" tipicamente italiano.

96. Citado por meio de Manuel de Sousa Pinto, "Manuel Botelho de Oliveira", *Música do Parnasso / A Ilha de Maré*, Rio de Janeiro, Álvaro Pinto Editor, [1929], p. 36.

no documento setecentista), onde se teria destacado como magistrado[97]. Detinha o título de fidalgo da casa de sua majestade. Além disso, foi vereador na Cidade da Bahia e capitão-mor de uma de suas comarcas, que se sabe, hoje, ter sido Jacobina. O verbete alega, ainda, que o poeta demonstrou domínio de diversas línguas e grande aptidão para a harmonia do verso, tendo publicado *Música do Parnaso*, em Lisboa, nas oficinas de Miguel Manescal, em 1705. Morreu em 5 de janeiro de 1711.

Há ainda um terceiro documento setecentista que permaneceu inédito até 1939. Trata-se da segunda parte do *Compêndio Narrativo do Peregrino da América*, de Nuno Marques Pereira, cujo manuscrito é datado de 1733. O capítulo V dessa parte da obra consiste num elogio à poesia, da qual se dá breve notícia histórica, com a seguinte alusão ao autor de *Música do Parnaso*: "O Capitão-mor Manuel Botelho de Oliveira o foi e deu seus versos ao prelo, como se pode ver do seu livro das quatro musas"[98].

Em 1855, surgiu, em Lisboa, outra fonte importante para o discurso biográfico de Botelho de Oliveira, já com claros indícios de ficcionalização romântica, que caracteriza parte da historiografia do século XIX. Trata-se do *Ensaio Biográfico-Crítico sobre os Melhores Poetas Portugueses*, de José Maria da Costa e Silva[99]. Instaura-se, aí, a tópica segundo a qual Botelho teria sido amigo inseparável de Gregório de Matos nos tempos de Coimbra. Independentemente da contribuição

97. Na época, *pátria* designava o local específico de nascimento, sem conexão com a idéia atual de *nação*. Ao se referir à unidade política do nascimento do poeta, Diogo Barbosa Machado emprega *América Portuguesa*, em vez de *Brasil*. É naquele sentido que Cláudio Manuel da Costa estrutura o célebre verso do primeiro soneto das *Obras Poéticas*: "Leia a posteridade, ó pátrio rio". Da mesma forma, Basílio da Gama emprega o vocábulo *pátria* para designar o local de origem de Cacambo, no verso 148 do canto III de *O Uraguay*: "A doce pátria e os conhecidos montes".

98. 6ª edição, completada com a 2ª parte, até agora inédita, acompanhada de notas e estudos de Varnhagen, Leite de Vasconcelos, Afrânio Peixoto, Rodolfo Garcia e Pedro Calmon, em dois volumes, Rio de Janeiro, Publicações da Academia Brasileira, vol. II, 1939, p. 54.

99. Tomo X, livro XXIII, capítulo III, dado à luz pelo editor João Pedro da Costa, Lisboa, na Imprensa Silvana, 1855, pp. 67-83.

BIBLIOTHECA LUSITANA

Historica, Critica, e Cronologica.

NA QUAL SE COMPREHENDE A NOTICIA DOS Authores Portuguezes, e das Obras, que compuzeraõ desde o tempo da promulgaçaõ da Ley da Graça até o tempo presente.

POR

DIOGO BARBOSA MACHADO

Ulyssiponense Abbade Reservatario da Parochial Igreja de Santo Adriaõ de Sever, e Academico do Numero da Academia Real.

TOMO III.

LISBOA:

Na Officina de IGNACIO RODRIGUES

Anno de M.DCCLII.

Com todas as licenças necessarias.

MANOEL BOTELHO DE OLI-
VEYRA nacco na Cidade da Bahia Capi-
tal da America Portugueza no anno de 1636.
filho de Antonio Alvares Botelho Capitaõ
de Infantaria paga, Fidalgo da Cafa de Sua
Mageftade. Eftudou na Univerfidade de
Coimbra Jurifprudencia Cefaria exercitando
na fua Patria a Advocacia de Caufas Fo-
renfes por muitos annos com grande credito
da fua literatura. Foy Vereador do Senado
da fua patria, e Capitaõ mór de huma das
Comarcas della. Teve grande inftruçaõ das
linguas Latina, Caftelhana, e Italiana co-
mo tambem da Poefia metrificando com
fuavidade e cadencia. Falleceo a 5. de Ja-
neiro de 1711. Compoz

*Mufica do Parnafo dividida em quatro co-
ros de Rimas Portuguezas, Caftelhanas,
Italianas, e Latinas com feu defcante co-
mico reduzido em duas Comedias.* Lisboa
por Miguel Manefcal 1705. 4.

Biblioteca Lusitana, 1752, verbete sobre Botelho de Oliveira

de Costa e Silva, sabe-se que, uma vez instalados na Bahia, ambos participaram da administração da cidade, tendo igualmente escrito versos ao governador Antônio Luís Gonçalves da Câmara Coutinho. Ilustrando as duas modalidades do gênero epidítico de composição, Gregório optou pelo vitupério (sátira); Botelho, pelo louvor (encômio). No romance I dos "Versos Vários que Pertencem ao Primeiro Coro das Rimas Portuguesas", ao elogiar uma medida do governador, o texto de Botelho parece aludir às sátiras gregorianas, tal como se percebe nas estrofes 5, 8 e 9 desse poema, em versos esdrúxulos:

> Aos engenhos dais anélitos,
> Que estando de empenhos tísicos,
> Tornam em amargo vômito
> O mesmo açúcar dulcíssimo.

> Pasma em Portugal atônito
> Todo o estadista satírico,
> E as mesmas censuras hórridas
> Vos dão fáceis panegíricos.

> Se falais verdade ao príncipe,
> Não temais o zoilo rígido,
> Que ao sol da verdade lúcida
> Não faz mal o vapor critico[100].

A julgar pelo representativo número de composições congratulatórias de *Música do Parnaso*, supõe-se que Botelho de Oliveira tenha freqüentado os salões da nobreza local, ocasião em que devia encenar publicamente seus versos, cuja estrutura mimetiza esse tipo de encontro. Não se trata, aqui, de estabelecer relação causal da vida com a obra do autor, mas de evidenciar o princípio segundo o qual a poesia imita o discurso social de que o poeta faz parte. Nesse caso, as regras do jogo

---

100. Edição de 1705, p. 138.

de corte inftituídas pela poética cultural do tempo são homólogas aos artifícios da poética literária observada nos textos.

Em 1939, em nota ao texto do *Compêndio Narrativo do Peregrino da América*[101], e em 1949, em sua *Hiftória da Literatura Baiana*[102], Pedro Calmon alude a documentos importantes para o arremate do discurso sobre a vida de Botelho de Oliveira. A partir daí, adiciona-se ao perfil do poeta a idéia de que era homem empreendedor, tendo acumulado fortuna suficiente para empreftar dinheiro a particulares e ao próprio Eftado. O soneto 107 da *Lyra Sacra* celebra a conftrução de uma capela no engenho de Tararipe; e o 108 comemora a conftrução de outra, no engenho de Jacomirim. Ambos os engenhos são identificados nos títulos dos sonetos como propriedades do respeftivo autor. A partir daí, o pesquisador Enrique Martínez López formulou a notícia de que Botelho de Oliveira possuía dois engenhos de açúcar na Bahia[103]. Some-se, assim, mais esse traço ao esboço da vida do poeta.

Da dedicatória de sua obra, os hiftoriadores extraíram talvez o mais repetido dos tópicos biográficos do poeta, que será também a mais emblemática das noções: a de que *Música do Parnaso* é o livro inaugural da tradição impressa da poesia brasileira, pois aí se lê:

> Ao meu [entendimento], pofto que inferior aos de que é tão fértil efte país, ditaram as Musas as presentes rimas, que me resolvi expor à publicidade de todos, para ao menos ser o primeiro filho do Brasil que faça pública a suavidade do metro, já que o não sou em merecer outros maiores créditos da Poesia[104].

Como se vê, por efeito da modéftia retórica, o poeta considera-se com menos crédito artíftico do que alguns de seus contemporâneos.

---

101. Edição da Academia Brasileira de Letras, citada, vol. II, p. 63.
102. Salvador, Prefeitura Municipal, 1949, p. 39.
103. "Poesia Religiosa de Manuel Botelho de Oliveira", *Revifta Iberoamericana*, Pifttsburgh, University of Pittsburgh Press, 1969, vol. XXXV, mayo-agofto, n. 68, pp. 307.
104. Edição de 1705, início, p. [IV-V].

Ao mencionar os "férteis entendimentos" de sua terra, alude à comunidade letrada do tempo, que era composta, entre outros, pelos irmãos Gregório e Eusébio de Matos; Padre Antônio Vieira e Bernardo Vieira Ravasco[105]. Se abdicar da condição de melhor poeta explica-se como astúcia do argumento retórico, o que pensar da informação de que ele é o primeiro "filho do Brasil" a tornar "pública a suavidade do metro"? Sem dúvida, o autor declara que antes dele ninguém nascido no Brasil expusera "à publicidade de todos" um volume de poesia, isto é, ninguém conquistara, até então, o privilégio de imprimir um livro de versos. Assim, a passagem deve ser entendida, também, como celebração da superação da fase manuscrita da poesia local, que, assim, se aproxima da condição das letras na Europa.

As licenças reproduzidas na primeira edição de *Música do Parnaso* indicam que o livro foi definitivamente aprovado em outubro de 1703. Logo, deve ter sido remetido à Metrópole um pouco depois do início do século. Quando saiu, o poeta tinha 69 anos. Além de *Lyra Sacra*, deixou outro manuscrito, ainda inédito: *Conceitos Espirituais*, do qual dá notícia Enrique Martínez López[106].

A última e mais importante frase do discurso biográfico de Botelho de Oliveira talvez devesse ser escrita a partir dos próprios poemas de *Música do Parnaso*. Nesse, como em outros casos de artifício ficcional, a obra inventa o autor, no sentido de oferecer à posteridade os signos culturais com os quais a história compõe o perfil conceitual do poeta. Por essa perspectiva, a biografia de Manuel Botelho de Oliveira deverá incorporar a noção de que foi escritor intrinsecamente preocupado com a investigação do modo artístico de conhecer os afetos. A partir de leitura atual de *Música do Parnaso*, pode-se dizer, igualmente, que o poeta partilhava do conceito de poesia como trabalho de arte,

---

105. Ao aludir aos poetas da Bahia, em 1733, na segunda parte do *Compêndio Narrativo do Peregrino da América*, Nuno Marques Pereira afirma que "nomear a todos fora um processo infinito". Edição da Academia Brasileira de Letras, citada, vol. II, p. 54.

106. "Poesia Religiosa de Manuel Botelho de Oliveira", *Revista Iberoamericana*, citada, pp. 303-307.

em que paciência e estudo conduzem ao desenvolvimento de matérias consensuais que não dependerão da psicologia do artista, mas da contínua integração do engenho pessoal com as formas impessoais da história da poesia. Da leitura de *Música do Parnaso* pode-se concluir, enfim, que o poeta produziu um dos mais engenhosos livros de toda a poesia praticada no Brasil, cujo desenvolvimento, até hoje, seria impensável sem o sistema de tópicas e técnicas apreendido na Europa. A leitura ensina também que o poeta baiano assimilou com invulgar talento e comprovada eficiência os procedimentos estilísticos e o repertório temático da poesia de seu tempo, do qual é, ao lado de Gregório de Matos, exemplo substancial para um conceito histórico do que seja literatura brasileira.

BIBLIOGRAFIA

A FENIS / Renascida: / ou / Obras Poeticas / dos Melhores Engenhos Portuguezes. / Dedicadas / ao Excellentissimo Senhor / D. Joseph / de Portugal / Conde de Vimioso &c. / Primogênito do Excelentissimo Senhor / D. Francisco de Portugal. / Marquez de Valença./ II. Tomo. / Publica o / Mathias Pereira da Sylva. / Lisboa Occidental, / Na Officina de Joseph Lopes Ferreyra, Impressor da Serenissima Rainha nossa Senhora. / Anno M.DCC.XVII. / Com todas as licenças necessarias, & Privilegio Real.

A FENIS / Renascida: / ou / Obras Poeticas / dos melhores Engenhos Portuguezes: / Dedicadas ao Excellentissimo Senhor / D. Joam de Almeyda, / e Portugal / Conde de Assumar, dos / Conselhos de Eſtado, & Guerra, &c. / III. Tomo. / Publica / o Mathias Pereyra da Sylva. / Lisboa Occidental, / Na Officina de Joseph Lopes Ferreyra, Impressor / da Serenissima Rainha nossa Senhora. / Anno M.DCC.XVIII. / Com todas as licenças necessarias, & Privilegio Real.

A FENIS / Renascida, / ou / Obras Poéticas / dos Melhores Engenhos Portuguezes. / Dedicadas / ao Excellentissimo Senhor / Dom Joam / Mascarenhas / Conde de Santa Cruz, &c. / Primogenito do Excellentissimo Senhor / Marquez Mordomo mór. / IV. Tomo. / Publica-o / Mathias Pereyra da Sylva. / Lisboa Occidental, / Na Officina de Mathias Pereyra / da Sylva, & Joaõ Antunes Pedrozo. / Anno M.DCC.XXI. / Com todas as licenças necessárias: / & Privilegio Real.

ÁLBUM *Comemorativo da Exposição de Eſtampas Antigas sobre Portugal por Artiſtas Eſtrangeiros dos Séculos XVI a XIX.* Lisboa / Porto, Museus Nacionais de Arte Antiga e de Soares dos Reis, 1944.

ALCAÇAR, Padre Bartholomeo. "Das Especies, / Invençam, e Disposiçam / das Oraçoens, / que Pertecem ao Genero / Exornativo". / Do Padre / [...] / da Companhia de Jesus no seu Trat. de Rhetorica." *Delicioso Jardim / da Rhetorica, / Tripartido / Em Elegantes Eſtancias, / e adornado de toda a caſta de / Flores da Eloquencia; / ao qual se ajuntaõ os Opusculos /*

Do modo de Compor, e Amplificar / As Sentenças, / e Da Airosa Collocaçam, / e estrutura das Partes da / Oração. / Segunda Edição / mais correcta, e augmentada ultimamente com / o Opusculo das Especies, / Invençaõ, e Dispo- / siçaõ das Oraçoens, que pertencem ao Ge- / Nero Exornativo. / Lisboa: / na Officina de Manoel Coelho Amado, / na Rua das Esteiras, e a sua custa impresso. / M.DCC.L. / Com todas as licenças necessárias:

ALMEIDA, Carmelina. *O Marinismo de Botelho*. Tese Apresentada ao Instituto de Letras da Universidade Federal da Bahia para concurso de Professor Assistente do Departamento de Letras Românicas. Salvador, 1975.

ALONSO, Dámaso. *Estudios y Ensayos Gongorinos*. 2ª ed. Madrid, Editorial Gredos, 1960.

——————. "Claridade y Belleza de las Soledades". *Soledades de Góngora*, editadas por [...]. Madrid, Revista de Occidente, 1927.

AMORA, Antônio Soares. "A Literatura da Expansão Portuguesa Ultramarina e Particularmente *Os Lusíadas* como principais Elementos Enformadores da Silva *À Ilha de Maré*, de Manuel Botelho de Oliveira". *Actas do V Colóquio Internacional de Estudos Luso-Brasileiros*, vol. III. Coimbra, 1966.

ANDRADE, Mário. *A Escrava / que não é / Isaura / (Discurso sobre Algumas Tendências da Poesia Modernista) /* Depositários em São Paulo / Livraria Lealdade / Rua da Boa Vista, 62. / [São Paulo, Tipograffia Paulista, 1925].

ARISTOTELES. *A Poetica* de [...] Traduzida do grego em Portuguez. Lisboa, na Regia Officina Typografica. Anno de M.DCC.LXXIX. Com licença da Real Meza Censoria.

ARISTOTE. *Poëtique*. Em: *Lês / Quatre Poëtiques: / d'Aristote, d'Horace, / de Vida, de Despréaux*, / Avec les Traductions & Reamarques / Par M. l'Abbé Batteux, Professeur Royal, / de l'Academie Francoise, & de celle des Inscriptions / & Belles-Letres. / Tome Premier. / A Paris, / Ches Saillant & Nyon, Libraires, rue / Saint-Jean-de-Beauvais. / Desaint Libraire, rue du Foin. / M.DCC.LXXI.

ARISTOTELES. *Poética*. Edición Trilingüe por Valentín García Yebra. Biblioteca Románica Hispánica, Madrid, Editorial Gredos, 1974.

——————. *Poética*. Tradução, prefácio, introdução comentário e apêndices de Eudoro de Sousa. Porto Alegre, Editora Globo, 1966.

——————. *Retórica*. Tradução e notas de Manuel Alexandrre Júnior, Paulo Farmhouse Alberto e Abel do Nascimento Pena. Introdução de Manuel Alexandre Júnior. Lisboa, Imprensa Nacional – Casa da Moeda, 1998.

ARISTOTLE. *Poëtics*. Translation & Commentary by Stephen Halliwell. Chapel Hill, The University of North Carolina Press, 1987.

——————. *Poetics*. Translated by S. H. Butcher. Introduction by Francis Fergusson. New York, Hill and Wang, 1995.

——————. *The Rhetoric and the Poetic*. Translated by W. Rhys Roberts and Ingram Bywater [respectively]. Introduction by Edward P. J. Corbett. New York, Modern Library, 1984.

——————. *On Rhetoric: a Theory of Civic Discourse*. Newly translated, with introduction, notes, and appendices by George A. Kennedy. New York / Oxford, Oxford University Press, 1991.

ARISTOTELES. *Obras.* Traducción del griego, eſtudio preliminar, preámbulos y notas por Francisco de P. Samaranch. Madrid, Aguillar, 1973.

BENEVIDES, Fonseca. *Rainhas de Portugal.* Lisboa, 1874.

BERNUCCI, Leopoldo M. "Disfarces Gongorinos en Manuel Botelho de Oliveira". *Reviſta de Occidente*, n. 570, Madrid, decienbre 1997.

BRESSLER, Charles E. *Literary Criticism: an Introduſtion to Theory and Praſtice.* Englewood Cliffs, Prentice-Hall, 1994.

CALMON, Pedro. *Evolução Hiſtórica da Cidade do Salvador*, vol. II: *Hiſtória da Literatura Baiana.* Salvador, Publicação da Prefeitura Municipal, Comemorativa do IV Centenário da Cidade, 1949.

CAMPOS, Auguſto de. "A Rosa de Marino". *Verso, Reverso, Controverso.* São Paulo, Perspectiva, 1978.

CAMPOS, Haroldo de. *O Seqüeſtro do Barroco na Formação da Literatura Brasileira: o Caso Gregório de Mattos.* Salvador, Fundação Casa de Jorge Amado, 1989.

CAMÕES, Luís de. *Os Lusíadas.* Edição organizada por Emanuel Paulo Ramos. Porto, Porto Editora, 1987.

CANDIDO, Antonio. *Iniciação à Literatura Brasileira – Resumo para Iniciantes.* São Paulo, FFLCH, Humanitas, 1998.

_____. *Literatura e Sociedade.* São Paulo, Companhia Editora Nacional, 1965.

CARVALHO, Ronald de. *Pequena Hiſtoria / da Literatura Brasileira / Prefacio / de Medeiros e Albuquerque / (Premio Academia Brasileira) / 2ª ed. reviſta e augmentada / Rio de Janeiro / F. Briguiet & Comp., Editores / Rua Sachet, 23 / MCMXXII.*

CASTELLO, José Aderaldo. *O Movimento Academiciſta do Brasil: 1641 – 1820 / 22.* São Paulo, Conselho Eſtadual de Cultura, 1978.

CORBETT, Edward P. J. (editor). *Rhetorical Analyses of Literary Works.* New York, London, Toronto, Oxford University Press, 1969.

CULLER, Jonathan. *Literary Theory: A Very Short Introduſtion.* Oxford, Oxford University Press, 1997.

_____. *Teoria Literária: Uma Introdução.* Tradução e notas de Sandra G. T. Vasconcelos. São Paulo, Beca, 1999.

DICCIONARIO de Autoridades. Edición Facsímil. Tomo Tercero. Madrid, Editorial Gredos, 1990.

ECCOS, / QUE O CLARIM DA FAMA DÁ: / POSTILHÃO / DE APOLLO. / Montado no Pegazo, Girando / o Universo, para divulgar ao Orbe literario as pere- / grinas flores da Poezia Portugueza, com que vis- / tosamente se esmaltão os jardins das Mu- / sas do Parnazo. / Academia Universal. / Em a qual se recolhem os cryſtaes mais pu- / ros, que os famigerados Engenhos Lusi- / tanos beberaõ nas fontes de Hipocre- / ne, Helicona, e Aganipe. / Ecco I. / Dedicado / ao Nosso Fidelissimo Monarcha / D. Joseph I. / Por / Joseph Maregelo de Osan. / Lisboa: / na Offic. de Francisco Borges de Souza. / Anno de MDCCLXI. / Com todas as licenças necessárias.

FERREIRA, Francisco Leitão. *Nova Arte / de Conceitos / que com o Titulo de / Licções Académicas / na Publica Academia dos Anonymos / de Lisboa, Diſtava, e Explicava / o Beneficiado / [...],*

Acadêmico Anonymo, / Primeyra Parte / Dedicada ao Senhor / D. Carlos de Noronha / Primogênito do Excellentissimo Senhor / Dom Miguel de Noronha, Conde / Valladares, &c. / Lisboa Occidental, / na Officina de Antonio Pedrozo Galram. / Com todas as licenças necessárias. / Anno de 1718. / Á custa de Miguel Rodriguez, Mercador de Livros, / ás portas de Santa Catharina.

FERREIRA, Francisco Leitão. *Nova Arte / de / Conceitos, / que com o Titulo de / Licçoens Acadêmicas, / na Publica Academia dos Anonymos / de Lisboa, / Dictava, e Explicava / o Beneficiado [...], Academico Anonymo, & Generoso / da Academia Portugueza. / Segunda Parte. /* Dedicada ao Illustrissimo, & Reverendíssimo Senhor / D. Thomas de Almeyda / Primeiro Patriarca de Lisboa Occiden- / tal, Cappellão-mòr D'El-REY N. / Senhor, & do seu Conselho de / Estado, &c. / Lisboa Occidental, / na Officina de Antonio Pedrozo Galram. / Com todas as licenças necessárias. Anno de 1721. / Á custa de Miguel Rodriguez, Mercador de Livros, / às portas de Santa Catharina.

FIGUEIREDO, Antonio Pereira de. *Elogios / dos Reis de Portugal, / em Latim, / e / em portuguez, / Illustrados / de Notas Históricas / e Criticas / por / [...], /* Deputado Ordinario da Real Meza Censoria, / e / Official das Cartas Latinas / da / Rainha Fidelissima. / Lisboa: / Na Officina de Simão Thaddeo Ferreira. Anno M.DCC.LXXXV. / Com Licença da Real Meza Censoria. / Vende-se na Loge da Viúva Bertrand, ao Xiado.

FREIRE, Francisco Joseph. *Arte Poetica, ou Regras da Verdadeira Poesia em geral, e de todas as suas especies em principais, tratadas com juizo critico*: composta por [...], ulyssiponense. Segunda Edição. / ... Fungar vice cotis, acutum / Reddere que ferrum valet, exsors ipsa secandi: / Munus, et officum, nil scribens ipse, docebo; / Unde parentur opes; quid alat, formetque poetam; / Quid doceat, quid non; quo virtus, quo serat error. / Horat. In Poetic. / Tomo I. Lisboa, na Offic. Patriarcal de Francisc. Luiz Ameno. M.DCC.LIX. Com as licenças necessárias.

GOMES, Eugênio. *Visões e Revisões*. Rio de Janeiro, Ministério da Educação e Cultura / Instituto Nacional do Livro, 1958.

_____. "O Mito do Ufanismo". In: *A Literatura no Brasil*, vol I. Direção de Afrânio Coutinho. 2ª ed. Rio de Janeiro, Editorial Sul Americana, 1968.

GOMES, João Carlos Teixeira. *Gregório de Matos, o Boca de Brasa (Um Estudo de Plágio e Criação Intertextual)*. Petrópolis, Vozes, 1985.

GÓNGORA Y ARGOTE, Luis de. *Obras Completas*. Recopilación, prólogo y notas de Juan Mille y Giménez, Isabel Mille y Gimenez. Madrid, Aguillar, 1972.

GRACIÁN, Baltasar. *Arte de Ingenio, Tratado de la Agudeza*. Edición de Emilio Blanco. Madrid, Cátedra, Letras Hispánicas, 1998.

HANSEN, João Adolfo. "Fênix Renascida & Postilhão de Apolo: Uma Introdução". *Poesia Seiscentista: Fênix Renascida & Postilhão de Apolo*. São Paulo, Hedra, 2002.

_____. "A Razão de Estado". In: *A Crise da Razão*. Organização de Adauto Novaes. São Paulo / Brasília / Rio de Janeiro, Companhia das Letras / MINC-Funart, 1996.

_____. "Pós-Moderno e Barroco". *Cadernos do Mestrado*. Rio de Janeiro, UERJ, Departamento de Letras, 1992.

HORACIO FLACCO, Quintus. *Arte / Poética /* Traduzida, e Illuſtrada em Portuguez / por Candido Lusitano. / Lisboa, / Na Officina Patriarcal de Francisco Luiz Ameno./ M.DCC. LVIII. / Com as licenças necessarias. / Vende-se na logea de Manoel da Conceição, Livreiro ao *Poço dos / Negros,* onde também se achará a *Vida o Infante D. Hen- / rique* pelo mesmo Author.

LACERDA, Fernando Correa de. *Panegyrico ao Excellentissimo Senhor D. Antonio Luis de Menezes, Marquez de Marialva.* Offerecido a seu Primogenito, o Senhor D. Pedro de Menezes, Conde de Cantanhede. Escrito em gloria da nação Portugueza por [...], Bispo do Porto. Em Lisboa, Na Officina de Ioam da Coſta. A cuſta de Miguel Manescal. M.DC. LXXIV. Com todas as licenças necessárias.

MACHADO, Diogo Barbosa. *Biblioteca Lusitana, Hiſtorica, Critica, e Cronologica. Na qual se Comprehende a Noticia dos Authores Portuguezes e das Obras, que compuzeraõ desde o Tempo da Promulgação da Ley da Graça até o tempo presente* por [...] Ulissiponense Abbade Reservatorio da Parochial Igreja de Santo Adriaõ de Sever, e Academico do Numero da Academia Real. Tomo III. Lisboa: na Officina de Ignacio Rodrigues. Anno de MDCCLII. Com todas as licenças necessárias.

MARTÍNEZ LÓPEZ, Enrique. "Poesia Religiosa de Manuel Botelho de Oliveira". *Reviſta Iberoamericana.* Piſttsburgh, University of Pittsburgh Press, 1969, vol. XXXV, mayo-agoſto, n. 68.

MARTINS, Wilson. *Hiſtória da Inteligência Brasileira, vol. I (1550-1794).* São Paulo, Cultrix, 1976, pp. 303-327.

MATOS, Gregório de. *Obra Poética.* Vol. II. Edição de James Amado. Preparação e Notas de Emanuel Araújo. Rio de Janeiro, Record, 1990.

MENESES, Sebaſtião César de. *Suma Política. Oferecida ao Príncipe D. Theodosio de Portugal.* [Edição fac-similar s.l.], 1650.

MOREIRA, Marcello. *"Critica Textualis In Caelum Revocata?" – Prolegômenos para uma Edição Crítica do Corpus Poético Colonial Seiscentiſta e Setecentiſta Atribuído a Gregório de Matos Guerra.* Tese de Doutorado orientada por João Adolfo Hansen. São Paulo, Universidade de São Paulo, Departamento de Letras Clássicas e Vernáculas, 2001.

MURATORI, Lodovico Antonio. *Della Perfetta Poesia Italiana.* A cura di Ada Ruschioni. Milano, Marzorati Editore, 1971, 2 vols.

OLIVEIRA, Manuel Botelho de. *Musica / do Parnasso /* Dividida em Quatro Coros / de Rimas / Portuguesas, Caſtelha- / nas, Italianas & Latinas. / Com seu Descante Comico redusi- / do em duas Comedias, / Offerecida / Ao Excellentissimo Senhor Dom Nuno / Alvares Pereyra de Mello, Duque do Cadaval, &c. / E Entoada / pelo Capitam Mor Manoel Botelho / de Oliveyra, Fidalgo da Caza de Sua / Mageſtade. / Lisboa. Na Officina de Miguel Manescal, Impressor do / Santo Officio. Anno de 1705.

_____. *Música do Parnasso.* Prefácio e Organização do texto por Antenor Nascentes. Rio de Janeiro, Miniſtério da Educação e Cultura / Inſtituto Nacional do Livro, 1953, 2 vols.

_____. *Musica do Parnasso – A Ilha de Maré.* Apresentação de Afrânio Peixoto e eſtudos de Xavier Marques e Manoel de Sousa Pinto. Rio de Janeiro, Publicações da Academia Brasileira / Álvaro Pinto Editor (Annuario do Brasil), s/d [1929].

_____. *Lyra Sacra*. Leitura Paleográfica de Heitor Martins. São Paulo, Conselho Estadual de Cultura, 1971.

PALMA-FERREIRA, João. *Academias Literárias dos Séculos XVII e XVIII*. Lisboa, Biblioteca Nacional, 1982.

PÉCORA, Alcir. "Apresentação". *Poesia Seiscentiſta: Fênix Renascida & Poſtilhão de Apolo*. São Paulo, Hedra, 2001.

_____. *Máquina de Gêneros, Novamente Descoberta e Aplicada a Caſtiglione, Della Casa, Nóbrega, Camões, Vieira, La Rochefoucauld, Gonzaga, Silva Alvarenga e Bocage*. São Paulo, Edusp, 2001.

PEREIRA, Nuno Marques. *Compêndio Narrativo do Peregrino da América*. 6ª edição, completada com a 2ª parte, até agora inédita, acompanhada de notas e eſtudos de Varnhagen, Leite de Vasconcelos, Afrânio Peixoto, Rodolfo Garcia e Pedro Calmon, em dois volumes. Rio de Janeiro, Publicações da Academia Brasileira, 1939.

PICCHIO, Luciana Stegagno. *Hiſtória da Literatura Brasileira*. Rio de Janeiro, Nova Aguilar, 1997.

PINHEIRO, Cônego Fernandes. *Resumo / de Hiſtoria Litteraria /* pelo Conego / Doutor Joaquim Caetano Fernandes Pinheiro / Commendador da Ordem de Chriſto, / Chroniſta do Imperio, Professor de Rhetorica, Poetica e Litteratura / Nacional no Imperial Collegio de D. Pedro II, Membro dos / Inſtitutos Hiſtoricos do Brasil e de França, das Academias das / Sciencias de Lisboa e Madrid, da Sociedade / Geographica de New-York, e d'Outras Associações Nacionaes / e Eſtrangeiras. / "Não é pequeno serviço ajuntar o disperso, abreviar o longo, e afaſtar o seleſto". / MACEDO. – Eva e Ave. / Tomo II / Rio de Janeiro / B. L. Garnier / Livreiro-Editor do Inſtituto Hiſtórico / 69, Rua do Ouvidor, 69 / [1873].

QUINTILIANO, M. Fabio. *Inſtituiçoens / Oratorias /* de [...] / Escolhidas dos seos XII Livros, / Traduzidas em Linguagem, e Illuſtradas com / Notas Criticas, Hiſtóricas, e Rhetori- / cas, para uso dos que aprendem. / Ajuntão-se no fim as Peças oringaes de Eloquencia, / citadas por Quintiliano no corpo deſtas / Inſtituições / por / Jeronymo Soares Barboza, / Professor de Eloquencia, e Poezia em a Universi- / dade de Coimbra. / Tomo Primeiro. / Em Coimbra. / Na Imprensa Real da Universidade / MDCCLXXXVIII. / Com licença da Real Meza da Commissaõ Geral sobre / o Exame, e Censura dos Livros. / Foi taixado eſte livro a oito centos e sincoenta reis em papel.

RAMOS, Péricles Eugênio da Silva. *Poesia Barroca – Antologia*. 2ª ed. Introdução, seleção e notas. São Paulo, Edições Melhoramentos, 1977.

REIS, Francisco Sotero dos. *Curso de Literatura / Portugueza e Brazileira / Professado / por / Francisco Sotero dos Reis / no / Inſtituto de Humanidade / da / Ponvincia do Maranhão. /* Dedicado pelo autor / ao direſtor do mesmo Inſtituto / o Dr. Pedro Nunes Leal. / Tomo Terceiro. / Maranhão. / MDCCCLXVII.

RODRIGUES-MOURA, Enrique. "Manuel Botelho de Oliveira (1636-1711). Un Poeta, Dos Continentes, Cuatro Idiomas". Texto lido no 50º Congresso Internacional de Americanistas, Varsóvia, julho 2000.

ROMÉRO, Sylvio. *História / da Liteteratura Brasileira / por [...] / Tomo Primeiro / (1500-1830) / Rio de Janeiro / B. L. Garnier – Livreiro-Editor / 71, Rua do Ouvidor, 71 / 1888.*

ROSENBLATT, Louise M. *The Reader, the Text, the Poem: the Transactional Theory of the Literary Work.* Carbondale and Edwardsville, Southern Illinois University Press, 1994.

SILVA, Joaquim Norberto de Sousa. *Bosquejo da História da Poesia Brasileira.* Edição, apresentação e notas ao texto por José Américo Miranda. Belo Horizonte, Editora UFMG, 1997.

SILVA, José Maria da Costa e. *Ensaio Biographico-critico sobre os Melhores Poetas Portugueses.* Por [...] Socio correspondente da Academia Real das Sciencias de Lisboa, Socio Honorário da Academia Lisbonense das Sciencias e Artes, Sócio Correspondente do Gabinete de Leitura do Rio de Janeiro, e da Academia Archeologica de Madrid. Tomo X. / Tros Tiriusque mihi nullo discrimine agetur. Virg. En. Lib. I. / Dado à Luz pelo Editor João Pedro da Costa. Lisboa, na Imprensa Silvana, 1855.

SMITH, Barbara Herrnstein. *On the Margins of Discourse: The Relation of Literature to Language.* Chicago / London, the University of Chicago Press, 1978.

SOUSA, Manuel de Faria y. *História / Del / Reyno / de / Portugal, / Dividida en Cinco Partes, / que Contienen en Compendio, / Sus Poblaciones, las Entradas de las Naciones Setentrio- / nales em el Reyno, su Descripcion antigua y moderna, / las Vidas y la hazañas de sus Reyes con sus Retratos, / sus Conquistas, sus Dignidades, sus Familias ilu- / stres, con los titulos que sus Reyes les dieron, / y otras Cosas curiosas del dicho Reyno, / por [...] / Enriquecida con las Vida de los quatro ultimos Reyes, y con las / cosas notables que acontecieron en el mundo durante / el reinado de cada Rey, hasta el año de / M.DCC.XXX. / En Brusselas, / En Casa de Francisco Foppens. / M.DCC.XXX.*

SPINA, Segismundo. "Introdução". *Apresentação da Poesia Barroca Portuguesa.* Seleção, estabelecimento do texto e notas de Maria Aparecida Santilli. Assis, Faculdade de Filosofia, Ciências e Letras, 1967.

TEIXEIRA, Ivan. *Mecenato Pombalino e Poesia Neoclássica: Basílio da Gama e a Poética do Encômio.* São Paulo Edusp / Fapesp, 1999.

—————. "O Engenhoso Fidalgo Manuel Botelho de Oliveira". *Revista USP*, n. 50, jun.-ago, 2001. São Paulo, ccs – Coordenadoria de Comunicação Social da Universidade de São Paulo, pp. 178-209.

—————. "Metáfora Engenhosa". *Folha de S. Paulo*, Mais!, domingo, 19 ago. 2001, pp. 22-23.

—————. "O Engenhoso Botelho de Oliveira". *O Estado de S. Paulo*, Caderno 2 / Cultura, domingo, 19 jun. 2005, p. D6.

—————. "Literatura como Imaginário: Introdução ao Conceito de Poética Cultural". *Revista Brasileira*. Fase VII, ano X, n. 37. Rio de Janeiro, Academia Brasileira de Letras, out.-nov.-dez., 2003.

—————. "Hermenêutica, Retórica e Poética nas Letras da América Portuguesa". *Revista*

USP, n. 57, março-maio, 2003. São Paulo, ccs – Coordenadoria de Comunicação Social da Universidade de São Paulo, pp. 138-159.

——————. "Herméneutique, Rhétorique et Poétique dans les Lettres de l'Amérique Portugaise". *La France et le Monde Luso-Brésilien: Échanges et Représentations (XVIᵉ-XVIIIᵉ Siécles)*. Traduction de Jean Briant. Études réunies et presentées par Saulo Neiva. Clermont-Ferrand Centre d' Études sur les Reformes, l'Humanismes et l'Âge Classique (CERHA), Presses Universitaires Blaise Pascal, 2005, pp. 35-56.

——————. "Anatomia do Crítico". *Cult, Revista Brasileira de Literatura*, n. 11, São Paulo, Lemos Editorial, jun. 1998, pp. 36-41.

——————. "Retórica e Literatura". *Cult, Revista Brasileira de Literatura*, n. 12, São Paulo, Lemos Editorial, jul. 1998, pp. 42-45.

——————. "Desconstrutivismo". *Cult, Revista Brasileira de Literatura*, n. 16, São Paulo, Lemos Editorial, nov. 1998, pp. 34-337.

——————. "New Historicism". *Cult, Revista Brasileira de Literatura*, n. 17, São Paulo, Lemos Editorial, dez. 1998, pp. 32-35.

THESAURO, Conde Don Manuel. *Cannocchiale / Aristotelico: / Esto es, / Anteojo de Larga Vista, / o Idea de la Agudeza, / e Ingeniosa Locucion, / que Sirve a Toda Arte Oratoria, / Lapidaria, y Simbolica, Examinada com los Prin- / cipios del Divino Aristoteles. /* Escrito en Idioma Toscano / Por el [...], gran Cruz de los / Santos Mauricio, y Lazaro. / Añadidos por el Autor / dos Tratados de Conceptos predicable, y Emblemas. / Traducido al Español / por el R. P. M. Fr. Miguèl de Sequeyros, del Orden de / N. P. S. Agustin, Maestro en Sagrada Teología, &c. / Dedicado / Al Excmo. Señor / Marques de los Balbases. Tomo I. Con Privilegio: En Madrid, por Antonio Martín. Año de 1741. / Vendese en la Porteria del Convento de San Phelipe el Real.

TURACEM, Felix da Castanheira. *Seram / Politico, / Abuso Emendado, / Dividido em tres Noytes para divertimento / dos curiosos. / Offerecido ao Senhor / Fernam Sardinha de Saa, / por /* [...] Lisboa Occidental / Na Officina de Bernardo da Costa Impressor / do Serveníssimo Senhor Infante. / Com as licenças necessarias. / Anno 1723.

VALDÉS, Mario J. "Rethinking the History of Literary History". *Rethinking Literary History: A Dialogue on Theory*. Edited by Linda Hutechon and Mario J. Valdés. Oxford, Oxford University Press, 2002.

VERISSIMO, José. *Historia da Literatura Brasileira /* De Bento Teixeira (1601) a Machado de Assis (1908) / 1º Milheiro / Livraria Francisco Alves & C.ª / Rio de Janeiro / 166, Rua do Ouvidor, 166 / S. Paulo / 65, Rua de S. Bento, 65 / Belo Horizonte / 1055, Rua da Baía, 1055 / Livraria Aillaud e Bertrand / Aillaud, Alves & C.ª / Paris / 96, Boulevard du Montparnasse, 96 / (Livraria Aillaud) / Lisboa / 73, Rua Garrett, 75 / (Livraria Bertrand) / 1916.

VIANA, Marlene Machado Zica. *Música do Parnasso: Temas, Formas, Linguagem.* Belo Horizonte, Faculdade de Letras da UFMG, 2001, tese de doutorado, 2 vols.

MÚSICA
DO
PARNASO

EDIÇÃO FAC-SIMILAR
[1705-2005]

MUSICA DO PARNASSO

DIVIDIDA EM QUATRO COROS

DE RIMAS

PORTUGUESAS, CASTELHA-
nas, Italianas, & Latinas.

COM SEU DESCANTE COMICO REDUSI-
do em duas Comedias,

OFFERECIDA

AO EXCELLENTISSIMO SENHOR DOM NUNO
Alvares Pereyra de Mello, Duque do Cadaval. &c.

E ENTOADA

PELO CAPITAM MOR MANOEL BOTELHO
de Oliveyra, Fidalgo da Caza de Sua
Magestade.

LISBOA.

Na Officina de MIGUEL MANESCAL, Impressor do
Santo Officio. Anno de 1705.

AO EXCELLENTISSIMO

SENHOR D. NUNO ALVARES PEREYRA de Mello, Duque do Cadaval, Marquez de Ferreyra, Conde de Tentugal, Alcayde mór das Villas, & Castellos de Olivença, & Alvor, Senhor das Villas de Tentugal, Buarcos, Villa nova dansos, Rabaçal, Alvayazere, Penacova, Mortagoa, Ferreyrada ves, Cadaval, Cercal, Peral, Villaboa, Villarruyva, Albergaria, Agoa de peyxes, Mujé, Noudar, & Barrácos: Comendador das Comendas de Grandola, Sardoal, Eyxo, Moraes, Marmeleyra, Noudar, & Barrancos. Dos Conselhos de Estado, & Guerra, & do despacho de mercés, & expediente. Mestre de Campo General da Corte, & Provincia da Extremadura junto á pessoa de Sua Magestade, Capitaõ General da Cavallaria da mesma Corte, & Provincia, Presidente do Dezembargo do Paço, &c.

ELEBRE fez em Focio ao Monte Parnasso o ter sido das Musas do micilio, mas se nisto teve a fortuna de ser tal vez o primeyro, naõ faltou quem lhe tirasse a de ser unico. Essa queyxa pode formar da famoza Grecia, para cujas interiores Provincias se passaraõ, as Musas com tanto empenho, como foy o que tiveraõ em fazer aquelle portento da sua

*ij   Atre

Arte o Insigne Homero, cujo poema eternizou no Mundo as memorias da sua penna, & do seu nome. Transformouse Italia em huma nova Grecia, & assim, ou se passaraõ outra ves de Grecia, ou de novo renasceraõ as Musas em Italia, fazendose taõ connaturaes a seus engenhos, como entre outros o foraõ no do Famozo Virgilio, & elegante Ovidio, os quaes, vulgarizada depois, ou corrupta a lingua Latina na mesma Italia se reproduziraõ no grande Tasso, & deliciozo Marino, Poetas, que entre muytas floreceraõ com singulares creditos, & não menores estimaçoens. Ultimamente se transferiraõ para Hespanha, aonde foy, & he taõ fecunda a copia de Poetas, que entre as demais naçoens do Mundo parece que aos Hespanhoes adoptàraõ as Musas por seus filhos; entre os quaes mereceu o culto Gongora extravagante estimaçaõ, & o vastissimo Lope applauso universal: porêm em Portugal, illustre parte das Hespanhas, se naturalizaraõ de sorte, que parecẽ identificadas com os seus Patricios; assim o testemunhão os celebrados Poemas daquelle Lusitano Appollo o Insigne Camoens, de Jorge Monte Mayor, de Gabriel Pereyra de Castro, & outros que nobilitaraõ a lingua Portugueza com a elegante consonancia de seus metros.

Nesta America, inculta habitaçaõ antiguamente de Barbaros Indios, mal se podia esperar que as Musas se fizessem Brasileyras com tudo quizeraõ tambem passarse a este Emporio, aonde como a doçara do açucar he taõ sympathica com a suavidade do seu canto, acharaõ muitos engenhos, que imitão aos Poetas de Italia, & Hespanha, se applicassem a taõ discreto entretenimẽto, para que se não queyxasse esta ultima parte do Mundo, que assim como Apollo lhe cõmunica os rayos para os dias, lhe negasse as luzes para os entendimentos. Ao meu, posto que inferior aos de que he taõ fertil este Paiz, dictàraõ as Musas as presentes Rimas, que me resolvi expòr á publicidade de todos, para ao menos ser o primeyro filho do Brazil, que faça publica a suavidade do metro, já que

o não

o não fou em merecer outros mayores creditos na Poesia.

Porèm encolhido em minha desconfiança, & temerozo de minha insufficiencia, me pareceu logo preciso valerme de algum Heroe, que me alentasse em tão justo temór, & me segurasse em tão racionavel receyo, para que nem a obra fosse alvo de callumnias, nem seu autór despojo de Zoylos, cuja malicia costuma tyrannizar a ambos, mais por impulso da inveja, que por arbitrio da razão: para segurança pois destes perigos solicito o amparo de Vossa Excellencia, em quem venero relevantes prerogativas para semelhante patrocinio; porque se he proprio de Principes o amparar áquem os busca, Vossa Excellencia o he não menos na generosidade de seu animo, que na regalia de seu sangue, com cuja tinta trasladou em Vossa Excellencia a natureza o exemplàr das heroycas prendas de seus Illustrissimos Progenitores, de quem como Aguia legitima não degenerou a sua soberania: a Vossa Excellencia venera o estado do Reyno por Conselheyro o mais politico, pois assim sabe nelle propòr as difficuldades, & investigar os meyos. A Vossa Excellencia faz o nosso Serenissimo Monarca arbitro dos negocios mais arduos, & archivo dos segredos mais intimos, repartindo, ou descançando em Vossa Excellencia como em generozo Atlante o grande peso de toda a Esfera Lusitana; nella reconhecem a Vossa Excellencia por luminar, ou astro muy benefico, tantos quantos são os que participão das continuadas influencias de sua grandesa, a qual como logra propriedades de Sol, a todos alcança com seus benignos influxos; assim o experimentão tantas viuvas, a quem Vossa Excellencia soccorre compassivo, tantas donzellas, a quem dota liberal, tantas molheres que tem o titulo de visitadas, a quem se não visita sua pessoa, remedea todos os mezes sua munificencia, sendo esta em Vossa Excellencia tão fecunda, como o mostrão outras muytas esmolas, que por sua mão sas, aêm das que em trigo, & dinheyro todo o anno reparte por seu Esmoler, & Paro-

co,

60. que /ão dous contínuos aqueductos, pelos quaes perennemente corre͂ fote de /ua liberalidade; a e/ta dá Vo/fa Excellêc ia muyto mayores realces, quando tão pia, & profu/amente a exercita com o fagrado, ornando, & enriquecendo os Templos, e/pecialmente o em que foy baptizado, v quem confignou todos os annos copio/a congrua para /eu culto , favorecendo com toda a grande/a as Communidades, provendo com larga mão as Religieõs do que nece/fitão , como o confeça a Serafica Familia do grande Patriarca Sam Franci/co , & dando aos Conventos pobres das Religio/as ve/tiaria para todas , /endo a /ua caridade como fogo , que nunca dis b i/ta para dar , em quanto acha nece/fidades que /occorrer; e/ta lhe conciliou a Vo/fa Excellencia o renombre de Pay da pobre/a , titulo entre os muytos que logra, o mais illu/tre, pois tanto o a/femelha ao me/mo Deos , que por /er o /ummo Bem, /empre /e e/tá communicando a todos.

Mas como nos a/tros não /ò hà influxos , /enão tambem luzes , os brilhantes reflexos das de Vo/fa Excellencia bem /e virão em todos os Tribunaes de/te Reyno, que forão os illuminados Zodiacos, aonde gyrarão tanto tempo /eus re/plandores: aqui luzio a /ua ju/tiça com rayos /empre direct os, porque nunca houve couza, que pude/fe torcer, nem ainda inclinar a /ua rectidão: aqui brilhou o /eu zelo com luzes tão vivas, que nada pòde diminuir /ua efficacia , nem resfriar o inten/o de /ua activid.ade, /endo em Vo/fa Excellencia e/te zelo tão gêral, & prompto para todas as materias tocantes ao bem do Reyno , que por cau/a de/te o levou no tempo prezente dos Tribunaes aos exercitos , & da Corte para a Campanha, na qual /e houvera mais , ou mayores occazioens para a peleja, o admir aramos todos vivo retrato daquelle Famozo Marte Lufitano o Senhor Nuno Alvares Pereyra, de quem Vo/fa Excellencia herdou o valor com o nome, & com o /angue a genero/idade , & ficara conhe

cendo

cendo o Mundo como na pàs, & na guerra era Vossa Excellencia sempre Cesar.

Bem certificado estava de seu Marcial animo, & militar sciencia o nosso Serenissimo Monarca, pois em Sabbado 4 de Outubro lhe encarregou o governo da prrimeira linha do exercito, para q̃ dirigisse a marcha delle ao sitio, que se pretendia, empresa tão difficil em si, como pelas circunstancias para Vossa Excellencia gloriosa, porque obedecendo com prompto rendimento à Real vontade, & encarregando-se com singular prudencia desta acção, que Sua Magestade lhe fiara, fez marchar o exercito com tão admiravèl ordem, que todos os Cabos Nacionaes, & Estrangeyros concorrerão a darlhe os parabens do acerto, com que Vossa Excellencia desempenhou felismente o bom successo, que nesta empresa se desejava: bem conhecerão a Vossa a Excellencia por Heroe capás, & digno de outras mayores as Magestades ambas. pois na bataria, que se fes no Porto de Agueda em sette de Outubro, vendoo livre das balas do inimigo, especialmente de huma que lhe chamuscou a anca, & cauda do cavallo, em que andava montado, não podendo dissimular o seu jubilo, davão tambem multiplicados parabens a Vossa Excelencia de escapar a tantos perigos, em que o meteo o seu valor, & de que o livron a Providencia Divina, favor bem merecido da piedade, com que Vossa Excellencia soccorria na Campanha aos soldados com tão repetidas esmolas, escudos fortissimos, que o defendem nos mayores apertos da terra, ao mesmo tempo, que lhe servem de poderosas armas, com que Vossa Excellencia está conquistando o Ceo. Mais pudera dizer de outras muytas heroycas acçoens, relevantes prendas, & singulares virtudes de Vossa Excellencia, se este epilogado papel fora capàs de tanto empenho; porèm como nelle não cabe a multiplicidade de tantos titulos, quantos as acreditão, seria temeridade querer recopilar hum mar immenso em tão limitada concha, & copiar figura tão agigantada em hum quadro tão peque-

no,

no, *Guarde Deos a peſſoa de Voſſa Excellencia por dilatados , & feliciſſimos annos para gloria de Portugal.*

De Voſſa Excellencia

Menor ſubdito

Manoel Botelho de Oliveyra.

LICENÇAS
DO SANTO OFFICIO.

Vistas as informaçoens, póde se imprimir o livro, de que esta petiçaó trara, & impresso tornará para se cóferir, & dar licença que corra, & sem ella naó correrà Lisboa. 19 de Julho de 1703.

Carneyro. Monis. Frey Gonsalo. Hasse. Monteyro. Ribeyro.

Póde-se imprimir o livro, de que esta petiçaó trata, & impresso tornarà para se dar licéça para correr. Lisboa. 14.de Outubro de 1703.

Frey Pedro Bispo de Bona.

LICENÇA DO PAÇO.

Que se possa imprimir, vistas as licerças do S. Officio, & Ordinario, & depois de impresso tornaiá a Mesa para se conferir, & taxar, & sem isso naó correiá. Lisboa 20. de Outubro de 1703.

Oliveyra. Azevedo.

Taxaó este livro em trezentos & sinçoenta reis. Lisboa 27. de Fevereyro de 1705.

Lacerda. Vieyra. Carneyro. Almeyda.

PROLOGO
AO LEYTOR.

STAS Rimas, que em quatro linguas estão compostas, offereço neste lugar, para que se entenda que póde hũa só Musa cantar com diversas vozes. No principio celebra-se huma Dama com o nome de Anarda, estylo antigo de alguns Poetas, porque melhor se exprimem os affectos amorosos com experiencias proprias: porém porque não parecesse fastidioso o objecto, se aggregaram outras Rimas a varios assumptos: & assim como a naturesa se presa da variedade para a fermosura das cousas creadas, assim tambem o entendimento a deseja, para tirar o tedio da lição dos livros. Com o titulo de Musica do Parnasso se quer publicar ao Mundo: por porque a Poesia naõ he mais que hum cãto Poetico, ligando-se as vozes com certas medidas para consonancia do metro.

Tambem se escreveram estas Rimas em quatro linguas, porque quis mostrar o seu Autor com ellas a noticia, que tinha de toda a Poesia, & se estimasse esta obra, quando não fosse pela elegancia dos conceytos, ao menos pela multiplicidade das linguas. O terceyro, & quarto coro das Italianas, & Latinas estão abbreviadas, porq́ álem desta composição não ser vulgar para todos,

todos, baftava que fe défie a conhecer em poucos vérfos. Tambem fe accrecentaram duas Comedias, para que participaffe efte livro de toda a compofiçaõ poetiça. Húa dellas, Hay amigo para amigo, anda impreffa fem nome. A outra, Amor, Engaños, y Zelos, fahe novamente efcritta : & juntas ambas fazem hum breve defcante aos quatro Coros. Se te parecerem bem, terey o louvor por premio de meu trabalho; fe te parecerem mal, ficarey com a cenfura por caftigo de minha confiança.

VALE.

PRIMEYRO CORO

DE RIMAS PORTUGUESAS EM versos amorosos de Anarda.

SONETOS.

Anarda invocada.

SONETO I.

Nvoco agora Anarda laſtimado
Do venturoſo, eſquivo ſentimento:
Que quem motiva as anſias do tormento,
He bem que explique as queyxas do cuydado.
Melhor Muſa ſerà no verſo amado,
Dando para favor do ſabio intento
Por Hippocrene o lagrymoſo alento,
E por louro o cabello venerado.
Se a gentil fermoſura em ſeus primores
Toda ornada de flores ſe avalia,
Se tem como harmonia ſeus candores;
Bem pòde dar agora Anarda impìa
A meu rude diſcurſo cultas flores,
A meu plectro feliz doce harmonia.

A   *Perſuade*

2 *Musica*

Persuade a Anarda que ame.
SONETO II.

A Narda vè na estrella,que empiedoso
    Vital influxo move amor querido,
  Adverte no jasmim,que embranquecido
  Candida fè publica de amoroso.
Considera no Sol,que luminoso
  Ama o jardim de flores guarnecido;
  Na rosa adverte,que em coral florido
  De Venus veste o nacar lastimoso.
Anarda pois,naõ queyras arrogante
  Com desdem singular de rigorosa
  As armas despresar do Deus triunfante:
Como de amor te livras poderosa,
  Se em teu gesto florido, & rutilante
  Es estrella,es jasmim,es Sol,es rosa?

Ponderaçaõ das lagrymas de Anarda.
SONETO III.

S Uspende Anarda as ansias do alvedrio,
    Quando a fortuna cegamente ordena
  Essa dor,que dilatas pena a pena,
  Esse aljofar,que vertes fio a fio.
Se es dura rocha no rigor impìo,
  Se es brilhadora luz na fronte amena;
  A triste chuva de crystaes serena,
  Da successiva prata embarga o rio.
Mas ay,que naõ depões o sentimento,
  Para que em ti padeça rigor tanto,
  Se tens meu coraçaõ no peyto izento.
De sorte pois,que no amoroso encanto
  A vivas em teu peyto o meu tormento,
  Derramas por teus olhos o meu pranto.

Sol,

do Parnaſſo.

Sol, & Anarda.
SONETO IV.

O Sol oſtenta a graça luminoſa,
 Anarda por luſida ſe pondera;
O Sol he brilhador na quarta esfera,
Brilha Anarda na esfera de fermoſa.
Fomenta o Sol a chamma caloroſa,
 Anarda ao peyto viva chamma altera,
O jaſmim, cravo, & roſa ao Sol ſe eſmera,
Cria Anarda o jaſmim, o cravo, & roſa.
O Sol à ſombra dà bellos deſmayos,
 Com os olhos de Anarda a ſombra he clara,
Pinta Mayos o Sol, Anarda Mayos.
Mas (deſiguaes ſò niſto) ſe repara
 O Sol liberal ſempre de ſeus rayos,
Anarda de ſeus rayos ſempre avara.

Moſtra ſe que a fermoſura eſquiva naõ póde ſer amada.
SONETO V.

A Pedra Iman, que em qualidade occulta
 Naturalmente attrahe o ferro impuro,
Se naõ vè do diamante o luſtre puro,
Prende do ferro a ſympathia inculta.
Porèm logo a virtude difficulta,
 Quando ſe ajunta co diamante duro:
Que hum odio atè nas pedras he ſeguro,
Que atè nas pedras huma inveja avulta-
Prendendo pois com attracçaõ fermoſa
 A fermoſura, qual Iman ſe aviva,
He diamante a dureſa rigoroſa;
Aquella junta com a dureſa eſquiva,
 Naõ logra a ſympathia de amoroſa,
Perde a virtude logo de attractiva.

A ij   Iras

4 *Musica*

Iras de Anarda castigadas.
SONETO VI.

DO cego Deus, Anarda, com pellido
   Vejo teu rosto, & digo meu tormento;
  Digo para favor do sentimento,
  Vejo para recreyo do sentido;
As rosas de teu rosto desabrido,
  De teus olhos o esquivo lusimento;
  Este fulmina logo o rayo isento,
  Estas espinhaõ logo ao Deus Cupido.
Porèm para experiencias amorosas,
  Quando de amor as ansias atropellas,
  As perfeições se mudaõ deslustrosas:
Porque tomando amor vingança dellas,
  Nos rigores te afea as lindas rosas,
  Nas iras te escurece as luses bellas.

Vendo a Anarda depõe o sentimento.
SONETO VII.

A Serpe, que adornando varias cores,
   Com passos mais obliquos, que serenos,
  Entre bellos jardins, prados amenos,
  He mayo errante de torcidas flores;
Se quer matar da sede os disfavores,
  Os crystaes bebe co a peçonha menos,
  Porque naõ morra cos mortaes venenos,
  Se a caso gosta dos vitaes liquores.
Assim tambem meu coraçaõ queyxoso,
  Na sede ardente do feliz cuydado
  Bebe cos olhos teu crystal fermoso;
Pois para naõ morrer no gosto amado,
  Depoem logo o tormento venenoso,
  Se acaso gosta o crystallino agrado.

Cega

do Parnasso. 5

Cega duas vezes, vendo a Anarda.
SONETO VIII.

QUerendo ter Amor ardente ensayo,
   Quando em teus olhos seu poder inflamma,
Teus soes me acendem logo chamma a chamma,
Teus soes me cegaõ logo rayo a rayo.
Mas quando de teu rosto o bello Mayo
   Desdenha amores no rigor que acclama,
   De meus olhos o pranto se derrama
Com viva queyxa, com mortal desmayo
De sorte, que padeço os resplandores,
   Que em teus olhos lusentes sempre avivas,
   E sinto de meu pranto os disfavores:
Cego me fazem jà com ansias vivas
   De teus olhos os soes abrasadores;
   De meus olhos as agoas successivas.

Rigores de Anarda na occasiaõ de hum temporal.
SONETO IX.

AGora o Ceo com ventos duplicados,
   E com setas de prata despedidas
Se enfurece com nuvens denegridas,
E se irrita com golpes fulminados.
Quando Anarda em tormentos despresados
   Fulmina nas finesas padecidas
   Os rayos dos rigores contra as vidas,
   As nuvens dos desdens contra os cuydados.
Mas hũa, & outra tempestade encerra
   Diverso mal nas amorosas calmas,
   Ou quando forma da borrasca a guerra:
Porque perdendo Amor illustres palmas,
   Aquella he tempestade contra a terra,
   Mas esta he tempestade contra as almas.

Ponde-

6 *Muſica*

Ponderaçaõ do roſto, & olhos de Anarda.

SONETO X.

Quando vejo de Anarda o roſto amado,
    Vejo ao Ceo, & ao jardim ſer parecido;
Porque no aſſombro do primor luſido
Tem o Sol em ſeus olhos duplicado.
Nas faces conſidero equivocado
    De açucenas, & roſas o veſtido;
    Porque ſe vè nas faces reduſido
Todo o Imperio de Flora venerado.
Nos olhos, & nas faces mais galharda
    Ao Ceo prefere quando inflamma os rayos,
    E prefere ao jardim, ſe as flores guarda:
Em fim dando ao jardim, & ao Ceo deſmayos,
    O Ceo oſtenta hum Sol; dous ſoes Anarda,
    Hum *Mayo* o jardim logra; ella dous Mayos.

Naõ podendo ver a Anarda pelo eſtorvo de hũa planta.

SONETO XI.

Eſſa arvore, que em duro ſentimento,
    Quando naõ poſſo ver teu roſto amado,
Oppoem grilhões amenos ao cuydado,
Verdes embargos forma ao penſamento;
Parece que em ſoberbo valimento,
    Como a vara do proprio, que hà logrado,
    Dando eſſa gloria a ſeu frondoſo eſtado,
Nega eſſa gloria a meu gentil tormento.
Porèm para favor dos meus ſentidos
    Eſſas folhas caſtiguem rigoroſas,
    Os teus olhos (Anarda) os meus gemidos:
Pois cayaõ, ſequem pois folhas ditoſas,
    Jà de meus ays aos ventos repetidos,
    Jà de teus ſoes às chammas luminoſas.

Ponde-

do Parnaſſo   7

Ponderaçaõ do Tejo com Anarda.
SONETO XII.

Tejo fermoſo,teu rigor condeno,
  Quando deſpojas altamente impìo
Das lindas plantas o frondoſo brio,
Dos ferteis campos o tributo ameno.
Nas amoroſas lagrymas,que ordeno,
  Porque creſças em claro ſenhorio,
  Corres ingrato ao lagrymoſo rio,
  Vas fugitivo com deſdem ſereno.
Oh como repreſenta o deſdenhoſo
  Da bella Anarda teu cryſtal activo,
  Neſte, & naquelle effeyto laſtimoſo!
m ti jà vejo a Anarda,ò Tejo eſquivo,
  Se teu cryſtal ſe oſtenta rigoroſo,
  Se teu cryſtal ſe moſtra fugitivo.

Ao ſono.
SONETO XIII.

Quando em màgoas me vejo atribulado,
  Vem ſono a meu deſvelo padecido,
Refrigèra os incendios do ſentido,
Os rigores ſuſpende do cuydado.
Se no monte Cimmerio retirado
  Triſte lugar occupas,te convido
  Que venhas a meu peyto entriſtecido,
  Porque triſte lugar ſe tem formado.
Se querem noyte eſcura teus intentos,
  E ſe querem ſilencio;nas triſteſas
  Noyte, & ſilencio tem meus ſentimentos:
Porque triſte,& ſecreto nas terneſas,
  He meu peyto húa noyte de tormentos,
  He meu peyto hum ſilencio de fineſas.

Anel

Musica

Anel de Anarda ponderado.
SONETO XIV.

ESſe vinculo, Anarda, luminoſo,
   Do minimo jaſmim priſaõ dourada,
Logra na máo belleſa duplicada,
Quando logra na máo candor fermoſo.
Se te apriſiona ſeu favor luſtroſo,
   Te retrata os effeytos de adorada;
   Porque quando te adorna a luz amada,
   Me apriſionas o peyto venturoſo.
Agora podem teus deſdens eſquivos
   Na breve roda de ouro ver ſeguros,
   Se cuydados, ſe incendios logro activos;
Pois nella conſidero em males duros,
   Que tenho a roda dos cuydados vivos,
   Que tenho o ouro dos incendios puros.

Anarda eſculpida no coraçaõ lagrymoſo.
SONETO XV.

QUer eſculpir artifice engenhoſo
   Húa eſtatua de bronze fabricada,
Da natureſa fòrma equivocada,
Da natureſa imitador famoſo.
No rigor do elemento luminoſo,
   (Contra as idades ſendo eternizada)
   Para eſculpir a eſtatua imaginada,
   Logo derrete o bronze lagrymoſo.
Aſſim tambem no doce ardor q̃e avivo,
   Sendo artifice o Amor, que me deſvela,
   Quando de Anarda faz retrato vivo;
Derrete o coraçaõ na imagem della,
   Derramando do peyto o pranto eſquivo,
   Eſculpindo de Anarda a eſtatua bella.

Anarda—

do Parnaſſo.

9

Anarda temeroſa de hum rayo.
SONETO XVI.

B Ramando o Ceo, o Ceo reſplandecendo,
   Bello a hum tempo ſe via, & rigoroſo,
   Em fugitivo ardor o Ceo luſtroſo,
   Em condenſada voz o Ceo tremendo.
Gyra de hum rayo o golpe, naõ ſofrendo
   O capricho de húa arvore frondoſo:
   Que contra o brio de hum ſubir glorioſo
   Nunca falta de hum rayo o golpe horrendo.
Anarda vendo o rayo deſabrido,
   Por altiva temeu ſeu golpe errante,
   Mas logo o deſengano foy ſabido.
Naõ temas (diſſe eu logo) o fulminante:
   Que nunca offende o rayo ao Ceo luſido,
   Que nunca teme aq rayo o Sol brilhante.

Effeytos contrarios do rigor de Anarda.
SONETO XVII.

A Narda bella no rigor ſofrido
   Deſeja a morte ao laſtimoſo peyto,
   Sem ver que em ſeu perigo a morte aceyto,
   Pois ſempre vive Anarda em meu ſentido:
Mas como o mortal golpe deſabrido
   Nunca ezprimenta hum infeliz ſugeyto,
   Morro ſômente de amoroſo effeyto,
   Nunca morro do golpe pretendido.
Teme em meu coraçaõ a Parca forte
   O divino retrato, que convida
   A meu peyto amoroſo immortal ſorte.
De ſorte pois, que em gloria padecida
   Anarda propria me deſeja a morte,
   Anarda propria me defende a vida.

B   *Eſpe-*

10 *Mufica*

Efperanças fem logro:
SONETO XVIII.

S E contra minha forte em fim pelejo,
   Que quereis, efperança magoada?
  Se naõ vejo de Anarda o bem que agrada,
  N õ procureis o bem do que naõ vejo.
Quando fruftrarfe o logro vos prevejo,
  Sempre a ventura efpero dilatada;
  Naõ vejo o bem, não vejo a gloria amada,
  Mas que muyto, fe he cego o meu defejo?
Enfermais do temor, & naõ fe alcança
  O que fem cura quer voffa locura;
  E morrereis de voffa confiança.
Efperanfa naõ fois, porèm fe apura,
  Que fò nifto fereis certa efperanfa;
  Em fer falfa efperanfa da ventura.

Encarece a finefa do feu tormento.
SONETO XIX.

M Eu penfamento eftà favorecido,
   Quando cuyda de Anarda o logro amado;
  Elle fe vè nas glorias do cuydado,
  Eu me vejo nas penas do fentido.
Elle alcança o fermofo, eu o fofrido,
  Elle prefente vive, eu retirado;
  Eu no potro de hum mal atormentado,
  Elle no bem, que logra, prefumido.
Do penfamento eftà muyto offendida
  Minha alma, do tormento defejofa,
  Porque em gloria fe vè, bem que fingida:
Tão fina pois, que eftà por amorofa,
  De hum leve penfamento arrepend da,
  De hum vaõ contentamento efcrupulofa.

Rofa

do Parnaſſo.   II

Roſa, & Anarda.
S O N E T O XX.

ROſa da fermoſura, Anarda bella
  Igualmente ſe oſtenta como a roſa;
Anarda mais que as flores he fermoſa,
Mais fermoſa que as flores brilha aquella.
A roſa com eſpinhos ſe deſvela,
  Arma-ſe Anarda eſpinhos de impiedoſa;
Na fronte Anarda tem purpura ayroſa,
A roſa he dos jardins purpurea eſtrella.
Brota o carmim da roſa doce alento,
  Reſpira o'or de Anarda o carmim breve,
Ambas dos olhos ſaõ contentamento:
Mas eſta differença Anarda teve;
  Que a roſa deve ao Sol ſeu luſimento,
O Sol ſeu luſimento a Anarda deve.

MADRIGAES.

Navegaçaõ amoroſa.
MADRIG. I.

HE meu peyto navio,
  Saõ teus olhos o Norte,
Aquem ſegue o alvedrio,
Amor Piloto forte;
Sendo as lagrymas mar, vento os ſuſpiros,
A venda velas ſaõ, remos ſeus tiros.

B ij   Peſca

12 *Musica*

Pesca amorosa.
MADRIG. II.

Foy no mar de hum cuydado
   Meu coraçaõ pescado;
Anzois os olhos bellos;
Saõ linhas teus cabellos
Com solta gentilesa,
Cupido pescador, isca a bellesa.

Naufragio amoroso.
MADRIG. III.

Querendo meu cuydado
   Navegar venturoso,
Foy logo çoçobrado
Em naufragio amoroso;
E foraõ teus desdens contrario vento,
Sendo bayxo o meu vil merecimento.

Effeytos contrarios de Anarda.
MADRIG. IV.

Se sahe Anarda ao prado,
   Campa todo de flores matizado;
Se sahe à praya ondosa,
Brilha toda de rayos luminosa;
Em fim se està presente,
Tudo se vè contente;
Mas eu sò nos desden,scom que me assiste,
Quando presente està,me vejo triste.

Pondera-

do Parnaſſo. 13

Ponderaçaõ do roſto, & ſobrancelhas de Anarda.
MADRIG. V.

SE as ſobrancelhas vejo,
   Settas deſpedes contra o meu deſejo;
Se do roſto os primores,
Em teu roſto ſe pintam varias cores;
Vejo pois para pena, & para goſto
As ſobrancelhas arco, Iris o roſto.

Encarecimento dos rigores de Anarda.
MADRIG. VI.

SE meu peyto padece,
   O rochedo mais duro ſe enternece;
Se afino o ſentimento,
O tronco ſe laſtima do tormento;
Se acaſo choro, & canto,
A fera ſe entriſtece do meu pranto;
Porèm nunca eſtas dores
Abrandam, doce Anarda, teus rigores.
Oh condiçaõ de hum peyto!
Oh deſigual effeyto!
Que naõ poſſa abrandar húa alma auſtera
O que abranda ao rochedo, ao tronco, à fera!

Ver, & amar.
MADRIG. VII.

ANarda vejo, & logo
   A meu peyto atormenta o brando fogo;
Em fim quando me inflamma,
Procedendo da lus a bella chamma,
Vejo por glorias, ſinto por deſmayos,
Relampagos de lùs, de incendios rayos.

Cabe-

14 *Musica*

Cabello preso de Anarda.
MADRIG. VIII.

S E esse vinculo bello
   Prende, Divina ingrata, teu cabello;
Justa prisaõ lhe offende,
Quando em castigos prende aquem me prende;
Querendo a ley de Amor, quando o condena,
Que seja a propria culpa propria pena.

Ao veo de Anarda.
MADRIG IX.

N Egando hum veo ditoso
   Da bella Anarda o resplandor queyxozo,
Beberam meus suspiros
De Amor as chammas, & do Amor os tiros;
De sorte que em motivos de meu gosto
Era venda do Amor o veo do rosto.

Ao mesmo.
MADRIG. X.

S E me encobres, tyranna,
   De teu rosto gentil a luz ufana,
   Julga meu pensamento
Que hàs de dar bem ao mal, gosto ao tormento;
Sendo esse linho, se padeço tanto,
A's chagas atadura, lenço ao pranto.

Desdem,

do Parnasso: 15

Desdem, & fermosura.
MADRIG. XI.

Querendo ver meu gosto
O Candido,& purpureo de teu rosto,
Sinto o desdem tyranno,
Que fulmina teu rosto soberano;
Mata-me o esquivo,o bello me convida,
Encontro a morte,quando busco a vida.

Anarda escrevendo.
MADRIG. XII.

Quando escreves,ordena
Meu amor que te dicte minha pena;
Para que decorada,
De ti seja lembrada:
Mas ay, que na lição da pena impìa
Me botas os borróes da tyrannia.

Naõ póde o amor prender a Anarda.
MADRIG. XIII.

Amor,que a todos prendes
Naquelle doce ardor que nalma acendes,
Prende a Anarda,que dura
Isenta de teu fogo a fermosura;
Mas ay,que jà naõ podes,pois primeyro
Em seus olhos ficaste prisioneyro.

Sepul-

16 *Muſica*

Sepulchro amoroſo.
MADRIG. XIV.

JA morro, doce ingrata,
   Jà teu rigor me mata:
Seja enterro o tormento,
Que inda morto alimento;
Por reſponſos as queyxas,
Se tiras me a vida & o amor me deyxas;
E por ſepulchro aceyto,
Pois teu peyto he de marmore, teu peyto.

Amante preſo.
MADRIG. XV.

A Nardi, fuy primeyro
   De teus valentes rayos priſioneyro:
Prendeume agora o fado,
A's mãos de húa deſgraça caſtigado;
Tenho pois de priſões dobrado peſo;
No corpo preſo eſtou, nalma eſtou preſo.

Suſpiros.
MADRIG. XVI.

QUando o fogo ſe inflamma,
   Sobe ao Ceo natural a nobre chamma;
Veras o meſmo effeyto,
Divina Anarda, no amoroſo peyto,
Que em brando deſafogo
Sobe o ſuſpiro ardente de meu fogo
A teu luſido roſto; & naõ me admiro,
Pois he teu roſto Ceo, chamma o ſuſpiro.

Roſas

do Parnaſſo. 17

Roſas de liſtões no cabello de Auarda.
MADRIG. XVII.

Quando, Anarda, hàs formado
   As roſas de liſtões neſſe toucado,
Julga meu penſamento
Que prcdus os liſtões teu luſimento;
Que para florecer jardim tam bello,
Saõ roſas os liſtões, Sol o cabello.

Doutoramento amoroſo.
MADRIG. XVIII.

A Narda, o Deus Cupido
   Entre as leis de conſtante
Dà por premio luſido
O venturoſo grao de ſabio amante;
Saõ propinas forçoſas
As finezas cuſtoſas;
As orações prudentes,
Os rogos eloquentes;
Sendo Padrinho o Agrado,
Doutor o coraçaõ, Borla o cuydado.

Conveniencias do roſto, & peyto de Anarda.
MADRIG. XIX.

Teu roſto por florido
   Com bello roſicler ſe vè luſido;
Teu peyto a meus amores
Brota agudos rigores;
Uniſte em fim por bens, & penas minhas
No roſto roſas, & no peyto eſpinhas.

C   Ao

Musica

Ao mesmo.
MADRIG. XX:

O Stentando esplendores,
    Teu rosto vivifica mil candores;
Despresando finesas,
Teu coraçaõ congèla mil tibezas;
Por frio,& branco em fim chamar se deve
Neve teu coraçaõ, teu rosto neve.

Anarda vendo-se a ham espelho.
MADRIG. XXI.

A Narda, que se apura'
    Como espelho gentil da fermosura,
N^chum espelho se via,
Dando dobrada lus ao claro dia;
De sorte que com pròvido conselho
Retràta-se hum espelho noutro espelho.

Anarda jugando a Espadilha.
MADRIG. XXII.

J Oga, Anarda fermosa,
    Espadilha amorosa:
Os Parceyros attentos
Sejam meus pensamentos;
Seraõ os matadores
Teus esquivos rigores;
E por mayor triunfo
A fermosura o preço, Amor o trunfo.

Teme

do Parnasso. 19

Teme que seu amor naõ possa encobrirse.
MADRIG. XXIII.

NAõ pòde, bella ingrata,
  Encobrirse este fogo, que me mata;
Que quando callo as dores,
Teme meu coraçaõ que entre os ardores
Das chammas, que deseja,
Meu peyto se abra, & minha fè se veja.

DECIMAS.

Anarda vendo-se a hum espelho.
DECIMA I.

DE Anarda o rosto lusia
  No vidro, que o retratava,
E tão bello se ostentava,
Que animado parecia:
Mas se em asseyos do dia
No rosto o quarto farol
Vè seu lustroso arrebol;
Alli pondèra meu gosto
O vidro espelho do rosto,
O rosto espelho do Sol.

2.

He da piedade grandesa
  Nesse espelho verse Anarda,
Pois ufano o espelho guarda
Duplicada a gentilesa:
Considera-se finesa,
Dobrando as bellesas suas,
Pois contra as tristesas cruas

C ij   Dos

20   *Musica*

Dos amorofos enleyos
Me repete dous recreyos,
Me offerece Anardas duas.

3.

De forte que fendo amante
Da bellefa fingular,
Poffo outra bellefa amar
Sem tropeços de inconftante;
E fendo outra ves triunfante
Amor do peyto, que adora
Hũa Anarda brilhadora,
Em dous roftos fatisfeyto,
Se em hum fogo ardia o peyto,
Em dous fogos arde agora.

4.

Porèm depois rigorofa,
Deyxando o efpelho luftrofo,
Oh como fica queyxozo,
Perdendo a copia fermofa!
Creyo pois que na amorofa
Ley o cego frechador,
Que decreta unico ardor,
Naõ quis a imagem que jnflamma,
Por extinguir outra chamma,
Por eftorvar outro amor.

A hum Cupido de ouro, que trazia prefo Anarda nos cabellos.
DECIMA I.

AO Cyprio Rapàs, izento,
De Anarda prende o rigor;
E fe prende ao me mo Amor,
Que muyto que a hum penfamento?
Jà no folto lufimento,
Jà nos olhos fempre amados,

AII

do Parnaſſo. 21

Alli ſe vem ponderados,
Vencedores, naõ vencidos,
Os ſeus olhos por Cupidos,
Os cabellos por dourados.

2.

SE jà naõ foy que o Deus cego
  Quer à bella Anarda amar;
Que bem ſe pòde invejar
De hum Deus táo divino emprego.
Em feliz deſaſſocego,
Sentindo amoroſa braſa,
Parece nhúa, & noutra aza,
Quando de amante ſe enlea,
Ouro naõ, com que ſe aſſea,
Chamma ſim, com que ſe abraza.

3.

Creyo jà que disfarçado
  Quer lograr Anarda bella,
E naquelle ouro desvela
Luſimentos de hum cuydado:
Po s qual Jove namorado
Daquelle bello theſouro,
Hum, & outro amante louro,
Ambos ſaõ no ardor querido,
Jove em ouro convertido,
Convertido Amor em ouro.

Lacre atrevido a húa máo de Anarda:
DECIMA I.

QUando a tanta neve pura
  Liquida-ſe ardor luſente,
Solicita o centro ardente
Neſſa ardente fermoſura;
Oh como nelle ſe apura,

Para

22 *Musica*

Para que explique meu rogo
De meu pranto o dezafogo!
Pois quando o lacre se adverte,
Lagrymas de fogo verte,
Verto lagrymas de fogo.

2.

Porèm com vario rigor
Essa chamma lagrymosa,
Ardendo na mão fermosa,
Queyma da neve o candor:
Mas em teu peyto, que Amor
Nunca o transforma, sugeyto,
Logra meu pranto outro effeyto;
Pois quando padeço tanto,
Estillo o fogo do pranto,
Naõ queymo a neve do peyto.

Exemplos com que se considera amante de Anarda.

DECIMA I.

QUal Gyrasol por amante
Solicita o ingrato Sol,
Tal meu peyto Gyrasol
O Sol de Anarda brilhante;
E qual no Estio flammante,
Quer Zefyro, & quer ver dor
O prado: quer meu Amor,
Abrazado na esquivança,
O verdor de huã esperança,
O Zefyro de hum favor.

2.

Qual o centro natural
Dezeja o fogo nocivo,
Qual pretende o mar esquivo
Do rio ameno o crystal;
Tal busca em dezejo igual

De

do Parnaſſo. 23

De Anarda no ſenhorio,
Que he centro de ardor impìo,
Que he mar de cryſtaes brilhante,
De meu peyto o fogo amante,
De meu pranto o largo rio.

3.

Qual o monte ſublimado,
  Qual a planta envelhecida;
  Eſta de folhas deſpida,
  Aquelle de cãs nevado;
  Querem n'hum, & noutro eſtado
  De Abril o bello horizonte;
  Taes querem de Anarda a fronte,
  Como Abril de graça tanta,
  De meu penſamento a planta,
  De minha firmeſa o monte.

Sono pouco permanente.
DECIMA.

Q Uando, Anarda, o ſono brando
    Quer ſuſpender meus tormentos,
  Condenando os ſentimentos,
  Os deſvelos embargando;
  Dura pouco, porque quando
  Cuydo que em bello arrebol
  Eſtou vendo teu farol,
  Foge o ſono à cova fria;
  Porque lhe amanhece o dia,
  Porque lhe apparece o Sol.

Comparações no rigor de Anarda.
DECIMA.

Q Uando Anarda me deſdenha
    Affectos de hum coraçaõ,

Hc

24 *Musica*

He diamante Anarda? naõ,
Naõ diamante,porque he penha:
Penha não,porque se empenha,
Qual Aspid seu rigor forte;
Aspid naõ,que tem por sorte
Ser qual tigre na cruesa:
Tigre naõ,que na feresa
Tem todo o imperio da Morte.

Rosto de Anarda.
DECIMA.

O Sol em bellos ensayos,
  Por representarse bello
Com luminoso desvelo
De teu rosto aprende os rayos;
De teu rosto os lindos Mayos
Unicas luses apura
Com qualquer bellesa pura
De sorte,que no arrebol
Ne fermosura do Sol,
Brilha Sol da fermosura.

Cravo na bocca de Anarda.
DECIMA.

Q Uando a purpura fermosa
  Desse cravo, Anarda bella,
Em teu ceo se jacta estrella,
Senaõ lusente,olorosa;
E quivòca-se lustrosa,
(Por naõ receber o aggravo
De ser nessa bocca escravo)
Pois he quando o cravo a toca,
O cravo cravo da bocca,
A bocca bocca de cravo.

Rosa

do Parnasso. 25

Rosa na maõ de Arnarda envergonhada.
DECIMA.

NA bella Anarda húa rosa,
   Brilhando desvanecida,
Padeceu por atrevida
Menoscabos de fermosa:
Porèm naõ, que vergonhosa
Com mais bella galhardia
Do que era d'antes, se via;
Pois quando se envergonhava,
Mais vermelha se jactava,
Mais fermosa se corria.

Comparaçaõ do rosto de Medusa com o de Anarda.
DECIMA.

COntra amorosas venturas
   He de Medusa teu rosto,
E por castigo do gosto
Saõ cobras as iras duras;
As transformações seguras
Acharàs em meus amores;
Pois ficando nos ardores
Todo mudado em finesas,
Sou firme pedra às tristesas,
Sou dura pedra aos rigores.

Comparaçaõ dos Gigantes com os pensamentos amorosos.
DECIMA.

AO Ceo de Anarda lustroso
   Com montes de vãos intentos
Subiram meus pensamentos
Gigantes, no ardor queyxoso;

D

Fulmi-

26 *Musicã*

Fulminou logo o penoſo
Caſtigo de disfavores
A pezar de altos primores;
Que em merecidos deſmayos
Seus rigores foram rayos,
Etnas foram meus ardores.

Eco de Anarda.
DECIMA.

ENtre males deſvelados,
　Entre deſvelos conſtantes,
Entre conſtancias amantes,
Entre amores caſtigado ;
Entre caſtigos chorados,
E choros,que o peyto guarda,
Chamo ſempre a bella Anarda;
E logo a meu mal,fiel,
Eco de Anarda cruel
Sò reſponde ao peyto que Arda.

REDONDILHAS.

Anarda ameaçandolhe a morte.
REDONDILHAS.

AMeaças o morrer:
　Como morte podes dar,
Se eſtou morto de hum penar,
Se eſtou morto de hum querer?
Mas he tal eſſa fereſa,
　Que quer dar a hum fino amor
　Húa morte com rigor,
　Outra morte co a belleſa.
E com razaõ prevenida

Quis

do Parnaſſo: 27

Quis duplicar eſta ſorte,
Que a pena daquelle he morte,
Que a gloria daquella he vida.
Da morte jà me contento,
Se por nojo de mal tanto
Derrames hum bello pranto,
Formes hum doce lamento.
Tornaràs meu peyto activo
Com tão divino conforto,
Se ao rigor da Parca morto,
Por gloria do pranto vivo.
De teu rigor applaudidas
Seraõ piedoſas grandeſas;
Porque tearmes mais fereſas,
Porque te entregue mais vidas.
Quando teu deſdem ſe aliſta,
Impedes o golpe atroz;
Pois quando matas co a voz,
Alentas entaõ co a viſta.
Confunde pois a nociva
Impiedade, que te exhorta,
A hum tempo hũa vida morta,
A hum tempo hũa morte viva.
De teu rigor os abrolhos
Se rompem da vida os laços,
Heyde morrer em teus braços,
Heyde enterrarme em teus olhos.

Que hà de ſer o amor hum ſò.
REDONDILHAS.

Huma alma do abrazador
Frecheyro he glorioſa palma;
Quem pois ſacrifica hũa alma,
Deve adorar hum Amor.
Rende Amor por mageſtade
Do entender a excellencia,

D ij   Da

28 *Musica*

Da memoria a persistencia,
A inclinaçaõ da vontade.
Prendem bellas sugeyções
O coraçaõ nos ardores;
Quem pois cria dous amores,
Ha mister dous corações.
Inconstante hà de lograr
Dous fogos, por mais que anele;
Pois quando cuyda naquelle,
Neste jà deyxa de amar.
Inteyro amante naõ he,
Que no florido primor,
Partida a flor, naõ he flor,
Partida a fè, naõ he fè.
Amor he Sol no sugeyto,
Que bellos incendios cria;
E se brilha hum Sol no dia,
Hum amor brilhe no peyto.
Veneno amor, he julgado;
Mate pois, quando o condeno,
Se hum veneno, outro veneno,
Hum cuydado, outro cuydado.
Ha de ser no coraçaõ
Hum, ou outro emprego bello
Agrado sim, naõ desvelo,
Faisca sim, chamma naõ.
Venèro em fim, se avalio
Entre muytos hum dezejo,
Muytas damas no cortejo,
Húa Anarda no alvedr o.

Que o Amor hâ de ser descuberto.
REDONDILHAS.

S E brilha hum fogo lusido,
(O mesmo no Amor he certo)
Arder naõ pòde encuberto,

Lusir

do Parnaſſo. 29

Luſir naõ pòde eſcondido.
Se he rayo Amor, rompa o medo,
Quando os ſentidos jnflamma,
Patentee a luz da chamma,
Raſgue a nuvem do ſegredo.
Se quando a belleſa adora,
Qual harmonia ſe eſtuda;
Nunca a harmonia foy muda,
Sempre a harmonia he ſonora.
Atreva-ſe o Amor conſtante
A publicar o que ſente;
Naõ deſmaye, ſe he valente,
Naõ ſe encolha, ſe he gigante.
Se briſha qual perla, ou roſa,
Nunca eſtimações ordena,
No botaõ a roſa amena,
Na concha a perla fermoſa.
Cupido n'affeyçaõ louca
Eſte intento hà r erſuadido;
Os olhos cerra Cupido,
Naõ cerra Cupido a bocca.
Se amor de ave tem a empreſa,
Quando o encerra algum deſpreſo,
Por violencia vive preſo,
Porèm naõ por natureſa.
Quando Amor ſe moſtra, he certo
Que, como ſe vè deſpido,
Naõ ſe encobre Amor veſtido,
Moſtra-ſe Amor deſcuberto.
Anarda pois, no Amor ledo,
Por mais que ſilencios gozes,
Se o calla o medo das vozes,
Dizem-no as vozes do medo.

RO-

30

Musica

ROMANCES.

Anarda passando o Tejo em huma barca.

ROMANCE I.

O Cryſtal do Tejo Anarda
  Em ditoſa barca ſulca;
  Qual perla, Anarda ſe alinda,
  Qual concha, a barca ſe encurva.
Se falta o vento, Cupido
  Eatendo as azas com furia,
  Zefyro alenta amoroſo,
  Aura reſpira ſegura.
Augmenta o Tejo ſeus logros,
  Que com tanta fermoſura
  Cryſtal em ſeu collo bebe,
  Ouro em ſeu cabello uſurpa.
Se bem nas agoas copiado,
  Alli ſe viam confuſas
  Ondas de ouro no cabello,
  E do cryſtal ondas puras.
Jà deyxa o nome de rio,
  Oceano ſe aſſegura,
  Pois a branca Thetis logra,
  Pois o claro Sol occulta.
Corta o aljofre eſcumoſo.
  Que como Venus ſe julga,
  Ufano ſe incha o aljofre,
  Cand di ſe ri a eſcuma.
De ſ us o hos foge o rio

Que

do Parnaſſo. 31

Que pois nelle a viſta occupa,
Evitar ſeus olhos trata,
Fugir às chammas procura.
Logrando o cabello a barca,
(Se bem feliz, o naõ furta)
Hum por veo de ouro ſe jaċta,
Outra por Argo ſe inculca.
Ardem chammas n'agoa, & como
Vivem das chammas, que apura;
Saõ ditoſas Salamandras
As que ſaõ nadantes turbas.
Meu peyto tambem, que chora
De Anarda auſencias perjuras,
O pranto em rio transforma,
O ſuſpiro em vento muda.

Anarda doente.
ROMANCE II.

A Narda enferma fluċtùa,
  E quando fluċtùa enferma,
Jàs doente a fermoſura,
Eſtà fermoſa a doença.
Se nella a doença triſte
  Bella eſtà, que ſerà nella
  De tanta graça o donayre!
  De tanta luz a belleſa!
Se o mal he ſombra, ou eclipſe,
  He penſaõ das luzes certa,
  Que ao Ceo huma ſombra aſpire,
  Que ao Sol hum clipſe o fenda.
Crueis prognoſticos vejo,
  Pois ſaõ ameaças feras,
  O Sol entre eclipſes pardos,
  O Ceo entre nuvens denſas.
Quando as bellas flores ſentem

De

32 *Musica*

De Anarda a grave triftefa,
Digam-no as rofas na face,
Digam-no os jafmins na tefta.
Faltam flores, faltam luzes,
Pois enfina Anarda bella
Lições de flores ao Mayo,
E leis de luzes à Esfera.
As almas fe admiram todas
Em repugnancias aufteras,
Vendo enferma a mefma vida,
Vendo trifte a gloria mefma.
Defdenhado Amor fe vinga,
Se n'anfia a febre a condena;
Pois qual anfia amor fe forja,
Pois qual febre amor fe gera.
Bafta jà, Frecheyro alado,
Bate as azas, folta a venda;
Do rofto o fuor lhe alimpa,
Do peyto o ardor refrefca.
Vem depreffa, Amor piedofo,
Que te importa, pois fem ella
Em vão excitas as chammas,
Em vão defpedes as fettas.
Mas naõ teme a morte Anarda,
Que fe húa morte a cometa,
Com mil almas fe defende,
Com mil corações te alenta.
De mais fim que nunca a Parca
Contra Anarda fe atrevera,
Que contra as frechas da morte
Fulmina de Amor as frechas.

Anarda fangrada.

ROMANCE III.

HE bem que defate Anarda
De tanto fangue os embargos;

Sendo

do Parnaſſo. 33

Sendo o ſangue rio alegre,
Sendo Anarda Abril galhardo.
Enſina no braço,& ſangue
Com branco,& purpureo enſayo
A ſer neve à meſma neve,
A ſer cravo ao meſmo cravo.
Se bem n'hum,& noutro effeyto,
Fas Amor milagre raro;
Pois a neves une roſas,
Pois Dezembros une a Mayos.
Se Anarda he vida de todos,
E o ſangue à vida comparo;
Tantas vidas vay perdendo,
Quantos coraes vay brotando.
Pàra hum pouco,& como teme
De haver dado morte a tantos,
Ficava preſa acorrente,
Ficava ſem ſangue o braço.
E naõ mata a ſangue frio,
Se com ſangue eſtà matando;
Pois aviva mil ardores,
Pois abraza mil cuydados.
A ſangue,& fogo publica
Guerra a meu peyto abrazado;
A ſangue em coraes vertidos,
A fogo em olhos tyrannos.
Corre o ſangue,porque dizem
Que eſtà corrido,admirando
Do roſto o carmim confuſo,
Da bocca o nacar raſgado.

Anarda chorando.
ROMANCE IV.

SE o mar da belleſa temes,
Alerta,amoroſo peyto,
Alije-ſe huma eſperança,

E   A may-

34 *Musica*

Amayne-se hum penfamento.
Tempeftades lagrymofas
Te provocam os receyos;
Pois vejo o dia nublado,
Pois não vejo o Ceo fereno.
Porèm naõ temas, covarde,
Que na cor do rofto bello
Navego em marè de rofas,
Em hum mar leyte navego.
Mas inda naquelles olhos
Fatal prodigio me temo;
Quem vio agoa em brazas duas?
Quem vio chuva em dous luzeyros?
Naõ faõ piedade os fufpiros,
Nem feu pranto, pois he certo
Brotar chammas hũa pedra,
Abrir fontes hum rochedo.
Se faõ Aftros, que me influem,
Amor, com rafaõ receyo
Impiedades nos cuydados,
Infortunios nos dezejos.
Vay a meu peyto, & feus olhos
Pelo amor, pelo tormento
Da vida os fios cortando,
Do pranto os fios vertendo.
Naquellas agoas Cupido,
Por avaro, & por fevero,
Das chammas excita a fede,
Das fettas amola o ferro.
E quando as lagrymas param
Nas gentis faces, pondero
Que fe fas rubi parando,
O que era aljofre correndo.

RO-

do Parnasso. 35

Anarda colhendo neve.
ROMANCE V.

Colhe a neve a bella Anarda,
  E nos peytos encendidos
  Contra delitos de fogo
  Arma de neve castigos.
Na brancura, na tibiesa
  Tem dous triunfos unidos;
  Vence a neve à mesma neve,
  Vence o frio ao mesmo frio.
Congelà-se, & se derrete
  De sorte, que em branco estillo
  A hum desdem se hà congelado,
  A dous soes se hà derretido.
Seja naõ he que os candores
  Daquella neve vencidos,
  Liquidam-se pranto a pranto,
  Lastimam-se fio a fio.
As mãos escurecem tanto
  A neve, que em pasmos lindos
  O que era prata chuvosa,
  Ficava azeviche tibio.
A seu Sol suspiros voam,
  E tornam por atrevidos,
  Como exhalações do peyto,
  Em nevados desperdiços.
Da neve tiros me vibra,
  E felismente imagino
  Que naõ saõ tiros de neve,
  Que saõ mãos de Anarda os tiros.
Frustra a neve seus effeytos,
  Que me tinham defendido,
  De Anarda o Sol luminoso,
  De Amor o fogo nocivo.

E ij   *Anarda*

36 *Musica*

Anarda cingindo huma espada.
ROMANCE VI.

VAronilmente arrogante
  Anarda se considera,
Jà na feresa da espada,
Jà na espada da feresa.
Em dous assombros unidas,
  Duas Deusas se vem nella;
  Fermosa Venus se acclama,
  Armada Pallas se ostenta.
Naõ he muyto que valente
  Se prese pois sempre altera,
  Valentias no donayre,
  Valentias na bellesa.
Quis augmentar os rigores,
  Porque matàsse soberba,
  Jà da bellesa nas luzes,
  Jà do ferro nas violencias.
Porèm parece frustrado,
  Se o mortal ferro se empenha;
  Porque quando esgaime o ferro,
  Jà deu morte a gentilesa.
Porèm quando mata os peytos,
  Que resuscitam de vella,
  Noutra morte os ameaça,
  Noutra vida os atropella.
Se jà naõ he,que cingindo
  Dura espada,representa
  Da bellesa a guerra dura,
  Que a bellesa he dura guerra.
Armada do agrado & ferro,
  Hum,& outro brio augmenta,
  Sendo mais que armada amada,
  Mais que bellicosa bella.
Desigual co Deus menino

Se

do Parnaſſo: 37

Se arma,ella a luz,elle a venda,
Ella ornada,elle deſpido,
Ella a eſpada,Amor a frecha.

Volta.

Deyxa as armas,lhe diſſe,
    Cruel,attenta
  Que nas luzes fulminas
  Armas mais feras.
Se he para render vidas,
  As armas deyxa;
  Todo o peyto a teus olhos
  A vida entrega.
De ponto em branco armada
  Sempre te aſſeas,
  De ponto a bocca em branco
  A fronte amena.

Anarda viſta de noyte.
ROMANCE VII.

Contra os imperios da noyte
    Anarda bella ſe vè,
  Que húa noyte mal podia
  A tantos ſoes offender.
Oh como a novte ſe quevxa
  Contra a brilhadora lev!
  Pos rompem ſeu privilegio,
  Pois revogam ſeu poder.
Sò niſto noyte parece,
  Que em ſeu roſto,olhos crueis,
  Candida Lua deſcobre,
  Luſidas eſtrellas tem.
Se no inferno condenada
  Habita a noyte infiel;
  Como pòde a noyte infauſta.

A glo-

38 *Musica*

A gloria de Anarda ver?
Se condus a noyte o sono,
Naõ pòde permanecer,
Que Anarda embarga o repouzo,
Que Anarda desvela a fè.
Se a noyte affecta silencios,
Naõ pòde silencios ter;
Porque em queyxa lastimosa
Clama o suspiro fiel.
Se borrifa agoas de Lethes,
Naõ pòde o Lethes verter;
Pos della se acordam todos,
Della se esquece ninguem.
Deyxa Anarda tantas luzes,
Que inda a noyte em seu temer,
Occulta Anarda, se encolhe,
Ausente o Sol, se detem.

Anarda sabindo fóra.

ROMANCE VIII.

Alerta peytos, alerta,
Que sahe a gentil Anarda,
Aquelle acinte das rosas,
Aquelle arrufo das graças.
Desafia a todo o peyto,
Illustremente a entrada,
Tendo a graça valentona,
Tendo a bellesa fidalga.
Ostenta con dous motivos,
Muy soberba, muy bisarra,
O seu brio à Portugueza,
O seu pico à Castelhana.
Com seus olhos de azeviche,
Com sua florida cara,
Aos astros da bellas figas,
Aos jasmins fas muytas rayvas.

Mos-

Moſtrando-ſe muy ſenhora,
   Aos eſcravos peytos dava
   De hum menoſpreſo as injurias,
   De hum rigor as bofetadas.
Ao meſmo tempo ſe juntam
   Na fermoſura adorada
   Os rigores de Quareſma
   Entre alegrias de Paſcoa.
Eſtocadas dà de penas,
   De amores fulmina balas,
   Se as graças deſembainha,
   Se os reſplandores diſpara.
Nas mangas de olanda bella
   Contra amor rebelde ſe arma;
   Por Hollanda a olanda vejo,
   Por mangas receyo as mangas.
Caſtigandoa por traidora
   O Rey menino, formava
   O cadafalſo do collo,
   O degollado da gala.
He Ceo a belleſa ſua,
   Quando o manto ſe adornava,
   Servindo o manto de gloria,
   Servindo a garça de graça

VER-

VERSOS VARIOS
QUE PERTENCEM
AO PRIMEYRO
CORO
DAS RIMAS
PORTUGUESAS.

ESCRITTOS
A VARIOS ASSUMPTOS.

A' MORTE FELICISSIMA
DE HUM JAVALI PELO tiro, que nelle fes húa Infanta de Portugal.

SONETO I.

NAM sey se diga(ò¡bruto¿que viveste,
Ou se alcançaste morte venturosa;
Pors morrendo da dextra valerosa,
Melhor vida na morte mereceste.
Esse tiro fatal,de que morreste,
Em ti fes húa acçaõ tão generosa,
Que entre o fogo da polvora ditosa
Da nobre gloria o fogo recebeste
Deves agradecer essa ferida,
Quando esse tiro o coraçaõ te inflamma,
Pois a mayor grandesa te convida:
De sorte,que te abrio do golpe a chamma
Huma porta perpetua para a vida,
Húa bocca sonora para a fama.

F ij   *A hum*

44 *Musica*

A hum grande sugeyto invejado, & applaudido.
SONETO II.

Temeraria, soberba, confiada,
 Por altiva, po rdensa por lustrosa,
A exhalaçaõ, a Nevoa, a Mariposa,
Sobe ao Sol, cobre o dia, a lus lhe enfada.
Castigada, desfeyta, malograda,
 Por ouzada, por debil, por briosa,
 Ao rayo, ao resplandor, à lus fermosa,
 Cae triste, fica vã, morre abrazada.
Contra vòs solicita, empenha, altera,
 Vil affecto, ira cega, acçaõ perjura,
 Forte odio, rumor falso, inveja fera.
Esta cae, morre aquelle, este naõ dura,
 Que em vòs logra, em vós acha, em vòs venera,
 Claro Sol, dia candido, luz pura.

*A Frey Joseph Religioso Descalço, prêgando na festa de
Saõ Joseph.*
SONETO III.

Hoje, Joseph, vosso discurso acclama
 Do Divino Joseph sacros primores;
 E vòs ganhando applauso em seus louvores,
 Por hum Joseph outro Joseph se affama:
Hum, & outro Joseph mayor se chama,
 Elle dos Santos, vòs dos Prêgadores;
 E o nome de Joseph obra melhores
 Nelle augmentos de graça, em vòs de fama.
Com tanta discriçaõ, assombro tanto
 Vosso discurso seu louvor provoca,
 Que vossa bocca infunde doce encanto:
E para ser perfeyta no que toca,
 Se falla vossa bocca em Joseph Santo,
 Falla o Santo Joseph por vossa bocca.

A Affon-

do Parnaſſo. 45

A Affonſo Furtado Rios & Mendoça ſahindo do porto de Lisboa a governar o Eſtado do Braſil em occaſiaõ tempeſtuoſa, havendo depois bonança nos mares.

SONETO IV.

Entre horrores crueis do creſpo vento
   Cortais, Affonſo, o pelago arrogante,
  Vòs conſtante no brio, elle inconſtante,
  Elle em frio cryſtal, vòs no ardimento.
Se nos conflictos do Mavorcio intento
  Marte vos reſpeytou ſempre triunfante,
  Venceis no mar de hum Deos o Reyno errante,
  E na terra de hum Deos o forte alento.
Perde Neptuno as iras obediente,
  Ou entrega ſeus ceruleos ſenhorios,
  Affonſo invicto, a voſſo braço ardente,
E por gloria mayor de voſſos brios
  Proſtra ao voſſo Baſtão o ſeu Tridente,
  Obedece ſeu mar a voſſos Rios.

Ao meſmo Senhor entrando no porto da Bahia na meſma occaſiaõ tempeſtuoſa, havendo antes bonança nos mares.

SONETO V.

Nos maritimos Reynos imperioſo
   Ereis do Rey Neptuno obedecido,
  Com voſſo illuſtre jugo ennobrecido,
  Inchado o mar ſe vio por venturoſo.
Tethys jà vos queria para eſpoſo,
  Amfitrite vos tem favorecido;
  Prendia Amor ao Boreas atrevido,
  E deſatava ao Zefyro amoroſo.
Mas ſabendo Neptuno o voſſo cargo,
  Voſſa auſencia previo, & no Hemisferio
  Borraſcas move com tormento amargo:
Pois ſente que com facil vituperio
  Deyxeis de ſeu cryſtal o imperio largo,
  E da terra buſqueis o novo Imperio

A mor-

46 Mufica

A morte do Dezembargador Jeronymo de Sâ & Cunha.
SONETO VI.

Miniftro douto, affavel, comedido,
Difcreto, pio, recto, & refpeytado,
Fofte de todos igualmente amado,
Como fofte de todos bem fentido.
Morrefte; porèm cuydo perfuadido
Que naõ morrefte, naõ porque lembrado
Vives nos coraçoes tão retratado,
Como fe nunca foras fenecido.
Inda que contra nòs a Parca corte
Os teus fios vitaes por defpedidas,
Naõ temas de que acabes deffa forte;
Antes entre memorias repetidas,
Se húa vida perdefte em húa morte,
Nos coraçoes cobrafte muytas vidas.

Ao Aftrolabio inventado, & fabricado pelo engenho do Reverê do Padre Meftre Jacobo Eftancel Religiofo da Companhia.
SONETO VII.

Artifice engenhozo da efcultura,
Famofo Meftre da cerulea via,
Que quanto difcorreis na Aftrologia,
Tudo facil fazeis na Arquitectura;
Nefte Aftrolabio a fama vos fegura,
Que pouco fe ha mifter ver meyo o dia,
Que no Zenith eftà da mòr valia,
Quando a fciencia lùs na mòr Altura.
Tomais o Sol com penfamento leve;
Dedalo fabio o Mundo vos acclama,
Quando invento tão raro fe vos deve.
E quando voffo nome mais fe affama,
Sendo a terra a feus voos orbe breve,
Tomais o Sol por orbe à voffa fama.

Ao

do Parnaſſo. 47

Ao General Joaõ Correa de Sà vindo da India.
SONETO VIII.

Quem vos vè ſem tropeços de inconſtante,
   Quem vos trata ſem notas de invejoſo,
Vos rende o coraçaõ por amoroſo,
Vos tributa a vontade por amante:
Na Plaga Oriental ſerà conſtante
   A fama em voſſo nome generoſo;
   Que ſaõ voſſas empreſas (Sà famozo)
   Melhores azas a ſeu voo errante.
Entre o laço de affavel ſenhorio
   Correa ſois em fim, que aquem vos ama,
   A vontade lhe ataıs, ſem ter deſvıo.
Sà ſois:& quando o Mundo vos acclama,
   Preſervais com o ſal de voſſo brio
   Da corrupçaõ dos tempos voſſa fama.

A' vida ſolitaria.
SONETO IX.

Que doce vida, que gentil ventura,
   Que bem ſuave, que deſcanſo eterno,
   Da paz armado, livre do governo,
   Se logra alegre, firme ſe aſſegura!
Mal naõ moleſta, foge a deſventura,
   Na Primavera alegre, ou duro Inverno,
   Muyto perto do Ceo, longe do inferno,
   O tempo paſſa, o paſſatempo atura.
A riqueſa naõ quer, de honra naõ trata,
   Quieta a vida, firme o penſamento,
   Sem temer da fortuna a furia ingrata:
Porèm attento ao rio, ao boſque attento,
   Tem por riqueſa igual do rio a prata,
   Por aura honroſa tem do boſque o vento.

48 *Mufica*

Ao Cravo.
SONETO X.

Q Uando Rey dos floridos efplendores
    Te reconhece Abril,te acclama o prado,
Em folio de efmeralda enthronizado,
Da purpura teveftes os primores.
Luzes qual Sol entre Aftros brilhadores,
   Se bem Rey mais propicio,& mais amado;
   Que elle eftrellas defterra em regio eftado,
Em regio eftado naõ defterras flores.
Porèm deyxa a foberba,que te anela
   Effa fragrancia,effa belleſa culta,
   Pois fòmente em queymarte fe defvela:
Que fe teu luzimento mais fe avulta,
   Effe alento,que exhala, he morte bella,
   Effa grã,que fe vefte,he chamma occulta.

A' Açucena.
SONETO XI.

Q Uando alentas por gloria do fentido
    O fermofo candor,que Abril enflora;
   Naõ te applaude,Açucena,a linda Flora,
   Nevadı eftrella fim no Ceo florido.
Entre applaufos do adorno embranquecido,
   Quando ao prado amanhece a bella Aurora,
   No luminos Oriente húa Alva chora,
   Outra Alva nafce no jardim luzido.
Teme o fim,flor ufana,que a temello
   A propria fermofura te convida,
   Que ha de abrazarfe no folar defvelo:
Porque aos rayos do Sol pouco advertida,
   Neve te julgo jà no candor bello,
   Neve te julgo jà na fragil vida.

Contra

do Parnasso. 85

Contra os Julgadores.
SONETO XII.

Que julgas, ò Ministro de Justiça?
   Porque fazes das leis arbitrio errado?
Cuydas que dàs sentença sem peccado?
Sendo que algum respeyto mais te atiça
Para obrar os enganos da injustiça,
   Bem que teu peyto vive confiado,
   O entendimento tens todo arrastado
Por amor, ou por odio, ou por cobiça.
Se tens amor, julgaste o que te manda;
   Se tens odio, no inferno tens o pleyto,
   Se tens cobiça, he barbara, execranda.
Oh miseria fatal de todo o peyto!
   Que naõ basta o direyto da demanda,
   Se o Julgador te nega esse direyto.

A hum clarim tocado no silencio da noyte.
SONETO XIII.

Quando em accentos placidos respiras,
   Por modo estranho docemente entoas,
Que estando immovel, pelos ares voas,
E inanimado, com vigor suspiras.
Da saudade cruel a dor me inspiras,
   Despertas meu desejo, quando soas,
   E te ao silencio mudo naõ pedroas,
De minha pena o mesmo exemplo tiras.
Sentindo o mal de hum padecido rogo,
   Com que Nise se oppõe a meu lamento,
   Pretendes respirarme o desafogo:
Mas comtigo he diverso o meu tormento;
   Que eu sinto de meu peyto o ardente fogo,
   Tu gozas de teu canto o doce vento.

G

Á morte

86 *Mufica*

A' morte do Reverendo Padre Antonio Vieyra.
SONETO XIV.

FOftes, Vieyra, engenho tão fubido,
 Tào fingular, & tão avantejado,
 Que nnnca fereis mais de outro imitado,
 Bem que fejais de todos applaudido.
Nas facras Efcritturas embebido,
 Qual Auguftinho, foftes celebrado;
 Elle de Africa affombro venerado,
 Vòs de Europa portento efclarecido.
Morreftes; porèm naõ; que ao Mundo atroa
 Voffa penna, que applaufos multiplica,
 Com que de eterna vida vos coroa;
E quando immortalmente fe publica,
 Em cada rafgo feu a fama voa,
 Em cada efcritto feu hũa alma fica.

A' morte de Bernardo Vieyra Ravafco Secretario do Eftado
do Brafil.
SONETO XV.

IDea illuftre do melhor defenho
 Foftes entre o trabalho fucceffivo,
 E nas ordens do Eftado fempre activo
 Era o zelo da Patria o voffo empenho.
Oftentaftes no officio o defempenho
 Com prompta execuçaõ, difcurfo vivo,
 E formando da penna o voo altivo,
 Aguia fe vio de Apollo o voffo engenho.
Defpede a morte, cegamente irada,
 Contra vòs hũa fetta rigorofa,
 Mas não vos tira a vida dilatada:
Que na fama immortal, & gloriofa,
 Se morreftes como Aguia fublimada,
 Renafceis como Fenix generofa.

Pon-

do Parnaſſo. 87

Ponderaçaõ da morte do Padre Antonio Vieyra, & ſeu irmão
Bernardo Vieyra ao meſmo tempo ſuccedidas.

SONETO XVI.

CRiou Deus na celeſte Arquitectura
 Dous luſeyros comgyro cuydadoſo,
Hum que preſida ao dia luminoſo,
Outro que preſidiſſe à noyte eſcura.
Dous luſeyros tambem de igual ventura
 Criou na terra o Artifice piedoſo;
 Hum, que foy da Eſcrittura Sol famoſo,
 Outro, Planeta da ignorancia impura.
Brilhando juntos hum, & outro luzeyro,
 Com ſabia diſcriçaõ, ſizo profundo,
 Naõ podia hum viver ſem companheyro.
Succedeo juſtamente neſte Mundo,
 Que fenecendo aquelle por primeyro,
 Eſte tambem feneça por ſegundo.

A hum illuſtre edificio de colunas, & arcos.

SONETO XVII.

ESſa de illuſtre maquina belleſa,
 Que o tempo goza, & contra o tempo atura;
 He ſoberbo primor da arquitectura,
 He prodigo milagre da grandeſa.
Fadiga da arte foy, que a Natureſa
 Inveja de ſeus brios mal ſegura;
 E cada pedra, que nos Arcos dura,
 He lingoa muda da fatal empreſa.
Naõ teme da fortuna os varios cortes,
 Nem do tempo os diſcurſos por errantes,
 Arma-ſe firme contra as leis das ſortes.
Que nas colunas, & Arcos elegantes,
 Contra a fortuna tem colunas fortes,
 Contra o tempo fabrica Arcos triunfantes.

G ij   *A Dom*

88 *Musica*

A Dom Joaõ de Lancaſtro na occaſiaõ do incendio do Moſtey-
ro, & Igreja de S. Bento em Lisboa , fazendo-ſe mençaõ
de ſe livrar do naufragio da Barra da Bahia.

SONETO XVIII.

ARde o templo com fogo furibundo,
   He tudo confuſaõ, & teme a gente;
E todo o inferno ſe conjura ardente,
Para abrazar o templo no profundo.
Contra Lusbel, & ſeu poder immundo
   Vos arrojais Catholico, & valente,
   E abraçado co a Virgem feliſmente,
   Livraſtes de hum eclipſe ao Sol do Mundo.
Pagando a virgem voſſa fè ditoſa,
   Vendovos perigar no mar irado,
   Vos livra agradecida, & generoſa.
Em ambos fica o empenho executado;
   Ella vos livra da agoa proceloſa,
   Vòs a livrais do fogo conjurado.

Ao meſmo Senhor , trazendo a Imagem de Noſſa Senhora da
Graça deſde o ſeu templo atè o Moſteyro de Saõ Bento
ſem alargar de ſeus hombros.

SONETO XIX.

COm generoſo brio o forte Atlante
   (Sem recear do Ceo o peſo urgente)
   Toma ſobre ſeus hombros firmemente
   Do Ceo ſuperno o peſo rutilante.
Vòs tambem com primor dà Fè conſtante
   Tomais em voſſos hombros reverente
   O Ceo claro da Virgem preminente:
   Que tem muyto valor hum peyto amante.
Porèm ſois mais que Atlante eſclarecido,
   Que elle de Alcides pede a fortaleſa
   Para largarlhe o Ceo, como opprimido:
Diga a Fama que em húa, & outra empreſa
   Elle largou o Ceo, enfraquecido,
   Vòs ſuſtentais o Ceo, ſem tèr fraqueſa.

Ao

do Parnasso. 89

Ao mesmo Senhor, mandando a seu filho Dom Rodrigo de Lan-
castro para a India.
SONETO XX.

M Andastes vosso filho desejado
  Aos perigos do pelago espantoso,
Porèm Thetis, amando o gesto ayroso,
Farà que nunca o mar seja alterado.
Nesta ausencia cruel, avantejado
  No serviço Real, por generozo,
  Abalo vos naõ fas o amor queyxoso,
  Nem vos perturba o sangue magoado.
Vosso peyto fiel ao Rey descobre
  Que sois Varaõ de illustre fortalesa,
  Para que com valor virtudes obre.
Pois em vòs com plausivel inteyresa
  He mais forte que o filho a Patria nobre,
  Mais o affecto leal, que a naturesa.

Ao nacimento do Principe Nosso Senhor.
SONETO XXI.

D E hum Regio tronco, de huma Regia rama,
  Qual ramo nasces, & qual flor respiras;
  E porque a todos singular prefiras,
  Austria te alenta, Portugal te inflamma.
O Monstro alado no seu templo acclama
  Futuras obras, a que tanto aspiras;
  Que inda, quando entre lagrymas suspiras,
  Gème o mar, treme a terra voa a fama.
De Lysia tomaràs o setro honroso
  E te veràs na sacrosanta guerra
  Absoluto Monarca glorioso.
A teu valor, que a tenra idade encerra,
  Promettem para Imperio poderoso,
  Marte o esforço, o mar Thetis, Iove a terra.

A^g mor.

Musica

A' morte da Senhora Rainha Dona Maria Sofia Isabel, aliviada com a vida dos Senhores Principes, & Infantes.

SONETO XXII.

Sahe o Sol dos crepusculos do Oriente,
   E começando em lu idos-ensayos,
   Representa depois ardentes rayos
   No theatro do Polo refulgente.
Chega depois ao Occaso, & quando sente
   (Bem que a seu resplandor floreçam Mayos)
   Na vida, que ostentou, mortaes desmayos,
   Os Astros ficam pelo Sol ausente.
Assim tambem alivios semelhantes
   Deyxa este Sol aos olhos nouca enxutos
   Dos corações dos Lusos sempre amantes:
Porque nos deyxa, sendo noyte os lutos,
   Nas Regias prendas Astros rutilantes,
   Que sejam de seus rayos substitutos.

PA-

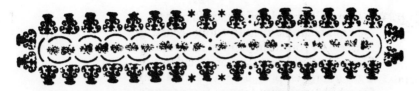

PANEGYRICO
AO
EXCELLENTISSIMO SENHOR
MARQUEZ DE MARIALVA,
Conde de Cantanhede, no tempo que governava as Armas de Portugal.

OYTAVAS.

GORA, Aquilles Lusitano, agora,
Se tanto concedeis se aspiro a tanto,
Deponde hum pouco a lança vencedora,
Inclinay vossa fronte ao rude canto:
Se minha vea vossa fama adora,
Corta em Mavorcio, corra em sabio espáto,
Chea de gloria, de Hippocrene chea,
No Mundo a fama no discurso a vea.

Vós

92 *Musica*

II.

Sua genealo-
gia

Vòs Ramo illuſtre de hũa excelſa planta,
  Que em fecunda virtude ennobrecida,
  Entre os Troncos mais altos ſe levanta,
  Grande na eſtirpe, no valor crecida:

Donde deſcen
dem os Mene-
zes.

  Tam nobre ſempre, que em nobreſa tanta,
  Com agoa naõ, com ſangue foy nacida,
  Da Infanta Heroyca; dando em tempos muytos
  De eſpadas folhas, de vittorias fruytos.

III.

Eſcaſſamente quinze Mayos eram,
  Que abrem do tenro buço os reſplandores,
  Quando logo no peyto vos alteram
  Guerreyra propenſaõ voſſos Mayores:

Começou a en-
ſayarſe na
guerra com o
exercicio da
caça.

  Venatorio exercicio pretenderam
  Voſſos brios, ſe verdes, ſuperiores,
  Vendo em deſejos de tratar eſcudos
  De Cynthia agrados naõ, de Marte eſtudos.

IV.

Quantas vezes o bruto generoſo,
  Que em virtude do impulſo ſoberano

Correndo a
cavallo.

  Alterna as plantas gravemente ayrozo,
  Move a carreyra loucamente ufano;
  Seguia ao cervo, que de vòs medrozo,
  Azas lhe dava aos pès o proprio dano,
  De ſorte que ſeguio no meſmo alento,
  Naõ bruto ao bruto, porèm vento ao vento.

V.

Entre os ocios da pàs jà valeroſo
  Oſtentaveis, Senhor, ao meſmo inſtante
  No peyto denodado, & geſto ayrozo,
  Alentado valor, bello ſemblante:
  De ſorte pois que em genio bellicoſo,
  De ſorte pois, que em gentileſa amante,
  Unindo as prendas de hũa, & outra ſorte,
  Ereis galhardo *Heytor*, *Narciſo* forte.

Na

do Parnasso.
VI.

Na manhã tenra da florida idade,
Onde se offusca a lus do entendimento,
Com nevoas de appetites a vontade,
Com nuvens de locura o pensamento:
Na manhã tenra em fim a claridade
Da prudencia moftraveis fempre attento,
Qual dia bello, que em manhã celefte
Naõ fe orna nuvens, naõ; rayos, fe vefte.

Sua mocidade, & prudencia.

VII.

Quando voffo primor alimentava
Os doutos partos do fubtil juifo,
Lufitania felìs vos acclamava,
Entre verde faber maduro fizo:
Lufitania felìs vos admirava,
Quando entre oftentações de fabio avifo
Fruttificava em prevenido abono
Na verde Primavera o rico Outono.

Sua fciencia na mefma dade.

VIII.

Quando a Patria fugeyta fe rendia
Do Caftelhano Imperio à força crua,
Oh como infelifmente fe affligia,
Funebre, trifte, defmayada, nua!
Depois izenta da violencia impia,
Defpindo as dores da triftefa fua,
Acclamoufe no ardor de voffa efpada
Feftiva, alegre, valerofa, ornada.

Reftauraçam de Portugal. em que teve grande parte o Senhor Marquez.

IX.

Defcingindo da fronte bellicofa
As verdes folhas da Arvore funefta,
Dourando a nuvem d'anfia laftimofa,
O pranto ferenou da màgoa infefta:
Adornada efcarlàta generofa,
Entre a voz popular da heroyca fefta
Juntou, prevendo o forte, & faufto agouro,
Na mão a efpada, na cabeça o louro.

Ao mefmo.

H   Roma

94   *Mufica*

X.

Ao mefmo.

Roma jà naõ fe jacte por ufana
De Curcio o arrojo, na lealdade pio,
Naõ folennize jà por foberana
De Fabio a tefta, de Marcello obrio:
Pois logra em vòs a gente Lufitana,
Pois em vòs com mais credito avalio,
(Unindo tres Heroes nefte defvelo]
Outro Curcio, outro Fabio, outro Marcello.

XI.

Sen caxamen-
to.

Vendo o frecheyro Deus que valerofo
Voffo peyto fe oppunha ao fogo activo,
Hymeneo vos prendeu por amorofo,
Cupido vos frechou por vingativo:
Sendo vòs igualmente amante ayrozo,
Vòs logrando igualmente esforço altivo,
Se ornou no fo te ardor, na doce chamma
Mavorte o Myrto, Cytherea agrama.

XII.

'A Senhora
Marqueza de
Morialva, cõ
que cafou o
Senhor Mar-
quez.

Diga efte Amor aquella Aurora, aquella
Defcendente do Heroe, que em brio tanto
Brilhando em feu valor invicta eftrella,
De Lyfia gloria foy, d'Africa efpanto:
Oh como agora fe publica nella,
Se a honeftidade, fe a belleza canto,
Marialva por illuftre fympathia
He de virtudes mar, & Alva do dia!

XIII.

General das
armas contra
o fitio de El-
vas.

Quando vos elegeu fupremo Alumno
(Elvas oppreffa)a Patria vacillante,
Entre Soldado Capitaõ, vos uno,
O Baftão nobre, a efpada fulminante:
Quando rios de fangue vè Neptuno,
Pareceu hum purpureo, outro arrogante,
De Lyfia o Reyno, do Oceano o efpelho
Por Arabia Feliz, por Mar vermelho.

Cam-

do Parnasso.

XIV.

Campou de Lysia a Flor por renacida,
Marchou a Flor de Iberia por cortada;
Aquella está no campo esclarecida,
Esta fica no cámpo desmayada:
A campanha parece florecida,
Sendo no duro Inverno mal tratada:
Porque tinta em correntes sanguinosas
De cravos se vestio, se ornou de rosas.

Ao mesmo.

XV.

Ostentando no sitio heroycamente
Excessos de valor Scipiaõ famoso,
Ulyssea ficou Roma potente,
O Tejo pareceu Tibre glorioso;
E com tantos applausos excellente
Mostrastes por assombro generoso
Na sorte alegre, no valor impio
Modesto o coraçaõ, prudente o brio.

XVI.

Marquez vos honra o generoso Atlante,
Se do Ceo naõ, da Lusitana terra,
Sexto Affonso, que em armas fulminante
Fez invicto o valor na justa guerra:
Naõ foy por desempenho, porque amante
Pagàra o esforço, que esse braço encerra,
Se Affonso fora no valor profundo
Náo Rey de hum Reyno, naõ; Senhor de hum Mundo.

ElRey Dom Affonso VI. lhe dá o titulo de Marquez.

XVII.

Depois seguramente condusindo
Contra o Principe Austriaco insolente
Exercito segundo, persuadindo
Com muda discriçaõ, voz eloquente:
Com a Deidade Estrymonia competindo,
Do Tejo abristes o crystal corrente;
Jactase jà, pois logra em seu festejo
Se Neptuno o Oceano, Marte o Tejo.

Passando ao Alentejo com segundo exercito no tempo, em que era Governador das armas Dom Sancho Manoel.

H ij

Na

96 *Mufica*

XVIII.

Vittoria do Cauo, que hoje fe chama do Ameyxial.

Na campanha do Ibero mal fegura
Voffo nome altamente publicado,
Ambos venceftes a batalha dura,
Sancho guerrevro entáo, vòs refpeytado:
Com voffo nome a palma fe affegura
Sómente pelas vofes de affamado,
Quando Lyfia acclamou glorias ufanas,
Sendo Sancho Annibal,o Cano Cannas.

XIX.

Governador das armas do Partido do Alenteio. Vittoria da Praça de Va- lençv.

Outra ves com esforço verdadeyro
No Tranftagano imperio obedecido,
Moftraftes na Provincia animo inteyro,
Quando della tiveftes o Partido:
Valente o peyto foy, no ardor guerreyro,
Alcançando a vittoria esclarecido,
[Valença o fabe) que em igual conceyto
Valença a Praça foy, valente o peyto.

XX.

Vittoria ulti- má de Mon- tes Claros.

Diga Lyfia tambem a Palma nobre
Ultima emprefa,da Mavorcia Hiftoria
Da fama devedora applaufos cobre
Quando a fama por vòs alcança a gloria;
O nome venturofo o fitio dobre
De Montes Claros na feliz v ttoria,
Que faó da Parca, & Marte os golpes raros
Nos corpos *Montes*, nas façanhas Claros.

XXI.

Principio da batalha, em que os Cafte- lhanos fe ima- ginaram ven- ed'eres.

Cedendo o peyto à força fucceffiva,
Sendo oppreffo do Ibero o Lufitano,
Retrocede, que a forte co npaffiva
Quis dar hum trofeo breve ao Caftelhano;
Nos bronzes logo o fero ardor fe aviva,
E nos ferros fe efgrime o brio ufano,
Armáo-fe os Lufos mais que duros cerros
Com bronzes bronzes, & com ferros ferros.

Qual

do Parnasso. 97

XXII.

Qual Deidade da Esfera luminosa
  Entre vapores perfidos, consente
  Que hum pouco offusque a nevoa tenebrosa
  As lisonjas gentis da lus ardente:
  Porèm depois os golpes da lustrosa
  Vingança a nevoa desmayada sente,
  Vibrando o Sol em fervido desmayo
  Lus a lus, chamma a chamma, rayo a rayo.

Alë ta se a ba talha por parte dos Portuguezes.

XXIII.

Tal o Luso valor, que Sol se apura,
  Consente entre escondidos ardimentos
  Que do Ibero conflicto a nevoa impura
  Offusque de seu brio os luzimentos:
  Porèm depois na bellica ventura
  Castigando nublados pensamentos
  Com luzidas façanhas, vibram logo
  Bala abala, aço a aço, fogo a fogo.

Alcança-se à vittoria.

XXIV.

Vòs posto na eminencia egigantada,
  Que rouba os rayos do medroso Ethonte,
  Naó jà de louro vossa fronte ornada,
  Ornada sim de estrellas vossa fronte;
  Subis ao Ceo na gloria celebrada,
  Sois assombro guerreyro do Horizonte,
  Com que o monte por húa, & outra parte
  Fica Atlante do Ceo, templo de Marte.

Posto no monte o Senhor Marquez.

XXV.

Quando na Aula celeste visitava
  O louro amante do Peneo Louro
  Ao Troyano gentil, que a Jove dava
  Do Nectar o liquor em mesas d'ouro:
  Entre o nevado horror, que o Ceo vibrava,
  Prompto no campo, intrepido ao pelouro
  Repouzaveis, porèm com braço feyto,
  Sendo a neve colchões, as armas leyto.

Sua estancia no campo em tempo de Inverno

Quan-

98 *Musica*

XXVI.

Sua estancia no campo em tempo do Estio.

Quando entre obstinações do ardor nocivo
Latindo nesse Polo o Caõ lusente,
Vomita em grave horror o fogo esquivo,
Abre na bocca adusta o cirio ardente:
Vosso peyto tambem no esforço vivo
Fomentava os ardores de valente,
Ambos ardendo, hum de outro satisfeyto,
Na calma o cirio, no valor o peyto.

XXVII.

Comparaçaõ com a Aguia mais avanteja-do.

Qual Aguia illustre, que do Sol os rayos,
Sendo de altivas plumas adornada,
Sem maltratarse à lus, sem ter desmayos,
Bebe constante, oppõemse remontada:
Vòs remontado em bellicos ensayos,
Vendo rayos de Marte na estacada,
Aguia sois, & subis com mais instinto,
Ella ao Planeta quarto, vòs ao quinto.

XXVIIII.

Comparaçaõ de Jupiter cõ-tra os Caste-lhanos.

Se fulminais oulado, forte, & ledo
Contra Iberos Gigantes a pujança,
Oh que estrago! oh que lastima! oh que medo!
Quando a espada tratais, brandis a lança:
Muy cedo pelejais, venceis mais cedo
O Transtagano ardor Flegra se alcança,
Vendo Iberos Gigantes, senaõ erro,
Por Jupiter a vòs, por rayo o ferro.

XXIX.

Sua constan-cia no bom, ou mao successo.

Qual firme escolho, que no mar resiste
Ao crystallino impulso, que discorre,
Ou quando o mar com crespa furia insiste,
Ou quando o mar com terso aljofar corre:
Assim tambem quando a borrasca assiste,
Assim tambem quando a bonança occorre,
Jà do bem, jà do mal; ao mesmo instante
Constante sois no bem, no mal constante.

Se

do Parnasso. 99

XXX.

Se espedaçando escudo, arnez, & malha
  Chovem globos en polvora encendidos,
  E se arvoram bandeyras na Batalha,
  Os Castelhanos fortes jà vencidos;
  Naõ fazem globos, que Vulcano espalha,
  Naõ fazem ventos nos trofeos movidos,
  Fas sòmente o valor, que em vòs se encerra,
  As bandeyras tremer, tremer a terra.

Allusaõ de seu valor no tremor da terra, & das bandeyras.

XXXI.

Qual Orion de estrellas matizado,
  Para que com crystaes ao Mundo offenda,
  Da procellosa espada nasce armado,
  Luminosa no Ceo, no mar tremenda:
  Tal vòs com vossa espada denodado
  Fazeis de estragos tempestade horrenda,
  Se bem com mais terror, que em gloria nossa
  Agoa esperdiça aquella, & sangue a vossa.

Comparaçaõ de sua espada.

XXXII.

Em vosso peyto habitam finalmente
  Todas as prendas do primor glorioso,
  Se naõ sois mil Heroes, Conde excellente,
  Sereis por vezes mil Heroe famoso:
  Lograis bellico ardil, voz eloquente,
  Prudente discriçaõ, valor ditoso,
  Severo agrado, sangue esclarecido,
  Amado no temor, no amor temido.

Breve elogio de suas virtudes.

XXXIII.

Sendo vòs exemplar da humana gloria,
  Sendo do Luso Imperio forte amparo,
  Para eterno papel de vossa historia
  Bronzes Corin thode, marmores Paro:
  Vòs esculpido na fatal vittoria,
  Vòs retratado no conflicto raro,
  Metam medo aos remotcs, aos visinhos
  Lenhos na imagem, no retrato linhos.

Suas acções eternizadas, & seu retrato temido por ellas.

Cesse

XXXIV.

Sua fama do Oriente atè o Poente.

Cesse a Musa, senhor, retumbe a fama,
   Destempere-se a Lyra, entoe a Trompa,
Que quando o Plectro humilde vos acclama,
He bem que a tuba o Plectro me interrompa:
Se vosso esforço como Sol se affama,
Dos Gigantes a filha os ares rompa,
Donde se veste esse Planeta louro
Mantilhas de rubi, mortalhas de ouro.

A' ROSA
OYTAVAS.

Innundações floridas de Amalthea
   Prodigamente clori derramava,
E liquida em rocio a sombra fea
No fraudulento Bruto, o Sol brilhava:
Quando entre tanta flor, que Abril semea,
Fidalgamente a Rosa se adornava,
Ostentando por garbo repetido
De ouro, o toucado, de ambar o vestido.

do Parnaſſo. 101

II.

Eſta gala,que veſte generoſa,
  Deve aos candidos pès da Deuſa amante,
  E ficando no orvalhu mais luſtroſa,
  Deve eſtimar da Aurora o mal conſtante:
  De ſorte que no prado fica a Roſa
  Com deſditas alheas arrogante,
  Pois quando ſe enthroniſa brilhadora,
  Sangue de Venus tem,pranto de Aurora.

III.

Quando eſſe Deus de rayos apparece,
  Agrado dando à viſta,lus ao prado,
  A Deidade das flores amanhece,
  Ao prado dando lus,à viſta agrado;
  E quando a Primavera reſplandece
  Com gala verde,& brilhador toucado,
  Fica ſendo no adorno de verdores
  Joya eſta flor,& gargantilha as flores.

IV.

Em galharda altivez tanto ſe affina,
  Que veſtida de purpura fermoſa
  A dulaçaõ ſe arroga de divina,
  Deſpreſando o primor de mageſtoſa:
  Por Deidade do campo peregrina
  Naõ lhe faltam perfumes de oloroſa,
  E quando Deuſa dos jardins a acclamo,
  Fas templo do roſal,altar do ramo.

V.

Ave purpurea no jardim luſtroſo
  Soberbamente a conſidera o dia,
  As verdes hervas ſaõ ninho frondoſo,
  Donde a fragrante a dulaçaõ ſe cria:
  Se reſpira do alento o deleytoſo,
  Se deſprega da pompa a biſarria,
  Fòrma em tanta belleſa,em olor tanto
  As folhas azas,a fragrancia canto.

I   Com

102   *Musica*

VI.

Com placidos requebros affiftida
  Do Zefyro fecundo a Rofa amada,
  Lhe dà lafcivos bejos por querida,
  E vermelha fe fas de envergonhada:
  Jà fe encalma com chamma padecida,
  Jà refpira com anfia fufpirada.
  Oh como no jardim, quando fe adora
  Sente Zefyro amor, ciumes Flora!

VII.

Como Lua no Ceo entre as eftrellas,
  Campa fermofamente em refplandores
  Entre as flores a Rofa, he Lua entre ellas,
  Brilhando o prado, Ceo; aftros as flores:
  Por ventagens fe jaƈta horas mais bellas,
  Nem fe efcondem co Sol os feus primores,
  Se brilha a Lua; a Rofa vencer trata
  Com rayos de rubì rayos de prata.

VIII.

Mas ay, quam brevemente fe affegura
  A flor purpurea no primor luzido!
  Que naõ logre ifençóes a fermofura!
  Que a morte de húa flor rompa o veftido!
  Oh da Rofa gentil mortal ventura!
  Que logo morta eftà, quando hà nacido,
  Sendo o toucado do infeliz the fouru
  Em berço de coral fepulchro de ouro.

IX.

Se vivifica a grã, fe olor efpira,
  Dando lifonja ao prado, ornato à fonte,
  No doce alento, & bella grã fe admira
  De Sido inveja, emulaçaõ de Oronte:
  Mas fe vento aromatico refpira,
  Mas fe lhe pinta o luminofo Ethonte
  Da cor a fombra, paffa alhum momento
  Qual fombra a fombra, como vento, o vento.

Se

X.

Se abre a Rosa pompozo nacimento,
 Se bebe a Rosa nacarada morte,
 Se foy Sol no purpureo luzimento,
 Tambem se iguala Sol na breve sorte:
 Se o Sol nasce, & padece o fim violento,
 Nasce a Rosa, & padece o golpe forte,
 De sorte que por morta, & por lusente
 No Occaso occaso tem, no Oriente oriente.

XI.

Se Anarda vibras na bellesa ingrata
 Rayos de esquiva, de fermosa rayos,
 Adverte, adverte, que hum rigor mal trata
 Adulação de Abris, primor de Mayos:
 Ouve na flor, que desenganos trata,
 As mudas vozes dos gentis desmayos;
 Attente em fim teu nescio desvario,
 Que a fermosura he flor, o tempo Estio.

XII.

Naõ queyras, naõ perder com cego engano
 Dessas flores, que logras, a riquesa,
 Vê pois que cada idade por teu dano
 He successivo Inverno da bellesa:
 Aprende cedo, Anarda, o desengano
 Desta ufana, jà morta, gentilesa,
 Naõ queyras, naõ perder em teu desgosto
 Do Dezembro da idade o Abril do rosto.

CANCOENS VARIAS
A' MORTE DA SENHORA
Rainha de Portugal Dona Maria Sofia Isabel.

CANC, AM PRIMEYRA.

UE pavor,que cruesa?
Que pena,que desdita a Lysia enluta!
Já do pranto a tristesa,
Como mar lagrymozo,ao mar tributa;
Vendo Neptuno,para novo espanto,
Que tem dous mares, quãdo corre o práto

II.

Hespanha lastimada
Pelas rasões do sangue generoso,
Toda se mostra irada,
E brama contra o golpe rigoroso,
E para ser no Mundo mais tomido,
Por bocca do Leaõ fas o bramido.

Mos-

do Parnaſſo. 105

III.

Moſtra Alemanha o fino
Exceſſo quando ſente o ſeu tormento,
Porque do Palatino
A patria fas ſer proprio o ſentimento;
E o Danubio,que he rio arrebatado,
Parece que na dor ſe vè parado.

IV.

França,que nobremente
A Luſitania oſtenta amor ſelecto,
De luto reverente
A ſeus Francos veſtio com franco affecto;
E tendo neſta magoa altas raizes,
Em roxos lirios troca as brancas Liſes.

V.

Italia a dor publica
Em Florença,que rica ſe nomea,
Mas de màgoas he rica;
Napoles bella em dor ſe torna fea:
Porèm Roma,que ſantá ſe conhece,
Com Princeſa táo ſanta ſe engrandece.

VI.

America ſentida
Faz tanta eſtimaçaõ da dor,que ordena,
Que dezejàra a vida
Eterna,para ſer eterna a pena;
E quando no tormento mais ſe alarga,
O doce açucar troca em pena amarga.

VII.

A belliſſima Aurora,
Que chora de Memnòn a morte eſcura,
Tambem padece,& chora
Deſta perda cruel a deſventura;
E com dobrada dor da infauſta ſorte
Se huma morte chorou,chora outra morte.

O

106 *Musica*

VIII.

O Sol, que luminoso
  Tem o imperio das luzes no Hemisferio,
  Jà naõ quer ser lustroso,
  E quizera largar o claro imperio,
  Pois de huma Aguia Real na morte triste
  O magestoso voo naõ lhe assiste.

IX.

Tambem padece a Lua
  Desta màgoa infelìs o desalento,
  E quando mais fluctùa,
  No inconstante nocturno lusimento
  Mingoan e, & chea està, se a dor se estrea
  Mingoante em glorias, de desditas chea.

X.

As estrellas lusentes,
  Que ao Sol no claro Polo substituem,
  Parecendo inclementes,
  Se presagios crueis ao Mundo influem,
  Com tal rigor desta influencia usaram,
  Que em cometas infaustos se trocaram.

XI.

Os Planetas errantes
  Triste a Saturno tem no Ceo rotundo;
  Venus para os amantes
  Tem da sorte felis o bem jocundo;
  Porèm para Isabel, que he Venus pura,
  Naõ quis Venus ser Astro da ventura.

XII.

O Cipreste funesto,
  Que se levanta ao Ceo triste, & frondoso,
  Neste tormento infesto
  Prepara os ramos seus por lastimoso,
  E tendo o ser, que he só vegetativo,
  Em corpo se transforma sensitivo.

A pa-

do Parnasso. 107

XIII.

A pacifica Oliva,
  Que no Diluvio foy da paz consorte,
  Quando sente a nociva
  Tyrannia infeliz da Parca forte,
  Jà naõ serve de paz, antes ostenta
  O diluvio das lagrymas, que alenta.

XIV.

A palma celebrada,
  Que contra o peso fica mais gloriosa,
  Agora desmayada
  Se vè menos robusta, & vigorosa:
  Porque ao peso da pena padecida
  Toda humilde se vè, toda opprimida.

XV.

O jardim, que florido
  Era com Flora, & Zefyro fermoso,
  Hoje se vè despido,
  Feyo, funebre, inculto, deslustroso,
  Porque por esta morte inopinada
  Zefyro triste està, Flora anojada.

XVI.

A Rosa, que ostentava
  A bellesa da purpura olorosa,
  E sempre se jactava
  Ser Rainha das flores imperiosa,
  Como vè desenganos de Rainhas,
  Naõ quer mais que nas dores as espinnas

XVII.

O Cravo que exhalante
  Do bello olor se veste de escarlata,
  Jà naõ brilha flammante,
  Quando sente da Morte a furia ingrata,
  Antes mostra na cor, sangue vestido,
  Que do golpe da dor ficou ferido.

O

108   *Musica*

XVIII.

O jasmim, que a bellesa
   Tem na neve animada, que a sustenta,
   Perdeu a gentilesa;
   Jà no fragil candot se desalenta;
   E tendo a Parca a setta despedido,
   Alvo ficou da setta amortecido.

XIX.

Sente pois Pedro Augusto
   Perder o Sol, a flor, o dia claro,
   Pois tendo sempre adusto
   Entre chammas de amor o peyto caro;
   Agora vè nas faltas da alegria
   Posto o Sol, secca a flor, escuro o dia.

XX.

Sente o culto sagrado
   De húa Rainha Santa o affecto pio,
   Pois com devoto agrado
   Fazia da humildade o senhorio,
   Como quem altamente conhecia
   Que a Purpura tambem carcomas cria.

XXI.

Sente o Palacio illustre
   A saudade da altissima Princesa,
   A quem deve seu lustre,
   E da melhor Politica a grandesa,
   Que sendo Palatina, no amor fino
   Fes do regio Palacio Palatino.

XXII.

Sentem todas as Damas
   A falta desta Aurora, que assistiam,
   E como illustres ramas
   Do seu favor o orvalho mereciam,
   E perderam, faltando seus fulgores,
   De tantas esperanças os verdores.

S.nte—

XXIII.

Sente a casta Donzella
   A falta de Isabel, que tanto amava
Quando na idade bella
   O thalamo ditoso lhe buscava,
E se Cupido armava seus enganos,
Hymeneo casto lhe impedia os danos.

XXIV.

Sente a caterva pobre
   Da liberal senhora a perda rara,
Quando por mão tam nobre
   Tantas vidas da morte restaurára,
Vencendo contra as Parcas desabridas
O poder, que intentavam sobre as vidas.

XXV.

Sente o Preso os clamores,
   Que lhe faz padecer a morte brava,
Que Isabel com favores
   Da Justiça os rigores temperava
Conhecendo na espada da justiça,
Que era o summo rigor summa injustiça.

XXVI.

Sente em fim todo o povo
   Esta tristesa atroz, & deshumana:
Que naõ he caso novo
   Sentirem todos o que a todos dana;
Pois perdeu, quando fica ao desamparo,
Todo o bem, toda a gloria, todo amparo.
Cançaõ, suspende o metro,
   Que de tanta desdita o triste pranto
Me desafina a voz, fas rouco o canto.

K   A LUIS

Musica

A LUIS DE SOUSA FREYRE,
ENTRANDO DE CAPITAM
de Infantaria nesta Praça

NO TEMPO, EM QUE ERA GOVER-
nador do Estado do Brasil Alexandre de
Sousa Freyre.

CANC, AM II.

I.

A Legre o dia em pompas festejadas
   Nos estrondos das armas repetidos,
Entre applausos desaffectos bem nacidos,
Entre màgoas de invejas mal criadas:
Das militares turbas ordenadas
Feyto esquadraõ na Praça bellicoso,
Brilha Apollo invejoso,
E quer formar por competeneias bellas
Praça de luses, esquadraõ de estrellas.

II.

Nas varias galas, que a Milicia ayrosa
   Com bom gosto traçou, vestio com graça,
Entre as cores do adorno a mesma Praça
Parece Primavera bellicosa:
De sorte que por gloria mysteriosa
Flora, & Bellona alegremente unidas,
Em armas applaudidas,
Entre os caprichos da Milicia ornada,
Florida està Bellona, Flora armada.

Sendo

do Parnasso III

III.

Sendo trifte o valor por iracundo,
  E fendo a guerra fea por efquiva,
  Quando mortaes acções aquelle aviva,
  Quando efta oftenta a Marte furibundo;
  Hoje fe vefte com primor jocundo
  Do que teceu Italia, Hollanda, & França
  A Militar pujança;
  Hoje na pompa, que efta, & aquelle encerra,
  Fica alegre o valor, fermofa a guerra.

IV.

No militar concurfo o Deus vendado
  Defeja acompanharvos, Freyre bello,
  E para retratar Marcio defvelo
  De aljava, & frechas fe offerece armado:
  Hoje fer voffo Alferes alentado
  Quizera Amor; & em facil fympathia
  Da bellica alegria
  Enfayando-fe em huma, & outra prenda,
  Venablo a fetta faz, bandeyra avenda.

V.

Vomitado o fulfureo mantimento
  Do fogofo arcabùs entre os fentidos,
  Perdem-fe nos eftrondos os ouvidos,
  E nos ares feridos geme o vento:
  Parece tempeftade, & no ardimento
  Da polvora fe forja o rayo errante,
  Nuvens o militante
  Efquadraõ condenfado, quando em gyros
  He relampago o ardor, trovões os tiros.

K ij

Quantas

112 *Mufica*

VI.

Quantas bandeyras vedes defpregadas
  Por lifonja de bellicos empenhos,
  Vos hão de fer felices defempenhos,
  Inda hão de fer por voffa dextra honradas:
  Que fendo as inimigas cafligadas
  Cingida a fronte de Apollineo louro,
  Com venturofo agouro
  Tereis,logrando fempre igual vittoria,
  Naõ gloria de trofeos,trofeos de gloria.

VII.

Quando a lança brandìs heroycamente
  No florido verdor da gentilefa,
  Vos prognofticam todos na deftrefa
  De General o cargo preminente:
  Para apoyo fatal da Lyfia gente
  Sereis na guerra Aquilles Lufitano
  Contra o Imperio Otomano,
  E mudareis porque elle fe fometta,
  Em baftaõ grave a defigual geneta.

VIII.

Do veneno goftofo,bem que ardente,
  Gloriofamente Venus abrazada
  Com dous motivos,tanto amor lhe agrada,
  Se vos vè bello,fe vos vè valente:
  Renovando as memorias igualmente
  De Adonis,& de *Marte* jà queridos,
  Refufcita os fentidos,
  E a vòs fò rende,quanto aos dous reparte,
  Pois novo Adonis fois,& novo Marte.

Ciofo

do Parnaſſo. 113

IX.

Cioſo o Thracio Deus ſe convertera
   Em nova Fera,que ſeu mal vingàra,
   Se em voſſo peyto o ardor naõ reſpeytàra,
   Se em voſſo roſto o geſto naõ temera:
   Com cauſas duas mayor queyxa altera
   De dous aggravos,pois de amor cioſo,
   Do valor receoſo,
   Voſſo primor a Marte deſabona,
   Pois vos quer Venus,pois vos quer Bellona.

X.

Na forja Lilybea fatigado
   Vulcano eſtà,que Cytherèa amante
   Lle pede hum forte eſcudo rutilante
   Para cobrirvos,Freyre,o peyto amado:
   Nas ferreas officinas occupado,
   Lhe falta o braço jà,jà nos ſuores
   Correm rios de ardores,
   E quando gotta a gotta eſtilla a fronte,
   Queyma o ar,coſe o ferro,aballa o monte.

XI.

Com ſubtil traça,com engenho agudo,
   Competindo a fadiga, & ſubtileſa,
   Grava Vulcano por mayor empreſa
   O braſaõ nobre no brilhante eſcudo.
   Dos voſſos aſcendentes bem que mudo
   As grandeſas publica generoſas,
   Quando em acções famoſas
   Os voſſos Souſas tem por Armas ſuas
   As Regias Quinas,as partidas Luas.

O ſe-

114 *Mufica*

XII.

O femblante da guerra temerofo
  Nos poucos luftros naõ vos mete horrores,
  Bem que logreis nos annos os verdores,
  Primeyro que varaõ fois valerofo:
  Anticipais à idade o brio honrofo,
  Qual Aguia, qual Leaõ fois parecido
  No voo, & no bramido,
  Porque as feras defpreſa, & ao Sol fe approva,
  Bem que novo Leaõ, bem que Aguia nova.

XIII.

Naõ obra em voſſo peyto o esforço tarde,
  Jà da guerra o rigor tendes bebido,
  Que do exemplo de Avòs jà perfuadido,
  Vos ferve o fangue, o coraçaõ vos arde:
  Em tão floridos annos vos aguarde
  Feliz a forte; & chegareis ditofo
  A fer Heroe famofo:
  Que quando brilha o Sol no roxo Oriente,
  Chega a lus clara ao pallido Occidente.

XIV.

Sabendo as artes do Mavorcio officio,
  A roda naõ temais da Deuſa cega,
  Que quando voſſo ardor nelle fe entrega,
  Jà Mercurio vos dicta eſſe exercicio:
  Com fabio esforço, fem groſſeyro vicio
  Voſſo genio ferà fempre affamado,
  Das artes ajudado,
  Dando Mercurio contra a forte a vara
  A firme baſe, a poderoſa vara.

De

do Parnasso. 115

XV.

De vosso tio Sousa esclarecido
  Que as acções imiteis agora espero,
  Que inda sente Marrocos horror fero,
  Com que dos Africanos foy temido:
  E empaga do valor sempre applaudido
  America governa venturosa
  Na presença gloriosa,
  Que a parte de dous mares satisfeyta
  Africa o teme, America o respeyta.

XVI.

Vede de vosso tio a clara historia,
  Com que valente, & sabio jà se acclama,
  Dandolhe illustremente a mesma fama
  O templo altivo da immortal memoria:
  Sendo delle a virtude tão notoria,
  Emmudece a calumnia de admirada,
  E para avantejada
  Gloria sua, que o merito lhe veja,
  Vença o *Mundo*, honre a Fama, prostre a inveja.

XVII.

Lenços lhe pinte Apelles excellente,
  Estatuas lhe consagre Fidias raro,
  Retrate Apelles seu esforço claro,
  Esculpa Fidias seu saber prudente:
  Porèm naõ, que no Ceo gloriosamente
  Altas acções se escrevam de seu brio:
  Que na fama confio,
  Se hão de formar para memoria dellas
  Taboa o Ceo, penna o Sol, tinta as estrellas.

Can-

116 *Musica*

Cançaõ, ſuſpende o canto,
  Que prometto affinar, ſe Febo inſpira,
  O Plectro humilde, a temeraria Lyra.

Deſcripçaõ do Inverno.
CANC, AM III.

I.

IRa-ſe horrendo, & ſe orna tenebroſo
  Renovado na ſombra o Inverno eſquivo,
  Aos affagos do Zefyro nocivo,
  A's caric as de Flora rigoroſo:
  Com veſtido de nuvens impiedoſo
  Melancolica a fronte carregida,
  Por velho deſagrada,
  E tendo a chuva ſempre em ſeus rigores,
  Enfermo eſtà de languidos humores.

II.

Augmenta ſeu rigor o triſte Inverno,
  Encarcerando no queyxoſo Polo
  A lus propicia do gentil Apollo,
  E mais que Inverno, fica eſcuro inferno:
  Apollo pois com ſentimento externo
  Entra na caſa atròs do Deus lunado,
  Que de luas armado
  Deus chuveyros vibrando, arma inclementes
  Em mingoantes de Lua de agoa enchentes.

III.

Vomita o Boreas no furor ingrato
  O nevado rigor, bem que luſido,
  Adornando aos jardins branco veſtido,
  Deſpindo dos jardins o verde ornato:
  Sendo ao prado nocivo, aos olhos grato,
  Da neve eſperdiçada o candor frio,
  Nos disfarces de impio
  Parece a neve em preſumpçaõ fermoſa
  Emplumado candor, ou lá chuvoſa.

Pri-

do Parnasso. 117

IV.

Prisioneyros se vem arroyos claros
  Quiça,porque murmuram lisongeyros,
  Dandõ às almas avisos verdadeyros,
  Dando a perfeytos Reis exemplos raros;
  Da prata fugitiva sendo avaros,
  O frio caramelo os prende duro:
  Que pois o crystal puro
  Corre louco,castigam com desvelo
  Locuras de crystal pedras de gelo.

V.

A planta mais galharda,que serena
  Era verde primor,lisonja ornada,
  Padece nùs aggravos de prostrada,
  Perde sobornos placidos de amena;
  E quando tanta lastima lhe ordena
  Do vento,bem que leve,a grave injuria,
  Ao brio iguala a furia,
  Pois no exame dos golpes inimigo
  Folha a soberba foy,vento o castigo.

VI.

Pede o Ceo contra o valle,contra o monte
  O soccorro cruel da horrenda prata,
  Quando bombardas de granisos trata,
  Escurecendo a lus na irada fronte:
  Vertendo bravo successiva fonte,
  Formando condensado guerra escura,
  Contra a terra conjura
  Quando naõ por assombros,por vinganças
  De sombras esquadrões,de aljofar lanças

L

Mas

VII.

Mas logo o mar foberbo ao mefmo inftante
  Por vingar generofo a terra impura,
  Levanta de cryftaes foberba pura,
  Sacrilegios argenta de arrogante:
  Pois oppoem contra Jove, qual gigante
  Em montes de cryftal de cryftal montes,
  E em denfos horizontes
  Jove quiçà, por fulminar defmayos,
  De nuvens fe murou, fe armou de rayos.

VIII.

O lenho pelas ondas navegante
  Sendo de varios ventos combatido,
  Teme o profundo mal de fubmergido,
  Padece o trifte horror de fluctuante:
  A maritima turba naufragante
  Alarido levanta laftimofo
  Contra o Ceo rigorofo,
  Vendo que a efcura, & fubita procella
  Quebra o leme, abre a taboa, rompe avela.
Cançaõ, na bella Filis
  Outro Inverno repetem mais efcuro
  A trifteſa que finto, a dor, que aturo.

do Parnaſſo. 119

Deſcripçaõ da Primavera.
CANC,AM IV.
I.
C Ampa no campo agora
   A mãe das flores bellas,
Brilham de Febo os rayos nas eſtrellas,
Que em lindos reſplandores
Alternam,como irmãos,ledos candores.
Ledo o candor ſe adora:
Que ſe a lus naõ ſe ignora,
Porque o candor,& o ledo ſe conceda,
Do Cyſne filhos ſaõ,filhos de Leda.
II.
Pintor Mayo luſido
   Em diverſos primores
Tantas tintas miſtura,quantas cores;
Sendo do lindo Mayo
Pincel valente o matutino rayo;
E em quadros repartida
A pintura florida,
Mayo pintor alegre,em copias tantas
De flores quadros fas,ſombra das plantas.
III.
O campo reverdece,
   Os cravos purpuream,
As açucenas de candor ſe aſſeam,
As violetas fermoſas
Veſtem diverſas cores por luſtroſas;
A Venus reconhece,
Quando a roſa amanhece
Com tanta oſtentaçaõ,que he nos verdores
Mais que de Venus flor,Venus das flores,

L ij

O

120 *Musica*

IV.

O tronco florecente
  Fòrma com duros laços
  Vegetativos de seus ramos braços,
  E seus verdes cabellos
  Lascivamente se penteam bellos:
  Que o vento reverente
  O serve cortesmente,
  E para ser galan na mocidade
  Buço nas flores tem, verdor na idade.

V.

Celebra alegremente
  O volatil concento
  Da Primavera o verde nacimento,
  [Sendo os rios sonoros
  Instrumentos gentis a varios coros)
  Cantando brandamente,
  Saltando ayrosamente,
  Nas doces voses, desiguaes mudanças,
  Cantos se entoam, & se alternam danças.

VI.

O Sol Rey luminoso
  Entre o estrellado Imperio
  Enthroniza esplendores no Hemisferio,
  Vendo com luz amada
  A provincia do gyro dilatada;
  Despendendo piedoso
  Favores de lustroso,
  Ficando por rebelde, & por querida
  A sombra desterrada, a lus valida.

Oh

do Parnaßo. 121

VII.

Oh como alegre Flora
  De flores adornada
  Jas no leyto das hervas recoſtada!
  Oh que beijo amoroſo
  Favonio lhe repete deleytoſo.
  Se o prado ri, ſe chora
  Vitaes perlas Aurora,
  (Dando de vario eſtado mudo aviſo)
  Da Aurora o pranto vè, do prado o riſo.
Cançaõ, na bella Niſe
  Quando em ſeus Mayos ſeu verdor ſe eſmera,
  Podes ver retratada a Primavera.

Ao Ouro

CANC, AM V.

I.

E Ste que em todo o Mundo obedecido,
  Eſte que reſpeytado
  Nos ſobornos mortaes de pretendido,
  Aggravo eſquivo, mais que lindo agrado,
  Morte ſe acclama, pois da meſma ſorte
  He pallido o metal, pallida a *Morte.*

II.

Os Monarcas ſuſtentam poderoſos
  Neſte metal preſado
  Imperios, ſe vio lentos, generoſos;
  Porèm tendo nos Reis imperio amado,
  (Executando faceis vituperios)
  Tem imperio nos Reis, he Rey de Imperios.

A

122 *Musica*

III.

A juſtiça corrompe verdadeyra;
 No Miniſtro imprudente
 Quebra as regras de juſta,as leis de inteyra:
 Pois eſte fórma no intereſſe ardente
 (Naõ com fiel,mas infiel deſpreſo)
 Da cobiça a balança,do ouro o peſo.

IV.

Inferno ſe padece laſtimoſo,
 Naõ ſe logra Ouro claro
 Nas graves pretenſões de cobiçoſo,
 Nos obſequios ſolicitos de avaro;
 Hum o procura,outro naõ goſa delle,
 Eſte Tantalo eſtà,Siſyfo aquelle.

V.

Quando faltava d'ouro a gentileſa,
 A gente pobre,& rica
 Lograva idade de ouro na pobreſa,
 Mas quando neſta idade ſe publica
 Em contrarios motivos de impiedade,
 De ferro idade fes,naõ de ouro idade.

VI.

Qual Aſpid,que entre flores eſcondido
 Na florida belleſa
 Brota ao peyto o veneno mal ſentido;
 Aſſim pois na luſida gentileſa
 Mata o metal,matando brilhadores
 Nos luſimentos hum, outro nas flores.

VII.

Profanando de Danae a vã pureſa
 Em chuvoſos amores,
 A peſar de engenhoſa fortaleſa,
 A peſar dos cuydados guardadores,
 Murchou na chuva de ouro rigoroſa
 O modeſto jaſmim,a virgem Roſa.

En·

VIII.

Entre o logro da pàs folicitada
  A guerra determina
  Bem que ouro brilha,engeyta a pàs dourada;
  E quando Marcias confusões a fina,
  A pàs compra de forte,que na terra
  Guerra fe vè da pàs,he paz da guerra.

IX.

A Natureſa em veas eſcondidas
  Cria o metal occulto,
  Quiçà piedoſa das mortaes feridas:
  Mas quando o deſentranha humano inſulto,
  Da meſma vea,donde naſce bello,
  Corre logo a ambiçaõ,mana o deſvelo.

X.

O rigor fe arma, a guerra fe refina,
  A cobiça fe apura,
  A morte contra o peyto fe fulmina,
  O engano contra o peyto fe conjura
  De forte,que accumula ao peyto humano
  Rigor,guerra,cobiça,morte,engano.
Cançaõ, fufpende jà de Euterpe o metro,
  Que em Filis tens para cantar no Pindo
  De feu cabello de ouro ouro mais lindo.

124 *Musica*

Saudades de hum espoſo amante pela perda de ſua amada eſpoſa.

CANC,AM VI.

I.

A Gora que altamente
   Me laſtima o rigor, me aſſalta a pena,
Agora que eloquente
Falla o ſilencio quando a voz condena,
Agora pois quando meu Bem me deyxa,
Corra o pranto, obre a màgoa, ſuba a queyxa.

II.

Qual flor em flor cortada
   Te murchaſte meu Bem (ah morte fea!)
Oh como deſmayada
A florida republica ſe a fea,
Po s perdeu toda a flor na morte dura,
O ambar leve, a grã bella, a neve pura!

III.

O Sol jà retirado
   Menos fermoſo, menos claro o vejo,
Pois eras ſeu cuydado;
Eras do lindo Sol ſeu vão deſejo,
Sendo ſim ſeus ardentes reſplandores
Naõ ardores de lus, de amor ardores.

IV.

Oh como pede à ſombra
   Que o reſplandor lhe embargue, a lus lhe furtei,
E ſe na dor ſe aſſombra,
Pede à noyte tambem que o dia encurſe,
Pois perdeu triſtemente na alegria
Melhor lus, melhor Alva, & melhor Dia.

Bel-

do Parnasso. 125

V.

Belliffima fenhora,
  Que chòro aufente,que venero amante,
  Na Patria vencedora
  De húa morte cruel te vès triunfante;
  E porque venças tudo,em igual forte
  Vencefte os corações,vencefte a morte.

·VI.

Entre mil faudades
  Morta te eftimo,& te defejo viva:
  Mas ah que em mil idades
  Se fruftra o rogo,a laftima fe aviva,
  Tendo em dobrado mal,que ao peyto corta,
  Vivo o defejo,a efperança mortal

VII.

Quando te confidero
  Algum tempo em meus braços,(ay que màgoa!)
  Logo efte golpe fero
  O què logro em ardor,me folta em agoa,
  Competindo entre fi por defafogo
  Nos olhos a agoa,& no peyto o fogo:

VIII.

Se vives retratada
  Nefte meu coraçaó,que te ama aufente,
  Fica a dor mitigada
  Nefte enganofo bem,por apparente;
  Mas ay que fica,quàndo a dor me aperta,
  Falfa a confolaçaó,a màgoa certa!

IX.

Là no Empyreo gloriofa
  Lembra-te defte amor,que tanto apuro:
  Que efta pena amorofa
  Solicito conftante,fino aturo;
  E impreffa na alma minha pena interna,
  Fica immortal o amor, a màgoa eterna.

M   Dey-

XI.

Deyxaste-me huma prenda
  Para alivio feliz da màgoa crua,
  Que quando te eu pretenda,
  Lograsse meu desejo copia tua:
  Mas ay que he mayor mal, pois nas memorias
  Saudades sinto, quando finjo glorias!
Cançaõ, depoem o Plectro,
  Que jà me impede o pranto
  Que altere a voz, & que prosiga o canto.

A'ILHA

do Parnasso. 127

A' ILHA
DE MARE' TERMO DESTA
Cidade da Bahia.

SYLVA.

AS em obliqua fòrma, & prolongada
  A terra de Marè toda cercada
  De Neptuno, que tendo o amor constante,
  Lhe dà muytos abraços por amante,
  E botandolhe os braços dentro della
  A pretende gozar, por ser muy bella.
 Nesta assistencia tanto a senhorea,
  E tanto a galantea,
Que do mar de Marè tem o appellido,
Como quem prèsa o amor de seu querido:
E por gosto das prendas amorosas
 Fica marè de rosas,
 E vivendo nas ansias successivas,
 Saó do amor marès vivas;
 E se nas mortas menos a conhece,
Marè de saùdades lhe parece.

      M ij   Vista

128 Musica

Vista por fòra he pouco appetecida,
  Porque aos olhos por fea he parecida;
  Porèm dentro habitada
  He muyto bella, muyto desejada,
  He como a concha tosca,& deslustrosa,
  Que dentro cria a perola fermosa.
Erguem-se nella outeyros
  Com soberbas de montes altaneyros,
  Que os valles por humildes despresando,
  As presumpções do Mundo estao mostrando,
  E querendo ser principes subidos,
  Ficaõ os valles a seus pès rendidos.
Por hum,& outro lado
  Varios lenhos se vem no' mar salgado;
  Huns vão buscando da Cidade a via,
  Outros della se vão com alegria;
  E na desigual ordem
  Consiste a fermosura na desordem.
Os pobres pescadores em saveyros,
  Em canoas ligeyros,
  Fasem com tanto abalo
  Do trabalho maritimo regalo;
  Huns as redes estendem,
  E varios peyxes por pequenos prendem;
  Que atè nos peyxes com verdade pura
  Ser pequeno no Mundo he desventura:
  Outros no anzol fiados
  Tem aos miseros peyxes enganados,
  Que sempre da vil isca cobiçosos
  Perdem a propria vida por golosos.
Aqui se cria o peyxe regalado
  Com tal sustancia,& gosto preparado,
  Que sem tempero algum para appetite
  Fas gostoso convite,
  E se pòde dizer em graça rara
  Que a mesma naturesa os temperàra.

Naõ

do Parnaſſo. 129

Naõ falta aqui mariſco ſaboroſo,
  Para tirar faſtio ao melindroſo;
  Os Polvos radiantes,
  Os lagoſtins flammantes,
  Camaróes excellentes,
  Que ſaõ dos lagoſtins pobres parentes;
  Retrogrados cranguejos,
  Que formam pès das boccas com feſtejos,
  Oſtras, que alimentadas
  Eſtáo nas pedras, onde ſaõ geradas;
  Em fim tanto mariſco, em que naõ fallo,
  Que he vario perrexil para o regalo.
As plantas ſempre nella reverdecem,
  E nas folhas parecem,
  Deſterrando do Inverno os desfavores,
  Eſmeraldas de Abril em ſeus verdores,
  E dellas por adorno appetecido
  Fas a divina Flora ſeu veſtido.
As fruytas ſe produſem copioſas,
  E ſaõ taõ deleytoſas,
  Que como junto ao mar o ſitio he poſto,
  Lhes dà ſalgado o mar o ſal do goſto.
  As canas fertilmente ſe produſem,
  E a tam breve diſcurſo ſe reduſem,
  Que porque creſcem muyto,
  Em doze meſes lhe ſazona o fruyto,
  E não quer, quando o frutto ſe deſeja,
  Que ſendo velha a cana, fertil ſeja.
As laranjas da terra
  Poucas azedas ſaõ, antes ſe encerra
  Tal doce neſtes pomos,
  Que o tem clarificado nos ſeus gomos;
  Mas as de Portugal entre alamedas
  Saõ primas dos limóes, todas azedas.
Nas que chamam da China
  Grande ſabor ſe afina,
  Mais que as da Europa doces, & melhores,

E tem

130 *Musica*

F tem sempre aventagem de mayores,
E nesta mayoria,
Como mayores saõ, tem mais valia.
Os limões naõ se presam,
Antes por serem muytos se despresam.
Ah se Hollanda os gozàra!
Por nenhúa provincia se trocàra.
As cidras amarellas
Cahindo estáo de bellas,
E como saõ inchadas, presumidas,
He bem que estejam pelo chaõ cahidas:
As uvas moscateis saõ tam gostosas,
Tam raras, tam mimosas,
Que se Lisboa as vira, imaginàra
Que alguem dos seus pomares as furtara;
Dellas a producçaõ por copiosa
Parece milagrosa,
Porque dando em hum anno duas veses,
Geram dous partos, sempre, em doze meses.
Os Melões celebrados
Aqui táo docemente saõ gerados,
Que cada qual tanto sabor alenta,
Que saõ feytos de açucar, & pimenta,
E como sabem bem com mil agrados,
Bem se pòde dizer que saõ letrados;
Naõ fallo em Valariça, nem Chamusca:
Porque todos offusca
O gosto destes, que esta terra abona
Como proprias delicias de Pomona.
As melancias com igual bondade
Saõ de tal qualidade,
Que quando docemente nos recrea,
He cada melancia húa colmea,
E às que tem Portugal lhe dáo de rosto
Por insulsas aboboras no gosto.
Aqui naõ faltam figos,
E os solicitam passaros amigos,

Appe-

do Parnaffo. 131

Appetitofos de fua doce ufura,
Porque cria appetites a doçura;
E quando acafo os matam
Porque os figos maltratam,
Parecem maripofas,que embebidas
Na chamma alegre, vão perdendo as vidas.
As Romãs rubicundas quando abertas
A'vifta agrados faõ à lingua offertas,
Saõ thefouro das fruytas entre affigos,
Pois faõ rubìs fuaves os feus bagos.
As fruytas quafi todas nomeadas
Saõ ao Brafil de Europa trasladadas,
Porque tenha o Brafil por mais façanhas
A'lem das proprias fruytas,as eftranhas.
E tratando das proprias,os coqueyros,
Galhardos,& frondofos
Criam cocos goftofos;
E andou táo liberal a naturefa
Que lhes deu pór grandefa,
Naõ fô para bebida,mas fuftento,
O nectar doce,o candido alimento.
De varias cores faõ os cajùs bellos,
Huns faõ vermelhos,outros amarellos,
E como vários faõ nas varias cores,
Tambem fe moftram varios nos fabores;
E criam a caftanha,
Que he melhor,que a de França,Italia,Hefpanha.
As pitangas fecundas
Saõ nacor rubicundas,
E no gofto picante comparadas
Saõ de America ginjas disfarçadas:
As pitombas douradas,fe as defejas,
Saõ no gofto melhor do que as ceréjas,
E para terem o primor inteyro
A ventagem lhes levam pelo cheyro.
Os Arafazes grandes,ou pequenos,
Que na terra fe criam mais,ou menos,

Com

132 *Musica*

Como as peras de Europa engrandecidas,
Com ellas variamente parecidas,
Tambem se fasem dellas
De varias casta s marmeladas bellas.
As bananas no *Mundo* conhecidas
Por frutto,& mantimento appetecidas,
Que o Ceo para regalo,& passatempo
Liberal as concede em todo o tempo,
Competem com maçãs,ou baonesas,
Com peros verdeaes,ou camoesas,
Tambem servem de pão aos moradores,
Se da farinha faltam os favores;
He conduto tambem que dà sustento,
Como se fosse proprio mantimento;
De sorte que por graça,ou por tributo
He frutto,he como pão,serve em conduto.
A pimenta elegante
He tanta,tão diversa,& tão picante,
Para todo o tempero accommodada,
Que he muyto avantejada
Por fresca,& por sadia
A que na Asia se gera,Europa cria:
O mamão por frequente
Se cria vulgarmente,
E naõ o presa o Mundo,
Porque he muyto vulgar em ser fecundo.
O Marcujà tambem gostoso,& frio
Entre as fruytas merece nome,& brio;
Tem nas pevides mais gostoso agrado,
Do que açucar rosado;
He bello,cordial,& como he molle,
Qual suave manjar todo se engole.
Vereis os Ananases,
Que para Rey d⟨a⟩s fruytas saõ capases;
Vestem-se de escarlata
Com magestade grata,
Que para ter do Imperio a gravidade

Logram

do Parnaſſo:

Logram da croa verde a mageſtade;
Mas quando tem a croa levantada
De picantes eſpinhos adornada,
Nos moſtram que entre Reis, entre Rainhas
Naõ ha croa no Mundo ſem eſpinhas.
Eſte pomo celebra toda a gente,
He muyto mais que o peſſego excellente,
Pois lhe leva aventagem gracioſo
Por mayor, por mais doce, & mais cheyroſo.
Aſlem das fruytas, que eſta terra cria,
Tambem naõ faltam outras na Bahia;
A mangava mimoſa
Salpicada de tintas por fermoſa,
Tem o cheyro famoſo,
Como ſe fora almiſcar oloroſo;
Produze-ſe no mato
Sem querer da cultura o duro trato,
Que como em ſi toda abondade apura,
Naõ quer dever aos homens acultura.
Oh que galharda fruyta, & ſoberana
Sem ter induſtria humana,
E ſe Jove as tiràra dos pomares,
Por Ambroſia as puzera entre os manjares!
Com a mangava bella a ſemelhança
Do Macujè ſe alcança,
Que tambem ſe produs no mato inculto
por ſoberano indulto,
E ſem faſer ao mel injuſto aggravo,
Na bocca ſe desfas qual doce favo.
Outras fruytas dicera, porèm baſta
Das que tenho deſcrito a varia caſta,
E vamos aos legumes, que plantados
Saõ do Braſil ſuſtentos duplicados:
Os Mangaràs que brancos, ou vermelhos,
Saõ da abundancia eſpelhos;
Os candidos inhames, ſe naõ minto,
Podem tirar a fome ao mais faminto.

As

134 *Musica*

Asbatatas,que affadas,ou cofidas
  Saõ muyto appetecidas;
  Dellas fe fas a rica batatada
  Das Belgicas nações folicitada.
  Os caras,que de roxo eftáo veftidos,
  Saõ Loyos dos legumes parecidos,
  Dentro faõ alvos,cuja cor honefta
  Se quis cobrir de roxo por modefta.
A Mandioca,que Thomè fagrado
  Deu ao gentio amado,
  Tem nas raizes a farinha occulta:
  Que fempre o que he feliz,fe difficulta.
E parece que a terra de amorofa
  Se abraça com feu frutto deleytofa;
  Della fe fas com tanta activdade
  A farinha,que em facil brevidade
  No mefmo dia fem trabalho muyto
  Se arranca,fe desfas,fe cofe o fruyto;
Della fe fas tambem com mais cuydado
  O beviù regalado,
  Que feyto tenro por curiofo amigo
  Grande ventagem leva ao páo de trigo.
Os Aypins fe aparentam
  Coamandioca,& tal favor alentam,
  Que tem qualquer,cofido,ou feja affado,
  Das caftanhas da Europa o mefmo agrado.
O milho,que fe planta fem fadigas,
  Todo o anno nos dà faceis efpigas,
  E he táo fecundo em hum,& em outro filho,
  Que faõ máos liberaes as máos de milho.
O Arros femeado
  Fertilmente fe vè multiplicado;
  Calle-fe de Valença por eftranha
  O que tributa a Hefpanha,
  Calle-fe do Oriente
  O que come o gentio,& a Lyfia gente;
  Que o do Brafil quando fe vè cofido,

Como

do Parnaſſo. 135

Como tem mais ſubſtancia,he mais crecido.
Tenho explicado as fruyras,& legumes,
Que dão a Portugal muytos ciumes;
Tenho recopilado
O que o Braſil contem para invejado,
E para preferir a toda a terra,
Em ſi perfeytos quatro AA. encerra.
Tem o primeyro A,nos arvoredos
Sempre verdes aos olhos,ſempre ledos;
Tem o ſegundo A. nos ares puros,
Na temperie agradaveis,& ſeguros;
Tem o terceyro A. nas agoas frias,
Que refreſcam o peyto,& ſaõ ſàdias,
O quarto A. no açucar deleytoſo,
Que he do Mundo o regalo mais mimoſo.
Saõ pois os quatro AA por ſingulares
Arvoredos,Açucar,Agoas,Ares.
Neſta Ilha eſtà muy ledo,& muy viſtoſo
Hum Engenho famoſo,
Que quando quis o fado antiguamente
Era Rey dos engenhos preminente,
E quando Hollanda perfida,& nociva
O queimou,renaſceu qual Fenis viva.
Aqui ſe fabricaram tres Cappellas
Ditoſamente bellas,
Húa ſe eſmera em fortaleſa tanta,
Que de abobada forte ſe levanta;
Da Senhora das Neves ſe appellida,
Renovando a piedade eſclarecida,
Quando em devoto ſonho ſe vio poſto
O nevado candor no mez de Agoſto.
Outra Cappella vemos fabricada,
A Xavier illuſtre dedicada,
Que o Maldonado Paroco entendido
Eſte edificio fes agradecido
A Xavier,que foy em ſacro alento
Gloria da Igreja,do Japaõ portento.

N ij   Outra

Outra Cappella aqui se reconhece,
 Cujo nome a engrandece,
 Pois se dedica à Conceyçaõ sagrada
 Da Virgem pura sempre immaculada,
 Que foy por singular, & mais fermosa
 Sem manchas Lua, sem espinhos Rosa.
Esta Ilha de Marè, ou de alegria,
 Que he termo da Bahia,
 Tem quasi tudo quanto o Brasil todo,
 Que de todo o Brasil he breve apodo;
 E se algum tempo Cytherea a achàra,
 Por esta sua Chypre despresàra,
 Porèm tem com Maria verdadeyra
 Outra Venus melhor por padroeyra.

do Parnaſſo.

ROMANCES.
AO GOVERNADOR
ANTONIO LUIS GONSALVES DA Camera Coutinho em agradecimento da carta, que eſcreveu a Sua Mageſtade pela falta da moeda do Braſil.

ROMANCE I.

Em Eſdruxulos.

SCREVEIS ao Rey Monarquico
O mal do Eſtado Braſilico,
Que perdendo o vigor florido,
Se vè quaſi paralytico.
Porèm vòs como Catholico
Imitando a Deus boniſſimo,
Lhe dais a Piſcina placida
Para ſeu remedio liquido.
De todo o corpo Republico
O dinheyro he nervo vivido,
E ſem elle fica languido,
Fica todo debiliſſimo.

Em

138 *Musica*

Em voſſos arbitrios optimos
  Sois tres vezes ſcientifico,
  Dictando o governo de Ethico,
  Economico,& Politco.
Aos Engenhos dais anelitos,
  Que eſtando de empenhos tiſicos,
  Tornam em amargo vomito
  O meſmo açucar dulciſſimo.
Tambem da pobreſa miſera
  Attendeis ao eſtado humillimo,
  Aſſim como o rayo Delfico
  Naõ deſpreſa o lugar infimo.
Aos Mercadores da America
  Infundis de ouro os eſpiritos,
  Quando propondes o provido
  Com penna de ouro finiſſimo.
Palma em Portugal attonito
  Todo o eſtadiſta ſatyrico,
  E as meſmas cenſuras horridas
  Vos dáo faceis Panegyricos.
Se fallais verdade ao Principe,
  Náo temais o Zoilo rigido,
  Que ao Sol da verdade lucida
  Naõ fas mal o vapor critico.
O Braſil a voſſos meritos,
  Como ſe fora Fatidico,
  Vos annuncia o ſceptro maximo
  Sobre o Ganges,& mar Indico.
Sois em voſſas obras unico
  Para mayores,ou minimos,
  Sois na juſtiça integerrimo,
  Sois na limpeſa clariſſimo.
Sois deſcendente do Camera,
  Aquelle Gonſalves inclyto,
  Que com diſcurſo Aſtronomico
  Sugeytou golfos maritimos.
Sois tembem Coutinho impavido,

Mas

do Parnaſſo.   139

Mas voſſo couto juſtiſſimo
  Naõ val a homicidas reprobos,
  Nem a delinquentes riſpidos.
Voſſo filho primogenito
  Aprende de vòs ſolicito
  As virtudes para Bellico,
  As acçóes para Magnifico.
Em ſeus annos inda lubricos
  Tem verdores prudentiſſimos,
  He com gravidade lepido,
  He ſem ſoberba illuſtriſſimo.
Vivey Senhor muytos ſeculos
  Entre applauſos feliciſſimos
  Onde naſce Apollo frevido,
  Onde morre Apolo frigido.

ROMANCE II.

A hũa Dama , que tropeçando de noyte em hũa ladeyra,
perdeu huma memoria do dedo.

BElla Turca de meus olhos,
  Coſſaria de minha vida,
  Galè de meus penſamentos,
  Argel de eſperanſas minhas;
Quem te fes tão rigoroſa,
  Dize cruel rapariga?
  Deyxa os triunfos de ingrata,
  Buſca os trofeos de bonita.
Naõ te queyras pòr da parte
  De minha deſdita eſquiva:
  Que a belleſa he muyto alegre,
  Que he muyto triſte a deſdita.

Se

140 — *Musica*

Se o tentas tanto donayre
  Com fermosura táo linda,
  Segunda bellesa fòrmas
  Quando a primeyra fulminas.
E se cahir na ladeyra
  Manhosamen·e fingias,
  Tudo era queda do garbo,
  Tudo em graça te cahia.
Naõ tinha culpa o çapato,
  Que o pesinho náo podia,
  Como era cousa táo pouca,
  Com bellesa táo altiva.
Botando o cabello atràs,
  (Oh que gala,oh que delicia!)
  A bisarria accrescentas,
  Despresando a bisarria.
Toda de vermelho ornada,
  Toda de guerra vestida
  Fases do rigor adorno,
  Fases da guerra alegria.
A tantas chammas dos olhos
  Teu manto glorioso ardia;
  Por sinal que tinha a gloria,
  Por sinal que o fumo tinha.
Liberalmente o soltaste:
  Que era o teu manto,menina,
  Pouca sombra a tanto Sol,
  Pouca noyte a tanto dia.
Se de teu dedo a memoria
  Perdeste, he bem que o sintas;
  Que de meu largo tormento
  Tens a memoria perdida.
Dartehey por melhores prendas,
  Que minha fè te dedica,
  Dous aneis de agoa em meus olhos,
  Que de chuveyros te sirvam.
Agradece meus cuydados,

E

do Parnaſſo. 141

E recebe as prendas minhas;
Se tens da belleſa a joya,
Os brincos de amor eſtima.
Se cordaõ de ouro pretendes
Por jactancia mais ſubida,
Aceyta a priſaõ de huma alma,
Que he cordaõ de mais valia.
A todos eſtes requebros
Naõ quis attender Beliſa,
Que ſe he Diamante em dureſa,
Sò de diamantes ſe alinda.

ROMANCE III.

Pintura de huma Dama conſerveyra.

NO doce officio Amariles
   Doce amor cauſando em mim,
Seja a pintura de doces;
Doce avea corra aqui.
Capela de ovos ſe adverte
   A cabeça em ſeu matìs,
Fios de ovos os ſeus fios,
Capela a cabeça vi.
A teſta, que docemente
   Oſtenta brancuras mil,
Sendo manjar de Cupido,
Manjar branco apreſumi.
Os olhos, que ſaõ de luſes
   Primogenitos gentìs,
Saõ dous morgados de amor,
Donde alimentos pedi.

O   Fermo-

Fermosamente a guilenho
   (Ay que nelle me perdi!)
   Bem feyta lasca de alcorça
   Parece o branco naris.
Maçapaõ rosado vejo
   Em seu rosto de carmim,
   Nas maças o maçapaõ,
   No rosto o rozado diz.
Entre os seculos da bocca,
   (Purpurea inveja de Abril)
   Em conserva de mil gostos
   Partidas ginjas comi.
Os brancos dentes, que exhalam
   Melhor cheyro que ambar gris,
   Parecem brancas pastilhas
   Em bolsinhas carmesins,
Com torneados candores
   (Deyxemos velhos marfins)
   Toda feyta diagargante
   Vejo a garganta gentil.
Os sempre candidos peytos,
   Que escondem leyte nutris,
   Se naõ saõ bolas de neve,
   Saõ bolos de leyte sim·
As máos em palmas, & dedos,
   Se em bolos fallo, adverti,
   Entre dous bolos de açucar
   Dès pedaços de alfenim.
Perdoay, Fabio, dizia,
   Que no retrato, que fis,
   Fuy Poeta de agoa doce
   Quando no Pindo bebi.

RO-

do Parnaſſo. 143

ROMANCE IV.

Pintura dos olhos de huma Dama.

OS olhos dous de Beliſa
 Em ſeu roſto amor compara,
Seu roſto flores deliſ,
Seus olhos pares de França.
Com muy ſoberbos rigores,
 Com muy feras ameaças
 Saõ dous valentões de luſes,
 Dous eſpadaxins de graças.
Lingoas de fogo parecem,
 Em que meu peyto ſe abraza;
 Lingoas ſaõ, pois fallam mudas,
 De fogo, pois vibram chammas.
Dizem que o Ceo competindo
 Lhe deu, chegandolhe à cara,
 De luſes dous beliſcões,
 De eſtrellas duas punhadas.
E deſta briga fermoſa,
 Bem que as luſes da Muchacha
 Naõ ficaram deſayroſas,
 Ficaram dallì raſgadas.
Outros dizem que a menina
 Foy contra Amor tanto irada,
 Que arrancàra a Amor os olhos,
 Que os olhos de Amor roubàra.
Mas ſe por força os naõ dera,
 Sempre ſentira a deſgraça;
 Pois quando a *Muchacha* vira,

    O ij   Logo

144 *Musica*

Logo de amante cegàra.
De forte que defta perda
  Como envergonhado eftava,
  Quis adornarfe húa venda
  Por disfarçar húa màgoa.
E daqui vem que féus olhos,
  Que ao cego archeyro tomàra,
  Frechas defpedem de amores,
  Prifões folicitam de almas.
Naõ fe quèyxe o deus Cupido,
  Pois o imperio lhe dilata,
  Efgrimindo aquelles furtos,
  Fulminando aquellas armas.

ROMANCE V.

Pintura de huma Dama namorada de hum Letrado.

QUaudo agora mais amante
  Vos vejo eftar eftudando
  Cuydados da Deufa Aftrèa
  Nos ocios do Deus vendado;
Pois amais hum Serafim,
  Donde achais como letrado,
  Que fe acclama Peregrino
  Quanto fois Feliciano.
O cabello, que por negro,
  E por luftrofo comparo,
  He muyto Nigro nas cores,
  He muyto Febo nos ràyos.
Tras nos olhos, & na tefta
  Alvoroto, pois alcanço

Que

Que Alva se ostenta por branca,
Que o roto tem por rasgados.
Com Julio Claro parecem,
 Se estão peytos abrazando;
Cada qual no ardor he Julio,
Cada qual na lus he Claro.
Seo gracioso rosto advirto,
 Se o bello naris retrato,
He seu naris Fermosino,
He seu rosto Graciano.
Na boquinha falladora,
 Que muy rosada a declaro,
He nas vozes Parladoro,
He nas cores Rosentalio.
A Mascardo, & Lambertino
 Na lingoa, & nos dentes acho;
He na lingoa Lambertino,
He nos seus dentes Mascardo.
Tomasio, & Nata pondero,
 Se os peytos, & mãos comparo;
Nos peytos de leyte a Nata,
Nas mãos de avara a Tomasio.
Leothardo o coração julgo
 Com rigores igualados;
He nos rigores muy Leo,
He nos favores muy tardo.
Espino, & Salgado, amigo,
 Quero nella ponderarvos;
He seu desdem todo Espino,
Todo seu dito he Salgado.
Em fim se quereis de Clori
 Os favores soberanos,
Daylhe lições de Moneta,
Tereis estudos de Amato.

RO.

146 *Musica*

ROMANCE VI.

Aᶜ fonte das lagrymas, que está na Cidade de Coimbra.

V Erte prodiga húa penha
    Das durefas a pefar
Serenidades de aljofar,
Efperdiços de cryftal.
Efta penha carregada
    Em trifte fombra fe fas,
Por perder de Ignes a lus,
Por fentir de Ignes o mal.
Dos dous amantes he pranto,
    Que em fer duro o Amor fatal,
Entre durefas o guarda,
Entre durefas o dà.
Doce, & liberal a prata
    Fonte de amor fe diz jà,
Que Amor fe alimenta doce,
Que Amor fe indùs liberal.
Sua a penha; mas que muyto,
    Se no adufto cabedal
Quis pranto de ardor verter,
Quis fogo de amor fuar.
O Deus Frecheyro fe admira
    De ver que com pranto tal
Verde lifongea o prado,
Ameno refpira o ar.
De fua fè retratava
    A bella Ignes fingular
A conftancia no penhafco,

                              A pu-

A pureſa no cryſtal.
Quando voa a turba alada,
  O vendado Deus rapàs
  Fas Cupidilhos das aves,
  Fòrma Chypre do lugar.
Os limos no largo tanque
  Alli ſe vem pentear,
  Que a ſeus humidos cabellos
  Pentens de prata lhes dã.
Alli Venus celebrada
  Das cryſtallinas Irmãs,
  Eſtima as Nynfas do tanque,
  Deſpreſa as Nynfas do mar.
Alli muytos chopos creſcem
  Verdes, que verdes os fàs
  Aquella firme eſperança
  Daquelle amor immortal.
A hum tempo do vento, & d'agoa
  Sobe, & campa cada qual
  Tyfeu do vento frondoſo,
  Narciſſo d'agoa galan.
Eſta das lagrymas fonte
  Na douta Coimbra eſtà,
  Que ſe he do ſaber eſcola,
  Diz que Pedro ſoube amar.

SEGUNDO CORO DAS RIMAS CASTELHANAS

EM VERSOS AMOROSOS
da meſma Anarda.

PROEMIO.
SONETO I.

N O canto hazañas de Mavorte impio,
   Canto vitorias de Cupido ayrado,
   Quando en la guerra atroz de mi cuydado
   Cautivò dulcemente mi alvedrio.
A pesar de embidioso desvario
   Pretende ser mi amor eternizado
   Por divina virtud de un bello agrado,
   Que reverente adora el pecho mio.
Si en ansia ardiente al coraçon encalma
El fuego amante de un gentil sugeto,
Corone el canto de mi amor la palma.
Mi fuego pues con uno, y otro effeto
Si dà con vivo mal ardor al alma,
Dè con sabio favor luz al conceto.

P ij   SONE

152 *Musica*

Encarecimento da fermosura de Anarda.
SONETO II.

Bello el clavel oftenta fus colores,
  Bella la Rofa en el jardin fe admira,
  Bello el lilio fragante olor refpira,
  Bello el jafmin fe vifte de candores.
Bello el Abril produze alegres flores,
  Bello el Sol en la quarta esfera gyra,
  Bella la Fenis nace de fu pyra,
  Bella la Luna efparfe refplandores.
Mas con Anarda dulcemente hermoza
  Nò puede hallarfe en todo el fuelo alguna
  Hermofura, que brille luminofa.
Con fu bellefa fingular ninguna
  Bellefa tener pueden clavel, Rofa,
  Lilio, Jafmin, Abril, Sol, Fenis, Luna.

Differentes effeytos de hum peyto amante, & rofto amado.
SONETO III.

Hermofo fiempre, fiempre atormentado,
  Tu roftro agrada, vive el pecho mio,
  Roba tu roftro el facil alvedrio,
  Siente mi pecho el infeliz cuydado.
Tu roftro alegre de mi pecho amado,
  Mi pecho amante dè tu roftro impio,
  Luze tu roftro en bello feñorio,
  Arde mi pecho en fuego fufpirado.
Sufre penas mi pecho laftimofo,
  Oftenta refplandor tu roftro tierno,
  Con luz tu roftro, el pecho fin repofo.
Viendo tu gracia pues mi mal eterno,
  Veo en tu roftro el parayzo hermofo,
  Veo en mi pecho el miferable infierno.

Não

do Parnaſſo. 153

Naõ pòde amar outra Dama.
SONETO IV.

DEl ave iluſtre,que en primor loçano
   De las otras ſe viò Reyna volante,
Beviendo rayo a rayo el Sol brillante,
Peynando buelo a buelo el ayre vano.
Sus alas,ſi las junta alguna mano,
   Conſumen qualquier ala en lo arrogante:
   Que aun el odio en las aves es conſtante,
   Que aun aprenden el mal del ſer humano.
Aſſi pues en mi amor,que en bellas galas
   Es Aguila mejor de luſimientos,
   Si Anarda con tus ojos le regalas,
Conſumen', ſi las juntan mis intentos,
   Como reales alas otras alas,
   Mis penſamientos otros penſamientos.

Encarecimento do rigor de Anarda.
SONETO V.

NOʻ es tan contrario el ocio del cuydado,
   Del vicio deſcortèz el cavallero,
Del vaſſallo fiel el liſongero,
Del diſcreto ſaber el rico eſtado,
Del Monarca perfeto el roſtro ayrado,
   Del noble coraçon el odio fiero,
   Del engañoſo vil el verdadero,
   La dicha alegre del hermoſo agrado:
Nò es tan contraria,nò,la hypocriſia
   De la virtud deſnuda,y del ſoſſiego,
   Con ſangriento rigor la guerra impia;
Nò es tan contrario,no del agua el fuego,
   El bien del mal,y de la noche el dia,
   Como ſe oppone Anarda al niño ciego.|

Que

154

Musica

Que o amor ha de ser pouco favorecido.
SONETO VI.

Quando a caso se enciende el fuego ardiente,
  Las coleras de llamas vomitando,
  Si aura poca respira un soplo blando,
  Le fomenta las llamas blandamente.
De suerte que se aviva mas luziente
  En sus llamas hermosas;pero quando
  Aura mucha està soplos respirando,
  Mata sus llamas, y su ardor desmiente.
Pues assi,si el Amor con fuerça impia
  A viva llamas,quando aun pecho trata,
  Con la misma occasion su ardor se enfria;
De suerte que a su llama,ò dulce Ingrata,
  El aura poca de favor le cria,
  El aura mucha de favor le mata.

Estudo amoroso.
SONETO VII.

Dichosamente soy docto estudiante
  En la universidad de tu bellesa;
  Aprendiendo precetos de,tristesa,
  Aprendiendo tambien leyes de amante.
La justicia es amar tu Sol brillante
  Con infalibles reglas de finesa,
  Defendiendo altamente la firmesa,
  Negando sabiamente lo inconstante.
Es Aula el coraçon en mis passiones,
  Dò se explican del llanto los despojos,
  Son los olvidos falsas opiniones:
Y decorando facil tus enojos,
  Lecciones de morir son las lecciones,
  El Maestro el Amor,libros tus ojos.

Que

do Parnaſſo: 155

Que ſeu Amor ſe vé perdido nos olhos, & coraçaõ de Anarda.
SONETO VIII.

L A viſta de tus ojos brilladores
El alma, Anarda eſquiva, conſidera
Del fuego abrazador mejor esfera,
Dos hermozos Epitomes de ardores.
Tu coraçon, Anarda, en los rigores,
Que a un pecho amante eſquivamente altera,
Todo yelo en deſdenes ſe pondera,
Todo nieve ſe copia en disfavores.
En graves penas, en triſtezas ſummas
Ningun ſoſſiego de mi amor acclamas,
Porque con dòs motivos le conſumas;
Pues bolando mi amor quando le inflammas,
Tu viſta abraza ſus incautas plumas,
Yela tu coraçon ſus dulces llamas.

Que naõ florece o Amor com o logro.
SONETO IX.

E L cedro incorruptible, que eminente
A pueſta eternidades con los años,
Formando al Cielo de altivez engaños,
Si nuncà logra el fruto, es floreciente.
Pero ſi el fruto logra dulcemente
Para dar a los logros deſengaños,
Con los eſquivos, ſi fecundos daños
Nunca galan de flores ſe conſiente.
El amor a los años incorrupto
Nò ha de lograr lo bello, que ſe offrece,
Aun que lo juſgue amor dulce tributo,
Al fruto de lo hermoſo, que appetece;
Si florece el Amor, nò logra el fruto,
Si el Amor logra el fruto, no florece:

Que

156 *Musica*

Que a fermosura naõ há de ser amante para ser amada.
SONETO X.

EL Platano,que explica delicioso
    Las verdes hojas de su libro ameno,
    Si es del Invierno humidamente lleno,
    Recoge el bello Sol en seno umbroso.
Pero quando el Estio caluroso
    Llamas vomita con ardor sereno,
    Condensa umbrosamente el blando seno,
    Resiste dulcemente al Sol hermoso.
Qual Platano tambien un pecho escoge
    El Sol de la hermosura,que le assiste,
    Si coge ardores,si tibiesas coge:
Pues con alegre bien,con pena triste
    En desdeñoso Invierno lo recoge,
    En amoroso Estio le resiste.

Anarda vendo-se a hum espelho.
SONETO XI.

ANarda en un espejo semirava,
    Que luzido dos vezes se applaudia,
    Por el crystal hermoso que fingia,
    Por el crystal màs bello que copiava.
Y Como tan al vivo retratava
    De su rara bellesa la harmonia,
    Con su rostro el espejo se encendia,
    Con su rostro el espejo se ignorava.
Dixele entonces:Dulce Anarda hermosa,
    De tus desdenes con rason me quexo,
    Si eres con tu bellesa rigurosa.
Dezengaños agora le aconsejo:
    Que si es màs que esse espejo luminosa,
    Es Anarda màs fragil que esse espejo.

Que

do Parnaſſo. 157

Que naõ pòde o Amor abrazar a Anarda.
SONETO XII.

EL diamante que en fondo luminoſo
 Entre piedras de precios excelentes,
 Si las otras ſeven Aſti os luzientes,
 El brilla de las otras Sol hermoſo.
Si le aſſiſte el veneno riguroſo,
 Vibra el diamante fuerças tan vehementes,
 Que impide las ponçoñas mas valientes,
 Que reziſte al rigor màs venenoſo.
Aſſi pues la belleza eſquiva,y pura
 De Anarda hermoſa el miſmo effeto acclama,
 Quando con ella Amor ſu llama a pura.
Pierde ſu fuerça pues,y no la inflamma,
 Siendo diamante,la belleſa dura,
 Siendo veneno,la amoroſa llama.

Que atê quando dorme naõ deyxa de chorar.
SONETO XIII.

QUando amoroſas penas atheſoro
 En hermoſo de incendios dulce encanto,
 Con mil endechas lloro lo que canto,
 Con mil lagrymas canto lo que lloro.
Prende el ſueño mis penas,y nò ignoro
 Que me embarga las anſias de mi llanto,
 Quiçà porque en mi fè no llore tanto,
 Que pueda faltar llanto en lo que adoro.
Mas quando al ſueño llama du'cemente
 Nò tiene Amor las lagrymas en calma,
 Porque dentro del alma las conſiente:
Que en ella viendo Amor ſu dulce palma,
 Si dexa de llorar hàzia la frente,
 Quiere llorar entonces hàzia el alma.

      Q   *La-*

158 *Musica*

Lagrymas de Anarda por occasiaõ de seus desdens.
SONETO XIV.

Quando fulmina borrascoso el Cielo
  Lluviosas armas del Deziembre impio,
  Flechando al pecho con agudo frio,
  Cerrando el dia con nublado velo;
Quando embarga con candido desvelo
  El yelo prisionero en pobre rio,
  Como la perla del gentil rocio
  Nace el crystal del embargado yelo.
Ansi tambien Anarda, quando tienes
  El pecho esquivo al amoroso encanto,
  Es fuerça que el crystal del llanto ordenes,
Pues con la misma accion, que imitas tanto,
  Si tu pecho es un yelo de desdenes,
  Del yelo del desden nace tu llanto.

Verifica algumas fabulas em seu amor.
SONETO XV.

No es fabulosa, nò la angustia viva,
  Que padece ligado el Prometheo,
  Pues el Aguila ilustre de un deseo
  Roye mi pecho en la prision altiva;
No es fabuloso, nò, que en la nociva
  Sombra infernal cantasse el sacro Orfeo,
  Pues en infierno de amoroso empleo
  Canto con rude plectro pena esquiva.
No es fabuloso de Faetòn osado
  El intento del Sol mal conseguido,
  Ni de Isis el desvelo enamorado:
Que està mi pensamiento, y mi sentido
  Al rayo de un rigor precipitado,
  Al laço de un affecto suspendido.

Amor

Amor namorado de Anarda.
SONETO XVI.

CAnſado el ciego Dios de herir flechero
   Las nobles almas con incendio hermoſo,
   Quiſo buſcar soſſiegos de guſtoſo
   Quien motiva cuydados de ſevero.
Viendo de Anarda el roſtro liſongero,
   Penſò que Venus era, y delicioſo
   Guſtando en ella halagos de un repoſo,
   Provò lo dulce, reprovò lo fiero.
Pero deſpues ſabiendo (en lo arrogante)
   Que Anarda nò era Venus, inflammado
   Amò de Anarda la beldad triunfante;
De ſuerte que en aſſombros del cuydado
   El propio Amor ſe viò de Anarda amante,
   El propio Amor ſe viò de amor flechado.

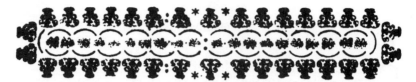

CANCOENS.
SOLICITA A ANARDA PARA hum campo.

CANC, AM I.

EN Anarda brillante,
  Daràs luzes al dia,
  Quitaràs la t niebla al alma mia;
  Daràs al mismo instante
  Con tus plantas, y rayos
  Alientos al vergel, al Sol desmayos.

II.

Ven al prado, y si alcança
  Piedades el morirme,
  Mira el verde laurel, el roble firme;
  Puès dirà mi esperança,
  Puès dirà mi amor noble
  Mi esperança es laurel, mi amor es roble.

III.

Veràs que el Tajo apura
  Oro, y plata canora,
  El jasmin, y el clavel, que alienta Flora,
  Porque de tu hermosura
  Retraten el thesoro
  El clavel, el jasmin, la plata, el oro.

Si

IV.

Si fiera te pregona,
   Como hermosa, mi vida,
   Este jardin, y bosque te combida,
   Pues para tu corona,
   Y para el mal, que alteras,
   Flores brota el jardin, el bosque fieras.

V.

Ven en fin, que si vienes,
   Enacentos suaves
   Essos floridos coros de las aves
   Te daràn parabienes,
   Pues si vienes aora,
   Veran tus ojos Sol, tu rostro Aurora.

VI.

Ven pues al bosque, y quando
   Vinieres fatigada,
   Aqui te offrecen, ò Ponçoña amada,
   El rio crystal blando,
   El viento auras gustosas,
   Los olmos pavellon, lecho las rosas.

VII.

Ven en fin, que la fuente
   (Si callo lo que lloro,
   Si me encubro la fè, con que te adoro)
   Por candida, y corriente
   Te dirà con su canto
   La fè de un pecho, de un amor el llanto.
Cancion, nunca de Anarda
   Ablando la hermosura,
   Que nò soy dulce Orfeo de Anarda dura.

Anarda

162 *Musica*

Anarda fingindo ciumes.

CANC, AM II.

I.

ANarda, ſi otros ojos
    Me dan deſaſoſſiego,
    Para cauſarte enojos]
    Vibren tus ojos luego,
    No rayos de eſplendor, rayos de fuego.

II.

Si otro roſtro me alienta
    Amoroſos dolores;
    En tu roſtro, que aumenta
    Como Aſpid, los rigores,
    Coja venenos yo, buſcando flores.

III.

Si otra bocca me apura
    Oſtentaciones finas;
    Porque caſtigues dura
    Lo propio, que imaginas,
    De tu bocca en las roſas halle eſpinas.

IV.

Si por mi corta ſuerte
    Otro cabello adoro;
    Rompa la Parca fuerte
    Quando el tuyo enamoro,
    Los hilos de mi vida en hilos de oro.

V.

Si otra mano venero'
    Con amor ſoberano,
    Quando tu mano quiero;
    Sea a mi ardor ufano
    Como nieve en candor nieve tu mano.

En

VI.

En fin fi a lo penofo
 De otro amor me condeno;
 Tu Cielo luminofo
 Con nubes de iras lleno
 Turbio lo vea yo, nunca fereno.
Cancion, fi Anarda tiene
 El alma, que amor cria,
 Sepalo fu rigor del alma mia.

Musica

MADRIGAES
DESENGANO DA FERMO-
sura de Anarda.

MADRIG. I.

NARDA tus engaños
Nò dexen marchitar tan verdes años,
Adviertan tus locuras
Que el tiempo es fiero Estio de hermosuras,
Y a ti misma en ti misma iràs buscarte,
Ya ti misma en ti misma no has de hallarte.

Anarda negando certo favor.
MADRIG. II.

Culpòme por aggravios
(Por querer ser Abeja de sus labios):
Anarda esquiva, y luego
Hurtandole un clavel mi dulce fuego,
Le dixe: Dueño hermoso,
Aunque nò quieras tu, serè dichoso,
Besando del clavel porcion tan poca,
Pues si beso el clavel, beso tu bocca.

Anarda

Anarda vista, & amada.
MADRIG. III.

Quando las luſes de tus ojos veo,
　Se enciende mi deſeo,
El coraçon ſe inflamma
De ſuerte pues, que en la amoroſa llama,
Las que en tus ojos ſon luſes vivientes,
Son en mi coraçon llamas ardientes.

Amante ſecreto.
MADRIG. IV.

Coraçon arde, y vea
　El amor los ſilencios, ſatisfecho
De tus cenizas ſea
(En cenizas deshecho)
Sepulcro interno tu callado pecho.

Muſica, & cruel.
MADRIG. V.

Con liſongera voz mi Bien cantava,
　Ya las piedras quitava
De ſu naturaleſa
(Que dando a ſu voz tiernas) la dureſa;
Pero quando ſe mueſtra tan impia,
Lo que a piedras quitava, en ſi ponia.

R　　　　　　　　　　　　*Amor*

166 *Musica*

Amor declarado pelos olhos.

MADRIG. VI.

Quando inflamma escondido
    El fuego en sus ardores repetido,
Sube la llama, y luego
Por los balcones se publica el fuego:
Si mi fuego me inflamma,
Sube a los ojos la amorosa llama,
Y si a los ojos, qual balcon, se applica,
Mi fuego muestra, y mi passion publica.

Anarda borrrisando outras Damas com agoas cheyrosas.

MADRIG. VII.

Vierte la blanca Aurora
    Quando en los campos dulcemente llora
Sobre las flores bellas
El rocio, que sudan las estrellas:
Assi pues rocia Anarda con olores,
Siendo Anarda la Aurora, ellas las flores.

Rigor, & fermosura.

MADRIG. VIII.

Sintiendo tus rigores
    Al coraçon mal tratan mil dolores;
Viendo tus luzes puras,
A los ojos recrean mil dulçuras;
Causa pues tu bellesa en los enojos
Tormento al coraçon, gloria a los ojos.

Amor

do Parnasso. 167

Amor medroso.
MADRIG. IX.

Quiero explicar mi daño
    En lo amargo dolor de un dulce engaño:
Mas,quando Anarda veo,
Porque vè tanta luz,tiembla el deseo,
De suerte que variando el dulce fuego,
Temblores hallo,quando al Sol me llego.

Anarda vendo-se a hum espelho:
MADRIG. X.

Un espejo a mi Dueño retratava,
    Y ella se ènamorava
De su propia bellesa;
De suerte que en assombros de finesa
Estraños zelos a mi amor apura
Con su propia hermosura su hermosura.

Ao mesmo.
MADRIG. XI.

Si el espejo retrata
    De tu rara hermosura la altivesa;
Desengañarte trata,
Queriendo alli que mire tu esquivesa
Que es sombra tu bellesa.

Etna amoroso.
MADRIG. XII.

Si Cupido me inflamma,
    Si desdeñas mi empleo,
En amorosa llama,
En nieve desdeñosa el Etna veo,
Con amor,y tibiela
Tenemos su firmesa,
Y en dissonancia breve
Suspiro fuego yo,tu brotas nieve.

Si

168 *Musica*

Ays repetidos.
MADRIG. XIII.

S I fuſpiros aliento,
No ſon blandos alivios del tormento,
Vientos ſi,que en dolores
Blandamente reſpiran mis amores,
Porque a viven al pecho,que ſe inflamma
Del fuego amante,la perpetua llama.

Doença amoroſa.

MADRIG. XIV.

E N un penoſo lecho
Enfermo vive el pecho;
Los pulſos alterados
Son los varios cuydados,
La cura es la beldad,que amante veo,
La dolencia el Amor,fiebre el deſeo.

Jardim amoroſo.

MADRIG. XV.

E S mi llama dichoſa
Como purpurea roſa;
Es planta la firmeſa
De amoroſa terneſa;
Por dulce,no por grave
Es el ſuſpiro Zefyro ſuave;
Y quando màs ſe adora,
Es mi amor jardinero,Anarda Flora.

Guerra

do Parnaſſo. 169

Guerra amoroſa.
MADRIG. XVI.

SI mi pecho arrogante
  Quiere el Reyno feliz de la hermoſura,
La valentia apura
De una firmeſa amante;
Arma fuertes dolores por ſoldados,
Son los finos cuydados
Las armas, con que cierra,
Enemigo el deſden, Amor la guerra.

Anarda veſtida de azul.

MADRIG. XVII.

LO azul mi bien veſtia,
  Como quien a los ojos publicava
Que quien Cielo ſe via,
Como Cielo ſe ornava;
Pero dando lo azul zeloſa pena,
Al infierno de zelos me condena,
De ſuerte que lo azul a mi amor tierno
En ella fue de Cielo, en mi de infierno.

Retrato amoroſo.
MADRIG. XVIII.

AMoroſo retrato
  Quiero offrecer de Anarda al roſtro ingrato;
Sombras ſon mis tormentos,
Varios colores ſon mis penſamientos,
Es pintor amoroſo
El Amor ingeniozo,
Y en gloria ſatisfecha
Es lienço el coraçon, pincel la flecha.

DE-

170 *Musica*

DECIMAS.

Anarda cruel, & fermosa.

DECIMA I.

Quando el desden luminoso
  De Anarda bella pondero,
E namora con lo fiero,
Y maltrata con lo hermoso:
De suerte que en lo amoroso
De mal pagada firmesa,
Porque logre mi tristesa
Entre gloriosa ventura,
Hizo fiera la hermosura,
Hizo hermosa la fiereza.

II.

Blanca la frente se aviva,
  El pecho duro se estrena;
Este motiva la pena,
Aquella gloria motiva:
Y en esta congoxa viva,
En esta gloria alcançada
Nevada sierra es llamada,
Si lo blanco, y duro encierra,
Siendo por lo duro fiereza,
Y por lo blanco nevada.

Ya

do Parnasso. 171

III.

Ya su coraçon embeve,
Ya debuxan sus verdores,
Estes pinturas de flores,
A quel tibiezas de nieve:
Quando pues mi amor se atreve
De su hermosura a lo tierno,
De su rigor a lo eterno,
Al mismo tiempo pondera
Que es su rostro Primavera,
Que es su coraçon Invierno,

Coraes de Anarda.

DECIMA I.

Esse coral venturoso,
Que para asseos de un laço
Pudo llegar a tu braço,
Siendo por necio dichoso;
Oh como brilla glorioso,
Abonando su fineza,
Con tu divina belleza!
Pues ya deve su valor
A tu bocca la color,
A tu pecho la dureza.

Anel de ouro de Anarda.

DECIMA I.

Adorno de oro loçano
Mano esquiva aprisionò,
Y no es poço, pues se viò
Prisionera aquella mano:
Pero en lustre soberano
El oro en la mano ingrata
Tan bellamente la trata;
Que le juzgo aquel thesoro
Breve Zodiaco de oro
En breve ciclo de plata.

DE-

172 *Musica*

Sono invocado.
DECIMA I.

BUela sueño delicioso,
A darme un ocio furtivo,
Si algun descanso en lo esquivo
Puede admitir lo amoroso;
Prende los ojos piadoso,
Que si los prendes, se advierte
Por justiciera tu suerte,
Que(Amor teniendo la palma)
Traycion hizieron al alma,
Causa dieron a mi muerte.

Ceo no rosto de Anarda considerado.
DECIMA I.

UN Cielo a su rostro veo
Entre esplendores amados:
Dos breves negros nublados
Son de sus cejas asseo;
Es enparecido empleo
Alva la candida frente,
Ojos Astros, Sol luziente
El cabello se confia,
Es la nariz lactea via,
La bocca puertas de Oriente.

MOTE.

MUriendo estoy de una auzencia,
Y si bien muriendo estoy,
No me mata lo que passo,
Mata-me lo que passò.

GLO-

do Parnaſſo.　　**173**

GLOSA.
DECIMA. I.

Quando Anarda,en lo arrogante
　　De una auſencia me apercibo,
Aun tiempo me muero,y vivo
De lo auſente,y de lo amante.
Vida del alma conſtante
Es de un amor la vehemencia;
Que es ſu propia inteligencia;
De ſuerte que en mi dolor
Viviendo eſtoy de un amor,
Muriendo eſtoy de una auſencia.

II.

E neſta auzencia,que veo,
　　Afino mi penſamiento,
Lo que es gloria,es mi tormento,
Lo que es pena,es mi deſeo;
Vivo con penoſo empleo,
Y en la gloria muerto ſoy,
Si algun bien al alma doy:
De ſuerte,que en lo que emprendo,
Si eſtoy mal,eſtoy viviendo,
Y ſi bien,muriendo eſtoy.

III.

Solo mi amor hà ſentido
　　Deſta auzencia lo tyranno,
Que ſe junta como hermano
Con una auzencia un olvido;
Y ſemide mi ſentido
De mi penſamiento al mi plaço
El olyido,al miſmo paſſo,
Aunque ſufro un mal intenſo,
Mata-me ſi lo que pienſo,
No me mata lo que paſſo.　　　S　　　　　Si

Musica IV.

Si muchas vezes pondero
　Lo que en tu vista he logrado,
　Es verdugo del cuydado,
　Si antes fue blando, es ya fiero;
　De suerte que considero
　Que quando el bien se logrò,
　Vida, y muerte occasionò,
　Pues en quexa padecida
　Lo que passò me diò vida,
　Mata-me lo que passò.

ROMAN-

ROMANCES
RIGORES DE ANARDA
reprehendidos com semelhanças proprias.

ROMANCE I.

NARDA en agrado esquivo!
Anarda en bella esencion
Eres Diosa, siendo fiera,
Eres Aspid, siendo flor.
Si eres jardin de hermosura,
Ve del jardin la sazon,
Que es yà florida lisonja,
Si era desnudo rigor.
Si eres fuente en tus crystales,
Vè la fuente, que al favor
Es ya corriente de plata,
Si era de nieve prision.
Si eres rosa, ve la rosa,
Que en liberal presuncion
Communica roxo agrado,
Presta oloroso vapor.
Si eres Cielo, imita al Cielo,
Que en caderno brillador
Es ya de luzes papel,
Si fuè de nieblas borron.

176 *Musica*

Si eres eftrella,a lo menos
   Las brota obfcura occafion,
   Siendo al campo de C,afir
   Açucenas de efplendor.
Si eres Aurora,la Aurora
   Moftrò fiempre,y fiempre diò
   Al Orbe purpurea frente,
   Al vergel candido humor.
Si eres Sol,al Sol advierte,
   Que nò fiempre lo encubriò
   Rigorofa denfidad,
   Defcartez exhalacion.
Si eres Deidad,las Deidades
   Oftentan piadofa accion,
   Nò forman un Dios las aras,
   Los ruegos hazen un Dios.
En fin,fi eres bella Anarda,
   Vè que parece mejor
   Con aura blanda un jardin,
   Con fereno dia el Sol.

Bocca de Anarda.

ROMANCE II.

Abrevia,Anarda,tu bocca
   En el callar,y reir,
   Toda Fenicia a fu grana,
   A fu plata el Potofi.
Quando veo en dulces vozes
   Tu roxo clavel abrir,
   En los ayres todo es ambar,
   Todo en fus labios carmin.
Prodigiofamente juntos
   En ella quieren vivir,

Mucho

do Parnaſſo. 177

Mucho Enero en poca nieve,
En poca flor mucho Abril.
Las perlas cria la bocca,
Y nò es mucho preſumir
Que ellos ſon granos de perlas,
Que ella concha de rubì.
Quando tus labios ſe abrochan,
Attento los adverti
Dos cortinas de eſcarlata
Para un lecho de marfil.
Juſgo en fin que el Cielo miſmo
Te diò por embidias mil
Una herida de clavel
Con un golpe de alhelì.

Anarda banhando-ſe.

ROMANCE III.

POr la tarde caluroſa
Anarda vino a bañarſe,
Que eſto de echarſe a las aguas
Es muy del Sol por la tarde.
Deſnudò-ſe, y viò-ſe ornada,
Porque es en mejor alarde
Rico adorno una hermoſura,
Hermoſa gala un donayre.
A un tiempo humilde, y ſobervio
Queda el cryſtal del eſtanque,
Humilde, por excederſe,
Sobervio, por occuparſe;
De ſuerte, que al miſmo punto
Se notava al blanco examen
Cryſtal con cryſtal vencerſe,
Plata con plata lavarſe.

Las

178 *Musica*

Las aguas pues,y los ojos
    Parecieron al juntarse,
    Las aguas blancas vidrieras,
    Los ojos Soles brillantes.
Quando las aguas se mueven,
    Parece alli que se applauden,
    Formando liquidas vozes,
    Haziendo candidos bayles.
Entre el agua,y entre espuma
    Por competencias iguales
    Angel del agua parece,
    Venus de la espuma nace.
Amor confuso se admira
    De ver que no se desaten
    En cenizas las espumas,
    En incendios los crystales.
Qual Cynthia no me dio muerte,
    Porque con màs pena acabe
    A las manos de un deseo,
    A los golpes de un ultraje.
Que pecho librarse puede
    De amor,si las aguas se hazen,
    Siendo a las llamas oppuestas,
    De los incendios capazes?

Anarda colhendo flores.

ROMANCE IV.

DE un jardin despoja Anarda,
    Bien que robado,feliz,
Las caricias del Aurora,
Las alhajas del Abril.
Aunque las coge,nò menguan,
    Pues con donayre gentil
    Quantas coge alli la mano,
    Tantas el pie cria alli.

Las

do Parnasso. 179

Las que coge, y·las que dexa
  En el florido pensil,
  Unas morir de corridas,
  Otras de embidiosas vi.
Mil flores rinde a sus manos,
  Y entonces vieras rendir,
  Màs que a sus manos mil flores,
  A sus ojos almas mil.
Con su roxa, y blanca frente
  Dichosamente adverti
  Que nò era la rosa rosa,
  Que no era el jasmin jasmin.
Todo a su mano quisiera
  Morir, si pudiesse ansi
  En ella resucitar,
  Y segunda vez morir.
Yo que via estar cogiendo
  El animado marfil
  Las flores ya venturosas,
  Esto le pude dizir:
Anarda, a tus luses
  Es accion civil,
  Que lo que le diste,
  Quites al jardin.
Dezengaños oye
  A tu presumir
  De olorosa nieve,
  De ambar carmesi

Anarda discreta, & fermosa.

ROMANCE V.

Qual es màs, el Orbe duda,
  (Anarda entendida, y bella)

Si

Si tu gallarda hermosura,
  Si tu discrecion perfeta,
O ¡como con dos assombros
  Animas dos gentilesas!
  Una, que a tu ingenio adorna,
  Otra, que a tu rostro assea.
En tu copia de milagros
  Se engañò naturalesa,
  Pues, quando te hizo entendida,
  Quiçà pensò que eras fea.
Pero nò, porque era justo
  Que en sympathia de prendas,
  Haziendo hermosa la concha,
  Hiziesse hermosa la perla.
Quando en ti solo abraçadas
  Estas venturas se muestran,
  Es amistad lo que es odio,
  Paz se logra lo que es guerra.
Con mucha razon se casa,
  Quando igualdades ostentan,
  Tan hidaldo entendimiento
  Con tan hidalgo belleza.
Tu discrecion, y hermosura,
  Si el alma advierte, pondera
  Ser la discrecion hermosa,
  Ser la hermosura discreta.
En tu voz dulces panales
  Labrando estàs como abeja,
  Ya con partido clavel,
  Ya con menuda açucena.
Estos peligros nò evita
  La voluntad màs esenta,
  Porque si de aquel escapa,
  Despues en este tropieça.

Anarda

do Parnasso: 181

Anarda penteando-se.

ROMANCE VI.

SUlcando Anarda sùs luzes,
    La mano entonces parece
    En brillantes ondas de oro
    Pequeño baxel de nieve.
Peyne de marfil applica,
    Mas dudarà quien la viere,
    Si se peyna los cabellos
    Con la mano, o con el peyne.
Quien puede temer borrascas
    En ondas de oro, quien puede?
    Pues turbias se temen nunca,
    Lusidas se logran siempre.
Si entre las flores hermosas
    Se hallan sierpes, bien se infiere
    Que es su rostro hermosas flores,
    Sus cabellos rubias sierpes.
El Sol, y el Alva aquel dia
    Sin ser mañana apparecen,
    Sol el cabello se esparce,
    Alva la mano se offrece.
Es tan luziente en sus rayos
    El cabello, que bien puede,
    Si faltare el Sol al dia,
    Ser substituto luziente.
Desatado por el cuello
    Contrarios effeios tiene,
    Pues quando màs suelto al ayre,
    Entonces màs almas prende.
Dixe en fin que Amor echava,

T   Para

182 *Musica*

Para que las almas pesque,
En dulce mar de jasmines
Dorados hilos de redes.

Anarda fugindo.

ROMANCE VII.

A Narda corres en vano,
  Que quando el alma me llevas,
Aunque bueles,no te apartas,
Aunque corras no me dexas.
Mis males,y quexas oye;
  Mas nò,que si oyes mis penas,
Ya dexaràn de ser males,
Ya dexaràn de ser quexas.
Y si solo por matarme,
  Dulce enemiga,te alexas,
Espera,no te apresures,
Que me mataràs,si esperas.
Oye la peña mis vozes,
  Para-se el Tigre con ellas;
Pàra,Anarda,si eres tigre,
Oye Anarda,si eres peña.
Mira estas blandas corrientes
  De llanto,que Amor las echa
Para aprisionar tu planta,
Para estorvar tu carrera.
O si la Diosa de Chypre
  Dorados pomos me diera,
Para ver si pies de plata
Con pomos de oro se enfrenan.
No por mi quiero que escuches,
  Sinò por ver que en las yervas

Fati-

do Parnasso. 183

Fatigas tu cuerpo hermoso,
Offendes tu plantas tiernas.
Si aora te convertiesses
Sacro laurel, ya tuviera
El verdor en mi esperança,
La corona en mi firmesa.
Lo tierno destas rasones
No escuchas, Anarda bella,
Que Aspid eres, quando sorda,
Que Aspid eres, quando fiera.

Pensamento altivo em o amor de Anarda.

ROMANCE VIII.

Temerario pensamiento,
Buelve acà, nò bueles nò,
Vè que son cera tus alas,
Mira que buelas al Sol.
Si qual Icaro despliegas
Tu buelo, temiendo estoy
En el rio de mi llanto
El sepulcro de tu error.
Si al Cie o subes, el Roble
Te desengaña el valor,
Que si era Tyfeo de ramos,
Es ya del rayo Faeton.
Si un mar de bellesa sulcas,
La nave, que el mar sulcò,
Es ya naufrago escarmiento,
Si era leño bolador.
Si al Sol te offreces, advierte
De un clavel la desazon,
Que es ya despojo de llamas,

T ij   Si

184 *Musica*

Si era purpura de olor.
Si un duro caftillo affaltas,
 Mira que aora fe armò
 Los cañones de impiedad
 Contra las flechas de Amor.
Si bufcas el Vellocino
 Del cabello brillador,
 Vè que le guardan fierefas,
 Mira que no eres Jafon.
Abate en fin la ofadia,
 No quieras dos muertes oy,
 Una muerte al defengaño,
 Otra muerte al disfavor.

Anarda fabindo a hum jardim.

ROMANCE IX.

A L prado muy de mañana
 Anarda fale aun jardin,
 Que es eftylo del Aurora
 Muy de mañana falir.
Ya por Reyna de las flores
 (Perdone la Rofa aqui)
 La acclama el vulgo frondofo,
 La jura el noble penfil.
Si bien quando purpurea
 De tanta rofa el rubì,
 Màs gentil color recibe
 Defta Venus màs gentil.
Viendola el roxo clavel,
 Viendala el blanco alheli,
 Era defmayo el candor,
 Era verguença el carmin.

N2-

do Parnasso. 185

Nacen mil flores,y quando
  Vieron tanta nieve alli,
  Recelaron por Deziembre
  Lo que logran por Abril.
Doblan sus ramos las plantas,
  Y en lisongero servir
  No es natural fuerça,nò,
  Es cortez respeto si.
Quando parlava un arroyo,
  Eran lenguas de agua al fin,
  Que le celebran lo hermoso,
  Que se applauden lo feliz.
Ausentò-se Anarda,y como
  El Sol se ausenta,adverti
  El jardin sin florecer,
  La mañana sin luzir.

Anarda cantando à viola.

ROMANCE X.

PUlsa Anarda aun tiempo, y fòrma
  Con una,y con otra accion
  Leño harmonioso su mano,
  Canoro nectar su voz.
Era la musica entonces
  Dulcissima igual prision
  De las almas,que conduxo,
  De los vientos que enfrenò.
Todo el coraçon se rinde
  A tan suave favor,
  Que contra su voz Sirena
  No ay Ulysses coraçon.

Parece

186 *Musica*

Parece alli que escondido
  Canta en ella un ruiseñor
  Al Aurora de su frente,
  De sus cabellos al Sol.
Llama al oido, y la vista
  Con dobles glorias, que unió,
  El oido a su concento,
  Y la vista a su esplendor.
Con dos agrados del alma
  Dos vezes Cielo se vió,
  Cielo en placida harmonia,
  Cielo en bella ostentacion.
En dos claveles parleros
  Su musica pareció
  Corriente de mil dulçuras
  Por senda de flores dos.
Hiere en fin los coraçones,
  Pues para la herida son
  Flechas de Amor los acentos,
  La Lyra aljava de Amor.

Anarda ferindo lume.

ROMANCE XI.

EN un pedernal Anarda
  El fuego solicitó,
  Como pide al pedernal
  Lo que pudiera a mi amor?
De la piedra saca el fuego:
  Que es costumbre del ardor
  Sacar fuego una bellesa
  Quando es piedra un coraçon.

La

do Parnasso. 187

La piedra hiriendo,y las almas
   Las heridas confundiò,
   Pues ambas de Anarda viven,
   Pues ambas de fuego son.
Quando mueren las centellas,
   Estrellas las jusgo yo,
   Que alli caduca su luz,
   Porque alli brillava el Sol.
Sinò es ya,que en tanta nieve
   De su florido candor
   Desmayò cada centella
   Quando tanta nieve viò.
Cada centella una dicha
   De Amor jusga mi passion,
   Quando hermosa se produxo,
   Quando breve se extinguiò.
Sale el fuego,y quando sale
   El vomito abrazador,
   No es de la piedra virtud,
   Es de sus ojos accion.
H zo en fin la lumbre,y luego
   La compara el niño Dios
   Con la lumbre en su luzir,
   Con la piedra en su rigor.

Morre queyxoso.

ROMANCE XII.

EN acentos lastimosos
   Mi coraçon se acredite,
  Si en dulce amor salamandra,
  En muerte quexoza Cysne.
De Anarda se quexe el alma,

Que

Que en bello rigor admitte
　Las espinas en sus rosas,
　Las sierpes en sus jasmines.
Dueño ingrato, advierte aora
　Que quando a mi pecho assistes,
　Que te offendes, si le offendes,
　Que te affliges, si le affliges.
Con los ojos, con el alma
　Te transformas, te apercibes,
　Por Basilisco, por aspid,
　Quando matas, quando finges.
Con los robles, con los olmos
　Competimos, fiera Circe,
　Tu con estos, por mudable,
　Yo con aquellos, por firme.
Ya las fuentes, ya los prados
　Sin tus plantas no te visten,
　Ni crystal en los Deziembres,
　Ni esmeralda en los Abriles.
Ya los campos por vengança
　De que aora nò los pises
　Abren yervas venenosas,
　Brotan espinas sutiles.
Dos muertes ya tiene el pecho,
　Si su muerte pretendiste;
　Muere en agua, quando llora,
　Muere en fuego quando gime.
Muerto estoy, demos al Mundo
　Quatro prodigios, que admiren,
　Tu de tyranna, y de hermosa,
　Yo de amante, y de infelice.

Morte

do Parnasso. 189

Morte celebrada em Endechas amorosas.

ROMANCE XIII.

YA que conosco aora
    Defunta el alma, sean
Mis llamas los blandones,
Mis vozes las exequias.
Las fuentes, y los campos
    Mi amor digan, y vean,
Pues dan voses las aguas,
Pues dan ojos las yervas.
Hermosissima Anarda,
    Que en rigor, y bellesa
Eres tigre de luses,
Eres Sol de fieresas.
En esta muerte el alma
    Porque te lisongean,
Tus rigores estima,
Mis tormentos festeja.
Pero mi amor se afflige,
    Si los gusta, que tenga
Aun contento en los males,
Aun gusto en las tristesas.
Padecer por sus ojos
    No puedo, aunque padesca,
Pues son gustos los males,
Pues son glorias las penas.
Ya los males nò temo,
    Que es una cosa mesma
Mi vida, y mi tormento,
Mis dias, y mis quexas.

U   Tanto

Tanto el alma los quiere,
   Que aun escrupulo altera
   Quando en plazeres habla,
   Quando en contentos piensa.
En la gloria me afflijo,
   Mira pues mis finesas,
   Que porque nò es congoxa,
   La gloria me atormenta.
Tenga en fin, dulce Anarda, quando muera
   Vivo el amor, y la esperança muerta.

VER-

VERSOS VARIOS,
QUE PERTENCEM
AO SEGUNDO
CORO
DAS RIMAS
CASTELHANAS,

ESCRITTOS
A VARIOS ASSUMPTOS.

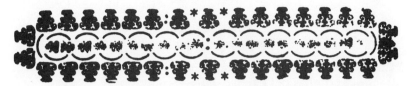

A' MORTE
DiA
SENHORA RAINHA DONA
Maria Sofia Isabel cóparada com eclipse do Sol.

SONETO I.

PPONE-SE la Luna al Sol flammante,
 Y aunque le deve todo el 'usimiento,
 Nò le faltò villano arrevimiento,
 Para opponerse ingrata al Sol radiante:
Siente la opposicion la tierra amante,
 Porque vè del eclipse el sentimiento,
 Mas aunque el Sol paresca sin aliento,
 Para el Cielo se queda Sol brillante.
Ansi la Reyna pues, qual Sol lustroso,
 El eclipse padece entristecido
 A la tierra, que siente el fin penoso:
Pero bolando al Cielo es tan luzido,
 Que si a la tierra queda tenebroso,
 Para el Cielo se offrece esclarecido.

Ahum

194 *Musica*

A hum Jasmim.

SONETO II.

TU loçano candor de adorno vivo
    Las estrellas del Cielo desafia,
  Y si es gloria nevada al claro dia,
  Es lastimoso ardor al Sol nocivo.
Oh como en los jardines te apercibo
  Hermoso Cysne en blanca loçania!
  Que respiras de olor dulce harmonia,
  Sintiendo de la muerte el golpe esquivo.
Tu candida hermosura vès perdida
  Entre halagos gentiles de tu suerte,
  Siendo lo mismo muerta, que nacida;
Pues quando tu fortuna màs se advierte,
  Con muerte diò principios a tu vida,
  Con vida diò principios a tu muerte.

Adonis convertido em flor.

SONETO III.

LLorando el bello Adonis Cytherea
    Entre el muerto coral, que llora tanto,
  El prado reverdece con el llanto,
  El prado con la sangre purpurea.
Admira en su dolor la luz Febèa,
  Si nò la encubre el tenebroso manto,
  Pues vino al dia con funesto espanto
  De la muerte infeliz la noche fea.
Mas un remedio su tormento quiere,
  Que es convertirlo en flor por su finesa,
  Y para que otra ves amarlo espere:
Que como es bella flor la gentilesa,
  Quando en el golpe su bellesa muere,
  En la flor resucita su bellesa.

Narcisso

do Parnaſſo. 195

Narciſſo convertido em flor
SONETO IV.

DEl Sylveſtre exercicio fatigado
   Buſcar quiere Narciſſo diligente
Los humidos alivios de una fuente
En los ardientes guſtos de un cuydado.
Halla la fuente en fin, y retratado
   Galan de ſu belleſa ſe conſiente,
   Y con engaños ſu hermoſura ſiente
En el frio cryſtal el fuego amado.
En flor deſpues el joven ſe convierte
   Por piedad de los dioſes merec'da,
   La piedad remediando el rigor fuerte:
Pues quando en el jardin flor ſe convida,
   Si las aguas le dieron triſte muerte,
   Ya las aguas le dan alegre vida.

A ſepultura de huma fermoſiſſima Dama
SONETO V.

COrtò dorada eſtambre Atropos dura
   Con el cuchillo, ſi violento, ufano,
   Al milagro divino de lo humano,
   Al compendio feliz de la hermoſura.
Hh de la Parca mano màs impura!
   Oh de la Parca golpe màs tyranno!
   Impura, pues manchè candor loçano,
   Tyranno, pues troncò belleza pura.
Quando tanta hermoſura ſe deſtierra,
   Si por llorar(ò peregrino) el caſo,
   Quieres ſaber lo que eſſa loſa encierra;
Advierte, mira que un mortal fraçaſo
   Muchas flores eſconde en poca tierra,
   Muchos ſoles ſepulta en breve ocaſo.

CAN-

Musica

CANCOENS.
DESCRIPC,AM̃ DA MANHÃ.
CANC,AM I.

I.

URORA vengativa
  De nublados enojos,
    Con que al dia aggraviò noche eſtrellada,
  Luzidamente ayrada,
  Caſtigando a la noche fugitiva
    Sus obſcuros deſpojos,
    El manto le rompiò,cegò ſus ojos.

II.

De flores coronada
  Derrama dulcemente
  El nectar matutino al Sol infante,
  Que ſe mece brillante,
  Siendo el rocio leche deſtilada,
  Que en niñez de viviente
  Leche el Alva le dà,cuna el Oriente.

III.

De ſuerte que luziendo
  Con applauſo canoro,
  Del Rey del Cielo es Nuncia brilladora,
  Y de la roxa Aurora,
  Como de roxa flor,el Sol naciendo,
  Brota en bello theſoro
  La flor.de roſicler,el fruto de oro.

Sale

do Parnaſſo. 197

IV.

Sale el farol radiante,
 Alma hermoſa de Mayos
 Peſtañeando al dia luz dudoſa,
 Y ſi es en gracia hermoſa
 Del Hemisferio claro ojo flammante,
 Fòrma en roxos en ſayos
 Por frente el Cielo, por peſtañas rayos.

V.

Tirando al coche, luego
 Calor ardiente ahuman
 Los cavallos en calles de eſplendores,
 Y en luzidos ardores
 Eſtrellas piſan, y relinch an fuego,
 Y porque màs preſuman,
 Purpura ruedan, reſplandor eſpuman.

VI.

El Cielo venerado
 Con placida harmonia,
 Que alterna al ayre bolador deſvelo,
 Con reverente zelo
 Al Cielo le feſtejan lo ſagrado
 En cultos de alegria,
 Siendo lampara el Sol, y templo el dia.

VII.

El Oriente veſtido
 De purpureos candores
 Jaſmines viſte, roſas purpurea,
 Y ſi de luz ſe aſſea,
 Luminoſo ſe vè, ſe vè florido
 De ſuerte, que en primores
 Jardin de rayos es, Cielo de flores.
Cancion, ſi quieres ſer eternizada,
 Di que en calladas tintas
 Quando pintas el Sol, Anarda pintas.

X

Deſ.

198 *Mufica*

Defcripçaõ do Occaſo.

CANC,AM II.

I.

DEl camino luziente fatigados
   Corriendo el quarto gyro todo el dia
Bufcan a Thetis fria
Los quatro brutos de Faeton alados;
Fragiles ya con ultimos alientos,
Ya con ardor fedientos
Quando a Neptuno el hofpedage deven,
Corales pacen, y cryftales beven.

II.

Bella Amfitrite en cryftalinos braços
   Recibe alegremente al Sol brillante,
   Que en gala de flammante
   Le dà de incendio amor, y de oro abraços;
   Y quando mar de fuego el Sol parece,
   Con las llamas, que offrece,
   Amfitrite en el ultimo fofliego
   Recoge en un mar de agua un mar de fuego.

III.

Brillando qual antorcha el Sol luftrofo,
   (Contra las nieblas del obfcuro coche,
   Que conduze la noche)
   Siendo el Cielo apofento luminofo,
   Siendo palida cera el oro ardiente,
   Al ultimo occidente
   (Porque nueftro Zodiaco no alumbre)
   Gafto-fe el oro, y fe extinguiò la lumbre.

Apolo

IV.

Apolo bello bellas anſias ſiente
   Quando fòrma crepuſculo dorado
   En el cryſtal ſalado
   Ya con achaques d'eſplendor doliente,
   Y agonizante con la hermoſa vida
   Fragilmente luzida
   Fluctua, quando cierra ſu theſoro
   En urna de cryſtal el cuerpo de oro.

V.

Muere el Sol, y las ſombras del abyſmo
   Empieçan a ſalir en buelo obſcuro,
   Si bien eſplendor puro
   De eſtrellas ſubſtitue al paraſiſmo,
   Que en el mar ſepultado el noble Apolo,
   Sirve de templo el polo,
   Y al tumulo mortal, porque lo aliñen,
   Sombras en lutan, y blandones ciñen.

VI.

En favor de la noche reſplandece
   Al Heſpero luziente Cytherea,
   Que entre la ſombra fea
   Quando ſe eſconde el Sol, ella amanece,
   Quando amanece el Sol, eſconde-ſe ella,
   Siendo a ſu gracia bella
   El Oriente gentil Occaſo ardiente,
   El Occaſo mortal hermoſo Oriente.
Cancion, tambien me eſconde
   Entre tinieblas de congoxa tarda
   La noche de la auſencia el Sol de Anarda.

ROMANCES
VARIOS.

Caçadora esquiva.

ROMANCE I.

IGUE los tigres huyendo
Del fiero vendado Dios
Sin ver que en igual fiereſa
Lo miſmo es tigre, que Amor.
Una Zagala del Duero,
Que al miſmo tiempo ſe viò
Para las almas ſerpiente,
Para los jardines flor;
Y para ſer Cielo en todo,
El miſmo Cielo le diò
En ſu pecho la mudança,
En ſus ojos la color.
Por feroz, y hermoſa ſiempre
Todo en el campo rindiò,
A las almas, por hermoſa,
A los brutos, por feroz.
Quando fatiga las ſelvas,
Oh como paga mejor!
Si al campo fieras le quita,
Al campo flores le diò.

Con

do Parnaſſo. 201

Con raſon la ſigue entonces
  Un amante caçador,
  Pues quando ſiguiò la Nynfa,
  La fiera entonces ſiguiò.
Hermoſa Muerte, le dize,
  Eſpera, nò corras, nó,
  No mereſca un fiero bruto
  Màs, que un diſcreto amador.
Oh como por eſtos boſques
  Sol te advierto en doble accion!
  Eres Sol en ligereſa,
  Eres Sol en eſplendor.
Aunque te auſentes, te veo,
  Pues copian a mi paſſion
  Eſtas flores tu hermoſura,
  Eſtas fieras tu rigor.
Tu ſuelto cabello, aun tiempo
  Agrado, y offenſa, es oy
  Laſcivo agrado del ayre,
  Dorada offenſa del Sol.
Nò quizo màs eſcucharle,
  Y en competencias corriò
  Del amante el llanto undoſo,
  De la Nynfa el piè veloz.

Amante desfavorecido.
ROMANCE II.

EN las orillas del Tajo,
  Donde un jardin ſe compone,
Siendo eſpejo los cryſtales,
Siendo veſtido las flores;
Deſdenes padece Thirſe,
  Thirſe, que es en glorias dobles

Bello

202 *Musica*

Bello aggravio de Narcisso,
Galan desprecio de Adonis.
Siempre escollo en sus duresas
Nise le fulmina amores;
Aspid hermoso del prado,
Divino Tigre del bosque.
Nise aquella,cuyos ojos,
Por verdes,y brilladores,
Son dos fuegos de esmeraldas,
Son dos Abriles de Soles.
Por tu Thetis,por su Aurora
Le acclaman por mar,por montes
Del agua escamosas turbas,
Del ayre empluma das voses.
Ya de Thirse los cuydados,
Y males parecen robles,
Los cuydados por altivos,
Los males por vividores.
De Nise ausente aun le presta
Su pensamiento colores:
Que quando el Sol se retira,
Nunca faltan arreboles.
Dòs firmetas desiguales
Igualan ambas passiones,
En ella de ingratas iras,
En el de finos ardores.

Moral queyxa.
ROMANCE III.

S In firmesa en los contentos,
Sin mudança en las congoxas,
Al son de su llanto canta,
Al son de su canto llora;

Thirse

do Parnaffo. 203

Thirfe en las playas, que el Tajo
 En prefunciones undofas
 Ciñe con braços de plata,
 Befa con rubias lifonjas.
Al dulce fon apacible
 De una cithara, que toca,
 Oh quan mal fu bien repite!
 Oh quan bien fu mal pregona!
Eftas que pronuncia quexas,
 Las felvas, las aves todas,
 Attienden calladas unas,
 Murmuran parleras otras.
 Los males, y los bienes me congoxan,
 Unos con penas, y otros con memorias.
Los males plantas fe offrecen,
 Que en altivezas frondofas
 Van fubiendo ramo a ramo,
 Creciendo van hoja a hoja.
Oh como fon defiguales
 Quando males apaffionan!
 Que al falir plomos fe calçan,
 Que al entrar plumas fe adornan.
Hafta los bienes affligen,
 Que en pildoras venturofas
 Por inconftantes amargan
 Quando por lindos fe doran.
Son aprecetos, y annuncios
 Para las venturas cortas
 Una efcuela cada inftante,
 Un cometa cada rofa,
 Los males, y los bienes me congoxan,
 Unos con penas, y otros con memorias.

Defpe.

204 *Musica*

Despedida amorosa.

ROMANCE IV.

EN el tiempo,en que la noche
  Obscuro pavon despliega
Para sus alas las sombras,
Por sus ojos las estrellas;
Un Portuguez Africano,
  Que en valor,y gentilesa
Assombro fuera de *Marte*,
Embidia de Adonis fuera;
A un tiempo prende,y desata
  Con una Africana bella,
Prende sus braços dudosos,
Desata sus vozes tiernas.
En las ausencias,le dize,
  Las dichas luego se abbrevian,
Que a relampagos de dichas
Suceden rayos de ausencias.
El alma te dexo:pero
  Se offende Amor,pues sin ella
Nò puedo alentar cuydados,
Nò puedo sentir tristezas.
Si en darte el alma se offende,
  Mira lo que escrupulea,
Pues siente lo que es ternura,
Pues culpa lo que es finesa.
A Dios en fin ella entonces
  Bella,y llorosa se muestra,
Ya como Aurora en sus luzes,
Ya como Auróra en sus perlas.

Estas

do Parnasso.   205

Estas palabras le dize
    Bien sentidas, mal discretas
    Entre contentos dormidos,
    Entre congoxas despiertas.
Nò te ausentes, que en mi pecho
    Si el alma tuya me entregas,
    A pesar de tus trayciones
    Hasde padecer màs quexas.
Mas ay, que eres tan esquivo,
    Que solo porque padesca,,
    Te solicitas los males,
    Y te prohijas las penas.
Si por sus flechas, y fuego
    Ingrato el Amor desprecias,
    Sabe que hay fuego en batallas,
    Vè que entre Moros hay flechas.
Bien conosco que las balas
    No temes, pues te confieças
    Como azero en los rigores,
    Como bronze en las duresas.
Pero, si adviertes, te engañas,
    Que quando el alma me llevas,
    Has de ablandarte a los golpes,
    Has de aprender las ternesas.
Si a la guerra te aventuras,
    Espera, tyranno, espera,
    Vè que tus ojos son armas,
    Mira que el Amor es guerra.
Como siempre en los amores
    Ambas las almas se truecan,
    Tienes el alma Africana,
    Tengo el alma Portuguesa.
Busca, traidor, otra Dama,
    No te ausentes, y te sienta
    A mis llamas duro marmol,
    A sus soles blanda cera.
Mira ingrato, lo que estimo

           Y   Tu

206 *Mufica*

Tu vifta,que por quererla
Me feftejo la defdicha,
Me folicito la offenfa.
Del Africa en los Defiertos
Vivirè,para que vea
Mis llamas en los ardores,
Tus crueldades en las fieras.
Efto dixo,y con defmayos
Se efconden,fe defalientan
Ya fus luzes en occafos,
Ya fus rofas en violetas.
Huve el Portuguez,y aun tiempo
Le llaman,quando fe alexa,
A fus oidos la trompa,
A fus ojos la bellefa.

A hum Rouxinol.

ROMANCE V.

Ruyfeñor te confidero
Por mufico,y por veloz
Como Amfion emplumado,
Como Orfeo bolador.
Requiebras fiempre al Aurora,
Que tambien en fu paffion
El ave fabe un requiebro,
Corteja al ave un amor.
Sinò es,que como el Sol nace,
Que es Principe brillador,
Canoramente feftejas
El nacimiento del Sol.
Quando buelas,quando cantas,

No

do Parnaſſo. 207

No diſtingue mi attencion
Si eres ave en leve buelo,
Si eres Muſa en dulce voz.
Como Abeja entre las flores
Me pareces,(Ruy ſeñor)
Que haziendo miel del concento,
La melodia formò.
Eſſa harmonia que fòrmas
En fiera transformacion,
Como es ſuave,ſi es quexa?
Como es blanda,ſi es rigor?
Con eſſe jardin compites;
Tu plumas;el hojas diò:
Tu matizes;flores el;
Tu ſuavidad;el olor;
En la dulce intercadencia
De tus quiebros pienſo yo
Que te acuerdas del aggravio,
Que te ſuſpende el dolor.
Quando el viento nò reſpira
A tu canto ſuperior,
Nò es ſerenidad del dia,
Es de tu canto priſion.

Ao Amor.
ROMANCE VI.

Q Uien dize que Amor es niño,
Neciamente quiere errar,
Que para niño es muy fuerte,
Muy ſabio para rapaz.
Quien dize que Amor es ciego,
No ſabe lo que es cegar:

Y ij   Que

208 *Musica*

Que Amor es lince del alma,
  Y es Argos de la amiſtad.
Quien dize que es flechador,
  No ſabe lo que es flechar,
  Que Amor nò fulmina flechas,
  Solamente incendios dà.
Quien dize que es bolador,
  No ſabe lo que es bolar:
  Que Amor es muy tardo al ruego,
  Y es muy peſado en ſu mal.
Quien dize que Amor es Dios,
  No lo ſabe declarar:
  Que nunca un Dios es tyranno,
  Ni es ingrata una Deidad.
Quien dize que Amor del agua
  Deciende, engañado eſtà,
  Que quien tan fuego ſe enciende,
  Nò deciende de la mar.
Quien dize que es cautiverio,
  Sin raſon quiere llamar
  Violencia lo que es agrado,
  Priſion lo que es voluntad.
Y quien dize que es deſnudo,
  No entiende ſu qualidad:
  Que lo biſarro es amable,
  Y es querido lo galan.

VOLTA.

Diga el alma, diga,
  Diga el alma ya:
  Amor es tormento,
  Querer es penar.
  Amad, amad,
  Porque amando ſe ſabe
  Lo que es amar.

do Parnasso. 209

Ao Excellentissimo Senhor Marquez de Marialva , dandolhe os parabens àa Vittoria de Montes Claros.

ROMANCE VII.

Venid en hora felice,
    Valiente iluftre Marquez,
  Nuevo Aquiles màs invicto,
  Nuevo Curcio màs fiel.
Parabien a vueftras palmas
    Era efcufado, porque
  Lo que texe una coftumbre,
  Nò le adorna un parabien.
Quando vòs fulcais el Tajo,
    Vaffallo feliz fe cree,
  Nò yà de un Neptuno antigo,
  Pero de un Marte novel.
Todo en guftos derramado
    Gloria a gloria bien a bien,
  Sinò moriera del mar,
  Moriera fi de plazer.
Las Dryades en fus campos
    Empieçan luego a offrecer
  A vueftra mano la palma,
  A vueftra frente el laurel.
Libertada, y de fendida
    Lyfia, imitais a Dios; pues
  Siempre fu poder conferva
  Lo que cria fu poder.
Vueftro efquadron mal formado
    Que importa en el Marcio arder,
  Si el orgullovè difouefto,

Si

210 *Musica*

Si el pecho formado vè?
Valeroſo el Caracena,
  Valido el Haro venceis,
  En aquel de un Rey el braço,
  En eſte el pecho de un Rey.
A vueſtro valor eſtraño
  (Quando acaba de vencer)
  Una batalla es cariño,
  Una victoria es deſden.
Portuguez fuerte,applaudido
  Sois,veſtis,enriqueceis
  A Lyſia,Iberia,à la fama
  De honra,de horror de interes.

A Don Joaõ de Lancaſtro , dandolbe as graças a Cidade da
Babia por trazer a ordem de Sua Mageſtade para a ca-
ſa da Moeda, que de antes tinha
promettido.

ROMANCE VIII.

EN hora felice venga
  A regir eſta Ciudad
  El fuerte,el juſto,el diſcreto,
  El ſiempre iluſtre Don Juan.
Parabien os dan los nobles,
  Parabien la plebe os dà:
  Que como ſois para todos,
  Todos os deven amar.
Las luzes,y las campanas
  En tanta feſtividad
  Hablan con lengunas de fuego,

Y

do Parnaſſo. 211

Y por vozes de metal.
Promettiſteisle el remedio
De ſu dolencia mortal,
Que de Politico Apolo
Nò os falta la actividad.
Cumpliſtes vueſtra promeſſa
Com tanta facilidad,
Que aun viſto el bien a los ojos,
Los ojos dudando eſtan.
Lo difficil emprendiſteis,
Y lo quiziſteis buſcar,
Que aun coraçon generoſo
Brinda la difficultad
Al mar entregais la vida,
Y para mayor piedad
La vida poneis a rieſgo,
Para la cura applicar.
Llegaſteis mandando luego
El remedio executar,
Que es util la medicina,
Quando ſe apreſura al mal.
Con la moneda,que eſperan,
Ya ſe empieçan a alentar
De los ricos la codicia,
De los pobres el afan.
Si el dinero de los hombres
Sangre ſe ſuele llamar,
Tambien les dais nueva vida
Quando la ſangre les dais.
Al Mercader que en ſu trato
Peligra màs ſu caudal,
Le dais cambios màs ſeguros
Contra los rieſgos del mar.
Los Molinos del açucar
Con tanta ventaja,ya
No ſeran vaſos de miel,
Que vaſos de oro ſeran.

Por.

212 *Musica*

Portugal, y nueſtro Eſtado
    No ſe qual os deve màs,
    Aquel os deve la gloria,
    Eſte la felicidad.
Nueſtras memorias offrecen,
    Con que os quieren venerar,
    *H*olocauſto a vueſtra imagen,
    Y templo a la eternidad
Sois Principe de la ſangre,
    De cuya eſtirpe Real
    Se eſmalta vueſtra nobleſa
    Con lumbres de Mageſtad.
Vivid ſeñor como Fenix,
    Porque en la poſteridad
    Vida de Fenix merece
    Quien Fenix es ſingular.

Ao Senhor Dom Rodrigo da Coſta, vindo a governar o Eſtado
do Braſil.

ROMANCE IX.

Q Uiſiſteis ſulcar los mares
    Sin temer las ondas bravas,
    Porque el fuego de la gloria
    Quita el horror de las aguas.
En vueſtro leño impe rioſo
    Sin peligro en las borraſcas
    Neptuno os obedecia,
    Y Thetis os reſpetava.
Quexoſa de vueſtra auſencia,
    Dexais a Lyſia enojada,
    Pero ſi Lyſia ſe enoja,

Nueſtra

do Parnaſſo. 213

Nueſtra America ſe exalta.
Eſta Ciudad os recibe
 (Si ſois Coſta)con jactancia
 Que tiene en vòs mejor Coſta,
 Quando ſu puerto os prepara.
Dexaſteis para regirla
 El deſcanço de la patria:
 Que un coraçon valeroſo
 Solo en fatigàs deſcança.
De vueſtra feliz venida
 Nueſtros deſeos dudavan:
 Que quando el bien ſe deſea,
 Titubca la eſperança.
Los Isleños governaſteis
 Con tanto amor,y alabança,
 Que la poblacion Isleña
 Por Chypre de amor ſe alaba.
Oy tomando otrro govierno,
 Del Sol imitais la cauſa,
 Que quando gyra en un polo,
 Deſpues al otro ſe paſſa.
Sois deſcendiente del Conde,
 A quien el Leon de *Heſpaña*
 Dava infelices bramidos,
 Porque le quebrò ſus garras.
Configuió tantas vitorias,
 Que al miſmo tiempo juntava
 En la frente los laureles,
 Quando en la mano las palmas.
Cuyo valor heredado
 (Que llamas de honor levanta)
 Renace en vueſtras acciones
 Como Fenix de las llamas.
Sois valiente,y juſticiero;
 Y aunque Marte en vòs ſe acclama,
 Deſprecia la Dioſa Venus,
 Y la Dioſa Aſtrea abraça.

Z

Si

Si vuestro pecho es fiel
 A la Justicia, que os ama,
 Lo fiel de vuestro pecho
 Dà fiel a sus balanças.
Unis en vuestro govierno
 Por idea màs preciada
 El rigor con el cariño,
 La austeridad con la gracia.
Obrais justicia sin ojos,
 Que de vòs siendo observada,
 No mirais de las personas
 El poder, o la privança.
Al soborno estais sin manos,
 Que vuestra entereza ufana
 Lo vence tan facilmente,
 Que sin ellas lo espedaça.
Mas las manos a los pobres
 Prestais, que enxugan, y sanan
 El llanto de su miseria,
 De su penuria las llagas.
Suene, y buele en todo el Mundo
 Vuestro nombre, a quien la fama
 Para el brado dà sus boccas,
 Y para el buelo sus alas.
Vivid pues eterna vida,
 Si bien en virtudes tantas
 Con muchos siglos de aciertos
 Eterna vida os acclama.

TER-

TERCEYRO CORO DAS

RIMAS ITALIANAS

do Parnaſſo. 217

ANARDA
QUERIDA NA OCCASIAM de ſuas lagrymas.

SONETO I.

A conca, che nel mar naſce cocente,
   E del ſuo bel theſoro s'innamora,
   Se'l lucente cryſtal del mar'honora,
   E' più ſuperba, perch'è più lucente.
Quando la bianca Aurora humor cadente
   Della mattina ſparge, appare fuora,
   E con quella rugiada dell'Aurora
Nutre la chiara perla in ſeno algente.
L'iſteſſo effetto dell'iſteſſo vanto
   Quando mia Aurora piagne, gode il Core,
   E tanto l'ama, quando piagne tanto.
Tu poi, Conca più facile all'humore,
   Rugiada eſſendo il tuo vezzoſo pianto,
   Eſſendo perla il mio pregiato amore.

SONE-

218 *Musica*

Atrevimento, & lagrymas.
SONETO II.

V Ola il vapor, che dalla terra nacque
　Umilmente, in virtù del Sole, al Sole;
E opponendo alla ffera oscura mole,
Quel che nacque vapor, nube rinacque.
Mà quanto l'alta deusità le piacque
Precipitato dalla luce suole
(come chi colle lagryme si duole)
Tutto piovoso destillarsi inacque.
Al Sol d'Anarda daùmile sentiero
Il pensser hà volato còl desio
Pervirtù de'suoi raggi al Hemissero.
Dipoi si muta inpianto, onde veggio
Qual audace vaporil mio pensiero,
Qual abondante pioggia ilpianto mio.

Leandro morto nas aguas.
SONETO III.

L Eandro amante con notturno giorno
　Del Sole, che le appare per costume,
Prega nel mare di Cupido il Nume,
Per che il mar di Cupido è bel soggiorno.
Al Nocchiere d'Amor colle acque intorno,
Il fanale fu spento di alta lume,
Cò'i fischi'l vento, il mare colle spume,
Forman preda dilui, d'amor fan scorno.
Non fu il vento la causa à suoi lamenti,
Non il Dio Tridentato delle sponde;
Egli solo è cagione a suoi lamenti:
Porche frà l'auze lievi, acque pro fonde,
Co'i sospiri, che sparge, doppia i venti,
Co'i pianti, che distilla accrese l'onde.

En-

do Parnaſſo. 219

Endimiaõ amado da Lua.
SONETO IV.

IL bello Endimion del bello maggio
  Cultore fortunato in rozza cura,
  Pero difiamma dolcemente pura,
  [Dicalo il ſacro Ciel]cultore ſaggio:
Senza la pena d'amoroſo oltraggio
  La Luna adora con felice arſura;
  Ella incand.da fede più ſe apura
  Che nel candore di notturno raggio.
La Luna col Paſtor ha grato ardore,
  La Luna col Paſtor ferma s'infiama,
  Tramandando dal Cielo'l ſuo ſplendore.
Raro amore più nùtre,quando l'ama,
  Benche ruote incoſtante ha fiſſo il core,
  Benche s'imbianchi fredda,ha dolce fiamma.

*A Dom Franciſco de Souſa Capitaõ da Guarda de Sua Ma-
geſtade no tempo,em que o chamou para a Corte.*
SONETO V.

GIati veggio,Franceſco,un gran Mavorte!
  (L'altre doti d'ingegno adeſſo io taccio)
  Sei in fatale ſforzo,in dolce laccio,
  Amor per bello,per invitto Morte.
Il Rè chiamòti alla fedele Corte
  Per la cruda virtù del forte braccio,
  Per che non entra di timore il ghiaccio,
  Quando ha foco di gloria,al petto forte.
Difendendo al Rè noſtro,che ti crede
  Colla tua fedeltà,col tuo valore,
  La difeſa fedel,al zelo cede.
Fia poi al noſtro Rè guardia migliore,
  Via più,che il Reggio honor,la viva fede,
  Via più che il duro ferro,il duro Core.

A Dom

A Dom Luis de Sousa Doutor em Theologia, alludindo às Luas de Juas Armas.

SONETO VI.

Illustre Lodovico, coronato
  Nel glorioso saper di bianco freggio,
  Col giudizio, di scienza eterna, freggio,
  Coll'ingegno, del Sol Divino, amato.
Serve ancora al tuo petto, essendo armato,
  Per Insegna miglior, lo scudo Reggio,
  E di Lune doppiate il chiaro preggio
  Per doppiarsi l'Onor, ti hà ricercato.
Lo scudo t'arma allo nimico crudo,
  Il freggio ti di mostra saggio amore
  Di vanità superba, sempre ignudo.
Convenne poi conquesto, equell'onore,
  A chiara Nobiltà, di Lune scudo,
  A Celeste saper, d'Alba splendore.

MADRIGAES

IMPOSSIBILITA-SE A vista de Anarda.

MADRIG. I.

E il core n'tivede
In giusta gloria de tua vista chiede,
Poi si egli e'condenato
A lo infernale stato
De le ardore che celo,
Come (Anarda) potrà veder tuo Cielo?

Jasmim morto, & resuscitado na mão de Anarda.

MADRIG. II.

UN giglio la mia Dea
In bella mano havea,
Che vinto del candor de quella mano
Perdea il candor vano,
Ma in virtù del bel viso
(Che equal Alva) con fiso
Con dolcezza fiorita
Il candor ricourò risorse invita.

222 *Musica*

Compara se Anarda com à pedra.

MADRIG. III.

I Pianti che il mio cor ha diftilato
  Non mitiga de Anarda il volto irato,
Ilamenti,che il cor ardente guarda,
Non odi lamia Anarda,
E pietra poi,quando dame difcorda,
Dura amiei pianti,amiei lamenti forda.

Sol com Anarda.

MADRIG. IV.

D El tuo vifo lucente
  Beve il raggio cocente
Il Sole,che effer vole,
Del Sol Aquila il fole.

Ponderaçaõ do Icaro, morto com feu Amor.

MAGRIG. V.

V Olando Icaro alato
  Del Sol precipitato
Muore;del Sol che adoro
Precipitato muoro:
Mà con maggior rigor il dolor mio
Egli nel acqua e 'morto,nel fuoco io.

Anarda

Anarda fugindo.

MADRIG. VI.

FErma Anarda il tuo paſſo a la mia ſorte,
  Sepur vuoi la mia morte,
Col rigor chet' incita
L'occhi tuoi verſa a me, togli la vita:
Ma (ahi laſſo) che ſi fuggi,
Tutto il mio core ſtruggi,
Che ſi altri uccidon quando van ſeguendo
Tu ſola uccidi, quando vai fuggendo.

Anarda reprebendida por querer merecimentos no amante.

MADRIG. VII.

SE per meriti ſolo del' amanti
  Anarda vuoi udir dolori tanti,
Come niuno ha merito d'amarti,
Niuno laccio de amor potrà ligarti;
Se poi ſolo date merito fai,
Te ſola amar potrai.

QUARTO CORO DAS

RIMAS LATINAS

DESCREVE-SE O LEAÕ.

HEROYCOS.

ERNIS ut in campis hii sutos arcuat ungues
Impavidus sine lege fremens, sine lege vagantes
Concutiens perterga jubas, per inania pandens
Ora(Leo)sonitu; sonitu cadit undique sylua,
Undique terra tremit, latè stat montibus horror.
Explicat inflexà caudà ludibria, ventos
Spernit, nec ventis ignoscit torva Leonis
Ira, sed innocuas caudà diverberat auras;
Se Rex esse videns, optat quòd turba ferarum
Obsequiosa colat, regale insigne, coronam.
Amphitryonidem (vastum qui morte Leonem
Perdidit, ostentans indutà pelle triumphum)
Provocat, ac mortem qua mortem vndicet, ipse
Prævenit, & secum ad pugnam præludere gestit.
Non venit Alcides, iratos ebibit ignes,
Offensus rabie, frondosa per æquora gliscit,
Et Robur quatiens acuit sub Robure robur.
Horrendas horrenda vocans ad prælia tigres.
Jam pugnas miscet, jam votis præcipit hostem,
Infremit, insultat, lætatur, devorat, urget.

Cæru.

228 *Musica*

Cæruleà mi catarce Leo, flagrat iste per agros
Impiger, ille Poli sidus, Sol iste Ferarum
Dicitur; in faustos Leo sydus devomit æstus
Ignifer, igniferas Leo Terreus æstuat iras.
Emicat intrepidus, turget splendore comarum,
Dum credit jubir esse jubas. Non Phæbus arenas
Exurit Libyæ, Libyam Leo fervidus urit.
Cum fera procumbit pedibus prostrata, libenter
Imperium recolens, ungues obfrænat acutos
Regali pietate gravis, Leo nescius hosti
Subjecto maculare manus; sat vincere credit
Qui parcit, cum fulmen ovat non ima repellit.

EPIGRAMMAS.

Adonis morto em os braços de Venus.

EPIGRAM. I.

INfelix Cytherea necem dum plorat Adonis,
 Flent oculi mæsti, prataque læta virent.
Jungitur os ori, languescit corpore corpus:
 Dum vulnus cernit, pectore vulnus alit.
Parca videns mortis spectacula tristia, nescit
 Cui tribuit vitam, cui dedit illa necem.

Daphne convertida em arvore.

EPIGRAM. II.

INsequitur Daphnem Phæbus stimulatus amore,
 Hunc sua vota cient, illa timore volat.

Mox

do Parnasso. 229

Mox celeres cursus imitatur virgo paternos,
Sed Phæbo plumas æmulus addit Amor.
Illa vocat superos, viridis mox redditur arbor;
Arbore conspectà, talia Phæbus ait.
Non equidem miror; velut arbos pulchra virebas;
Ac tua durities truncus, amore fuit.

Argos em guarda de Jo.

EPIGRAM. III.

CUm Jovis insano vaccæ flagraret amore,
Sidereus custos virginis Argus erat.
Crediderat Juno quòd centum Pastor ocellis
Clauderet ardentis turpia vota Jovis.
Non vidit Jovis ille dolos; nam solus amoris,
Qui plus est cæcus, plus videt ille dolos.

Acteon vendo a Diana.

EPIGRAM. IV.

CUm nuda Actæon spectaret membra Dianæ,
Hæc se mergit aquis, ebibit ille faces.
Supplicium dedit ipsa oculis, Actæona plexit,
Perditus ut formà, perderet ipse focum.
Occidit Actæon, canibus non mortuus; olli
Eripuit vitam virginis antè rigor.

Leandro morto nas agoas.

EPIGRAM. IV.

ÆQuora Leander sulcat sub lumine fixus,
Brachia dant remos, est Palinurus Amor.

Bb   Tem-

Musica

Tempestas horrenda furit, furit Æolus undis,
　Ipse vocat Venerem, mergitur ipse mari.
Morte perit duplici Leander, captus amore,
　Mortuus est lymphà, mortuus igne fuit.

---

*A' morte da Senhora Rainha Dona Maria Sofia
Isabel.*

EPIGRAMMA.

Quid facis atro luctu Lusitania? Ploro:
　Quid ploras? Gemitùs ultima fata mei.
Tanta ne te planctus tenuit tristitia? Tanta:
　Perdita sunt Luso gaudia cuncta loco:
Quid perdis? Regnum: Quare? Jam credo cadentem?
　Lysiadum statum, Sole cadente suo.
Tu ne gravem poteris cordis relevare dolorem!
　Oh utinam possem capta dolore mori!
Solve corde metum; mortem ratione reposco;
　Nam Regina mihi provida vita fuit.
Religio, Pietas ubi sunt? Ad sidera tendunt:
　Quæque Dei fuerant, sustulit ipse sibi.

TAGI,

do Parnaſſo. 231

TAGI, ET MONDÆ

Pro obitu DD. Antonii Telles de Sylva
Colloquium Elegiacum.

TAGUS.

Heu mihi! Jam morior tanto conjunctus amore;
Vivere me ſolum non ſinit altus amor.

MONDA.

Me miſerum planctus crudeliter occupat horror!
Sum Monda,& Mundo nuntia moeſta dabo.

TAGUS.

Aurifer antiquitùs jactabar:ſed mihi luctus
Ferreus inpænis aurea dona vetat.

MONDA.

Urbs hæc dicta fuit multis Collimbria ridens;
Sed jam non ridens,ſed lacrymoſa manet.

TAGUS.

Plorat Ulyſſipo ſævo concuſſa dolore;
Oceanus lacrymis,non Tagus ipſe vocor.

Bb ij   MON-

232 *Musica*

MONDA.

Lætabundus aqua, placidis spatiabar arenis;
Sed celerem cursum pæna timore gelat.

TAGUS.

Oh lux Lysiadum, spes oh fidissima Regni!
Quàm citò tam viridem pallida Parca tulit!

MONDA.

Semper Athenæum tanto pollebat Alumno,
Sed, pereunte viro, tota Minerva perit.

TAGUS.

Te vivente, tuo lætabar nomine, Telles,
Nomen erat sacrum, nam mihi numen erat.

MONDA.

Mens tua præcurrit paucis velocior annis,
Illico, quæ veniunt, illico fata ferunt.

TAGUS.

Me clypeo aurato tua Regia vita tegebat;
Sed tua mors, Telles, impia tela vibrat.

MON-

do Parnaſſo. 233

MONDA.

Eloquii flores credo marceſcere;namque
Irruit in flores horrida mortis hyems.

TAGUS.

Sylva,meus fueras regali ſanguine cretus;
 Sed mortali ictu cædua Sylva fuit.

MONDA.

Maximus Ingenio Logicæ argumenta probabas;
Sed mors concludens arguit atra dies.

TAGUS.

Ad ſuperos remeas,cùm ſis peregrinus in Orbe;
 Stare humili neſcit gloria tanta ſolo.

MONDA.

In te Cæſarei Juris decus omne vigebat,
 Te que vocant Leges,ſed ſine lege vacant.

TAGUS.

Nobilitas,comitas,gravitas,ſapientia,virtus
Deliquio lugubri,te moriente, cadunt.

MON-

234 *Musica*

MONDA.

Pontificale gravi cunctos Jus mente docebas;
Quanto,te perdens,Roma dolore gemit!

TAGUS.

Tagides eximio indulgentes corde dolori,
Nolunt,plorantes pignora chara,choros.

MONDA.

Mondaides limphis nequeunt agitare chorèas,
Immotos animos magna ruina facit.

TAGUS.

Cinxit Apollineo cantu tua tempora Laurus,
Sed nunc pro lauro nigra cupressus adest.

MONDA.

Carmina facundo metro tua Musa solebat
Pangere,nunc optat plangere Musa mea.

TAGUS.

Te pater illustris perdit,sed pectore servat,
Mors,quæ sunt anima,tollere sæva nequit.

MON.

MONDA.

Cælesti Ingenio fulgens ut stella micabas,
  Nunc tibi dant proprium sidera clara locum.

TAGUS.

Mortuus es? Minimè, credo plus vivere, quippe
  Dilectus Lucis plurima corda tenes.

MONDA.

Solis lumen alit Phænicem, ut vivat in ævum,
  Vitam alit æternam lucida fama tuam.

DESCANTE
COMICO
REDUSIDO
EM

DUAS
COMEDIAS.

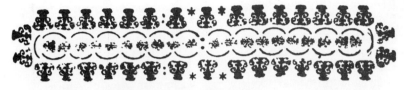

HAY AMIGO PARA AMIGO.
COMEDIA
FAMOSA,
Y NUEVA.

HABLAN EN ELLA

D. Lope.	D. Leonor.
D. Diego.	D. Isabel.
Rostro.	Flora.
Puño.	Dorothea.

JORNADA PRIMERA.

Sale D. Diego, y D. Lope.

D. Die. Vòs triste? vòs congoxado?
 Vòs solicito al dolor?
 Con desmayos la color?
 Con alientos el cuydado?
 Sin dezirme la impiedad,
  Teneis voz de un sentimiento;
 O' es falso vuestro tormento,
 O' es falsa vuestra amistad.
 Si sois mi amigo, es mal hecho
 Que ignore tormento tal,
  Pues, si occultais vuestro mal,
 Ya me encubris vuestro pecho.
 Acabad pues de dezirlo,
 Para que lo sienta yo,
 Que si un alma a vòs me uniò,
 Sin mi nò podreis sentirlo.
                Cc ij   D. Lop.

240   *Hay amigo*

D.L. Aquel, q̃ ſi al pecho enciéde
El miſmo ardor, que deſea,
Con llanto ſe liſongea,
Porque del agua deciende.
A quel, que niño ſe adora
En el alma, y con razon,
Pues en la miſma paſſion
Aɪm tiempo ſer e, y llora;
Aquel, que quando occaſiona
Al pecho infelice eſtado,
Quiça ſe mueſtra vendado
Por nò ver lo que apaſſiona;
Aquel, que flechan lo, en lea
De flechero la mentira,
Pues, ſi es flecha lo que tira,
Es incendio lo que emplea;
Aquel, que ſe mueſtra alado,
Alas queriendo lograr,
Porque pueda ventilar
De ſu fuego lo abrazado;
Aquel, que dando el deſvelo,
Hazer en el alma ſabe

Lo que el Piloto en la nave,
Y lo que el Sol en el ſuelo;
Aquel, que en el coraçon
Oſtentando dulce enleo,
No dexa de ſer deſeo
En la miſma poſſeſſion.
Ya lo entendeis, el Amor,
Bien lo tengo declarado,
Duro tormento me ha dɪdo
Por manos de ſu rigor.
D. Die. Pues dezid, quié es la dama
De tan amoroſo fuego,
Que en grave deſaſoſſiego
Os communica eſſa llama?
D Lop Como os propuſe de amar,
Es juſto el obedecer,
Porque es deuda del querer
La obligacion de agradar.
No digo que me eſcucheɪs,
Que ſuppongo la attencɪon,
Ni pareciera razon
Advertir lo que ſabeis.

Quando al dudozo reſplandor del Alva
Haze feſtiva, ſi canora ſalva,
La dulce multitud de riſeñores,
Saltando en ramos, v brincando en flores;
Que haſta las brutas aves
En acentos ſuaves
Saben a los crepuſculos del dia
Feſtejar con el canto ſu alegria.
Al ignorado arbitrio del deſtino
Por un prado frondoſo me encamino,
Dando verdes liſonjas a los ojos,
Para feriarle al alma dezeooɪos;
Pues con lo verde de eſpeſſura amena
Se deſnuda lo negro de una pena.
Pero a la viſta lexos ſe me offrece

Un

para amigo. 241

Un bulto, que parece
Ser cadaver hermoſo,
Que al tranze riguroſo
Si ſe atreviò a ſu vida Parca impura,
Temiò lo celeſtial de ſu hermoſura,
Como quien ſe dezia a ſu deſvelo:
No entra la muerte en el hermoſo Cielo.
    Llego màs cerca, y con temores veo
Para gloria feliz de mi deſeo
Una perla; es vileſa
A ſu rara belleza:
Una roſa; yo miento
En ſu encarecimiento:
Un ramillete; ſigo
Yerros, en lo que digo:
Un Angel; calle el labio
Tan man:fieſto aggravio:
Una Dioſa; que errores
Mediċtan mis amores!
Pero, ſi la encareſco deſte modo,
Digo que vi, porque lo diga todo,
Una perla, una roza,
Un ramillete, un Angel, una Dioſa.
    Dormiendo pues eſtava,
Y piadoſa oſtentava,
Que negando a ſus ojos las acciones,
Dexava de matar los coraçones;
Como quien les dezia,
Quando entonces dormia:
Flechados coraçones, quiero agora
Dar de barato a vueſtra vida un hora.
    En fin yo ſuſpendido
No creia al ſentido,
Que viva me moſtrava
La que muerta haſta alli repreſentava;
Pero quando de amores me vi muerto,
Por lo que cauſa acierto,

                                        Que

242 *Hay amigo*

Que la muerte a sus ojos no maltrata,
Quando a mi pecho con sus ojos mata:
De suerte pues,que matadora siento
La que jusgava muerta el pensamiento.
O si supiera(que dichosa suerte!)
Contaros el motivo de mi muerte;
Mas aun que,como es justo,no prosiga,
Es acierto glorioso que lo diga,
Pues repitiendo de mi amor la historia,
Se convierte plazer lo que es memoria.

El cabello se esparcia
Con desaliño dorado
Por el cuello matizado
De las luzes,que offrecia:
Pero entonces parecia
(Viendo el cabello sutil
Sobre el cuello en rayos mil)
Que muestra en bello thesoro
A' jurisdiciones de oro
Obediencias de marfil.
Dado su rostro al reposo,
Purpureo lo considero,
Quando en los ojos pondero
Cerrar de su luz lo hermoso;
Que en occaso luminoso,
Como soles se occultaron,
Pero,quando se encerraron,
Como era occaso de soles,
Los purpureos arreboles
En su rostro se quedaron.
Las perlas,que embidia Aurora,
Para destilar al prado,
Con receloso cuydado
En sus labios athesora:
Porque como teme aora

Que a su labio carmesi
Se atreva el Aurora alli,
Para que pueda cogerlas,
Guarda el thesoro de perlas
En un cofre de rubi.
Su mano bella applicando
A una mexilla,parecen
Quando tan juntas se offrecen,
Que estan alli platicando;
Pues blandamente juntando
Del sueño leyes forçosas,
La mano,y mexilla hermosas,
Alli con vozes serenas
Hablavan las açucenas,
Y respondian las rosas.
Muchas flores se offrecian
Abesar su planta breve,
Y sin temor de la nieve'
Junto h sus pies florecian;
Dixe pues,quando tenian
De sus plantas los favores:
No es mucho,si en respládores
Reyna de las floreses,
Que llegue abesar sus pies
El vulgo de aquellas flores.

Quedo pues en amores encendido,
Dulce soccorro al niño Dios le pido,

Que

para amigo. 243

Que aun que de niño su favor no quiero,
Quando Dios es llamado,bien lo espero.
 De mi voz suspirada Amor piadoso,
Le quita las prisiones del reposo,
Que como intenta su propicio zelo
Introduzir en ella su desvelo,
No es bien que la consienta sossegada,
Si pretende en su pecho hazer entrada.
 Despierta en fin de aquel lethargo breve,
Y el Sol los rayos de sus ojos beve,
Que es Aguila en favor de luminoso
El mismo Sol de aqueste Sol hermoso.
 Pensad lo que dirian mis temores
En concetos de estrellas,y de flores,
En discursos de Luna,y bella Aurora,
En requiebros de Venus,y de Flora;
Mas yo amante,ella hermosa, bien publico
Los mismos pensamientos,que no explico.
 Ausenta-se despues tan rigurosa,
Que desdeña mi voz por amorosa,
Que es usado capricho de una dama
Hazer ludibrio de amorosa llama.
 Mas quando della me averigo ausente,
El coraçon mayores llamas siente,
Que es el fuego de amor tan desusado,
Que obra con màs ardor en lo apartado.
 O quantas vezes le dezia amante,
Quando se ausenta,el coraçon constante:
Si pretendes matarme dessa suerte,
Buelve los ojos,y veràs mi muerte;
Mas ay! que agora (marmol sordo)quando
Tu vas huyendo,tu me vàs matando,
Que si otros matan,quando van siguiendo,
Tu vas matando, quando vas huyendo.
 Pero yo no la sigo,porque creo
Que es contra su recato mi deseo,
Porque es razon de estado en quien bien ama

Estimar

244 Hay amigo

Eftimar el recato de una dama.
En fin de allı me aparto, conociendo
El foberano Sol, en que me enciendo,
Pues fe que vive agora retirado
En la dichofa esfera de aquel prado;
Haziendo en luzes tantas
Que brillen flores, que flores can plantas.
D. Leonor fe llama, a quien fu estrella
Hizo difcreta, y bella,
Pues, por luzır mejor una ventura,
Quifo dar el ingenio a la hermofura.
Efta es la dama, que a valientes ojos
Robò de mis fentidos los defpoıos;
Efta la luz, y el norte, dulce amigo,
Que ciego bufco, que conftante figo.

D. Die. Doña Leonor, a quien amo,
Es de D. Lope querida?
De mi amigo es pretendida
La dama, por quié me inflammo?
Grave empeño! que he de hazer
En tan varia confufion?
Que el hilo de la razon
Mi fentido ha d · perder.
D. Lop. Ya, D Diego mi tormento
Logra en vòs una fineza,
Pues os pudo mi trifteza
Motivar el fentimiento.
Que a los amigos fe ordena,
(Si el fentir les pone en calma)
Pues fon unos en el alma,
Sean unos en la pena.
A D os amigo.   *Va-fe D. Lop.*
D. Dieg. Id con Dıos;
Y el Amor en effa guerra,
Que folo incendios encierra,
Gane la palma con vòs.
A Leonx D. Lope quiere,

A Leonor D. Lope adora,
Por Leonor D. Lope llora,
Por Leonor D. Lope muere.
Yo tambien amo a Leonor,
Y foy de Leonor amado;
Ella eftima mi cuydado,
Yo folennizo fu amor.
Si yo pretendo olvıdarla,
Porque la quiere mi amigo,
Lo traydor con ella figo,
Pues quiero entonces dexarla;
Si foy traydor, es mal hecho,
(quando yo tal cofa emprenda)
Que las trayciones aprenda,
Para fer fino, mi pecho;
Si pretendo confervar
Efte amorofo querer,
De mi amigo el padecer
No ha de Leonor eftimar.
Si mi amigo no es querido,
Temo, que fienta fu muerte,
En uno, y otro mal fuerte,

Aman-

para amigo: **245**

Amante, y aborrecido.
Si muere, no he de feguir
De mi amor el dulce acierto,
Pues fiendo mi amigo muerto,
Como he de entonces vivir?
De fuerte, que yo no fè.
En mi amor, en mi amiftad,
Lo que es jufto a mi lealtad,
Lo que compite a mi fè,
Cielos, en dolor tan fiero
Si a dòs empeños me inclino,
Quitadme el amor, que a fino,
O°la amiftad, que venero. *Vaſſe—*
ſale Roſtro.
Roſt Andad de prieffa pies mios,
Que la noche reprefarta
En tanto horror mil efpadas,
Que me bufcan, y me cercan.
Sale Puño por otra puerta.
Puño. Bien obfcura eftà la noche,
Que porque màs la encarefca,
Me parece por lo obfcuro
Un cultidiablo poeta.
Roſt. Mas ay ǵ fe acerca un hōbre.
P. Mas ay que un hōbre fe acerca.
R. Oh fi fuera muy cobarde.
P. Oh fi muy cobarde fuera!
R. Recelo fu fuerça Herculea.
P. Recelo fu Herculea fuerça.
R. Bolverle efpaldasfes jufto.
P. Jufto es que efpaldas le buelva.
R. Pero flaquefa parece.
P. Pero parece flaquefa.
R Quien va, que efpera a dezirlo?
P. Quien va, que a dezirlo efpera?
R. Hay refpuefta tan amarga!
P. Hay tan amarga refpuefta!

R. Beftia, diga ya fu nombre.
P. Diga ya fu nombre, beftia?
R. Plegue a Dios que fea Puño.
P. Plegue a Dios que Roftro fea.
R. Es Puño?
P. Es Roftro?
R. Borracho.
Morir aora pudieras,
Si no te declaras luego.
P. Yo juro por mi noblefa,
Que pues no morifte aora,
Tu muerte nunca la veas.
R. Donde vienes?
P. Vengo hermano
De rondar una moçuela,
Que fuera linda, bifarra,
Ayrofa, difcreta, y bella,
A no tener una falta,
Que tanto a fu bocca afea.
R. Y qual es aqueffa falta
P. Y quales; fer pedigueña.
R. Yo tambien ando con una,
Aunque yo folo me vea,
Y manco fiempre en mi amor,
Porque ando mal en quererla.
Oh como a mi bolfa flaca,
Su frentefilla ferena
Siempre fe mueftra tan cara,
Que mil dineros me cuefta!
P. Ya las hiftorias antiguas
Con migo fon verdaderas;
Pues foy cavallero andante,
Quando paffeo fus rejas.
R. Vamos de aqui, por fi acafo
Un Orlando me acometa
Por mi Angelica angelica,
Que como el oro le fuena,

Dd   Siem-

246   *Hay amigo*

Siempre Medoro me llama,
Con que foy Moro por ella.
P. Si quien và? nos preguntare
La Juſticia muy fevera,
El Conde de Puño en Roſtro
Refponderemos.
R. Es buena
La refpueſta, por librarnos
De corchetes, que nos prendan
Defpues de foltar las bolſas.
P. Vamos pues, y alerta, alerta.

Digan arrogantes.
R. Soy tan valiente, que nunca
Me viò el roſtro la pelea.
P. Soy tan dieſtro con mi efpada,
Que huyo fiempre con ella.
R. Yo foy vacca en el conflito.
P. *Yo* foy cordero en mis fuerças.
R. Aunque todos me hazen roſtro,
Le desharè fus cabeças.
P. Nadie pues a mi fe opponga.
R. Nadie pues a mi fe atreva. *Vanſe*

Sale Doña Leonor de mañana, y fola.

D. Leon. Prado, que eſtàs veſtido
Con alegres colores
De fecundos verdores,
Vè que Enero temido
Nieve fembrando, pierde
Con candido rigor tu pompa verde.
Rio, que vàs corriendo
Con paſſos cryſtalinos
Por frondofos caminos,
Vè que el pielago horrendo
Te dà, fi te mal trata,
A vida de cryſtal muerte de plata.
Açucena, que al prado
Por fragrante, y nevada
Eres nieve animada;
Vè que te roba el hado,
Por dos caufas violento,
La bella candidez, el dulce aliento.
Planta, que floreciente
Con juventud temprana
Eres pompa loçana;
Vè que Otubre inclemente
Te dà, fi te faluda,
A verde juventud vejez defnuda.
Roſa, que en tu hermofura

Por

para amigo. 247

Por purpurea, y fragrante,
Eres grana espirante;
Vè que tu desventura
Te otorga desabrida
A mucha gentileza poca vida.

Todo tiene mudança,
A‛ dulces alegrias
Son achaques los dias;
Nada firme se alcança,
Digalo, en voz quexosa
Prado, Rio, Açucena, Planta, Rosa.

Sale Flora.

Flor. Dime, que penas, Señora,
Te mal tratan enemigas,
Si meresco que me digas
Lo que dizes a la Aurora?
Siendo triste tu belleza
Al nacimiento del dia,
Quando en otros la alegria,
Empieça en ti la tristesa?
D. Leon. No la sabrè declarar,
Porque una pena al dezir,
La sabe el pecho sentir
Mejor, que el labio explicar.
Mas dezirtela es razon,
Que declarado un desvelo,
Camina siempre un consuelo
Desde el labio al coraçon.
Bien sabes que amo a D Diego
[Ay D. Diego de mi vida!)
Con firmesa tan luzida,
Que toda el alma es un fuego;
Sabes tambien que mi amor
Me paga sin trato doble,
Que quien se descubre noble,
No se en mas càra traydor.
Soñando esta noche estava

(Ay rigor, ay tyrannia!)
Que muerto le conocia,
Si bien vivo se mostrava.
De suerte, Flora, de suerte,
Quando el sueño me atorméta,
Su muerte se representa
En la imagen de mi muerte.
Sintiendo el rigor impio,
Si la noturna occasion
Es sossiego al coraçon,
Fuè desasossiego al mio.
Levantème con dolida
[Ay amargo, ay triste lecho!)
Todo congoxas el pecho,
Toda recelos la vida.
Quando breves mis amores
Me prognostica este prado,
Cada flor a mi cuydado
Es un Cometa de horrores;
Que vozes en el jardin
Me dan oy por recelosa,
La purpura de la rosa,
Y la holanda del jasmin!
Quantas vezes mis temores
Llevados de una piedad,
Accusan la brevedad,

Dd ij   Mor-

248   *Hay amigo*

Mortal achaque de flores.
Jufga pues el penfamiento
  Brevedades a mi amor,
  Que el defmayo de una flor
  Fòrma voz de un efcarmiento.
Flor. De tal muerte la crueldad
  Sin razon tu pecho hiere,
  Pues lo que el fueño refiere,
  Lo defmiente la verdad.
De màs,que no lo percibo,
  Pues dizes con modɔ incierto
  Que le conocias muerto,
  Si bien fe moftrava vivo.
Nunca veràn tus enojos
  Lo que en el fueño has temido,
  Que aunɔ es vifion de un fétido,
  No lo ferà de los ojos.
D.Leon. Ay,Flora,que con rafon
  Temo el mal, que en fu defvelo
  A las vozes del recelo
  Es ecco la execucion.
Oh como igualdades,Flora,
  La flor,y mi amor offregen,
  Pues igualmente perecen
  La flor,y mi amor aora;
Galan la flor fe oftentó,
  Galan mi amor fe oftentava,
  La noche la flor acaba,
  Mi amor la noche acabò.
Flor. Dexa,dexa los cuvdados
  Deffos recelos fingidos,
  Deffos males mal temidos,
  Aun que de ti bien llorados.
No tarda mucho D.Diego,
  Que como fuele;vendrà,
  Y amante foffegarà
  Tu vano defafoffiego.

La fombra obfcura,feñora,
  Con denfos vapores hecha,
  Queda en el ayre deshecha
  A bella luz,que la dora;
Serà deshecha tambien,
  Quando viniere tu dueño,
  La fombra de aqueffe fueño
  A la luz de tanto bien.
D.Leon. Ya con vida le efpero,
  Ya con el alma le aguardo,
  Pues fon cofas,que le guardo,
  Porque con ellas le quiero.
Ya pues con dezeos mil
  Se me affegura un favor,
  Que al Deziembre de un dolor
  Llega de un bien el Abril.
Flor. Alivia la pena luego.
D.Leon. Ah fi D.Diego viniera!
Flor. Nɔ fientas con goxa fiera.
D.L. Ah fi viniera D.Diego! *Vi-fe.*
  Sale D. Ifabel,y Dorothea.
Dor. Que eftàs tan enamorada?
D.Iʃab. Que he de hazer?fi el ciego
  Defmintiédo lo divino,   (Dios,
  Suele oftentar el rigor.
Dor. Y dime,nunca D.Diego
  Effa conftancia pagò?   (bres
D.Iʃ. No es cofa nueva en los bom-
  No pagar la obligacion;ⅼ
  No quiere,porque es querido,
  Que en caufa de un disfavor,
  Para baxar a lo ingrato,
  Es lo querido es calon:
Dor. Es ingrato,fiendo noble?
  No entiendo la fin rafon,
  Que lo ingrato no fe efcrive
  En el papel del honor.

                  D.Iʃ.

para amigo. 249

D.If Mal haya pues Dorothea
La amiftad, que motivò
Efte cuydado fin paufa,
Efte tormento fin voz;
Pues viendole muchas vezes
En mi cafa, occafionò
Curiofidad en mirarle,
Y efcuchar fu difcrecion,
Y de aqui tuve un dezeo
Para mirarle mejor,
Defte dezeo un agrado
Al alma mia llegò;
Finalmente del agrado
Vino (ay trifte!) la afficion.

Bien fè que diràs aora
Que contra el recato voy,
Si me expongo a los dezayres
De una amorofa attencion;
Pero fi tu conocieras
El Flechero abrazador,
Yo te affirmo, y te encarefco,
Que nò me culpàras, nò
De aquefta flecha la herida,
De aquefta llama el ardor.

No puedo admìttir confejos,
Que me intima mi blafon,
Porque al Monarca defnudo,
Como es del alma feñor,
Juntamente con el alma
Le obedece la rafon.

De mas, que quando en lo amante
Le communique un favor,
Queriendo con el cafarme,
Ya que noblefa heredò,
Me defiende el Matrimonio,
Si me accufa la opinion.

Dor. No fè como amor le tienes,

Si defdenes oftentò,
Que un defden firve de nieve,
Quando un affecto es calor.

D.If. Ah Dorothea, no digas,
Como amor le tengo yo,
Porque fi el Amor es fuego,
Soplos los defdenes fon;
Y fi en las frias tinieblas
Luze màs un refplandor,
Tam bien queda, màs brillante
Como luz una paffion,
Quando de frios defdenes
Frias tinieblas fintiò.

Dor. Pero fi ves que la fuerte
Te occafiona la oppreffion,
No quieras màs el affecto,
Pues te bufcas el dolor.

D.If. Aunque al coraçon maltrate,
Le conocerà defde oy
Con amor, y con fufpiros
Màs valiente en fu affliccion.

Vifte una palma, que al ayre
Con el pompofo verdor
Siendo fus plumas los ramos,
Es un frondofo pavon;
Tan bifarra, y tan hermofa,
Que en mageftad fuperior
La Republica de plantas
Noble Reyna la jurò;
Si algun pefo fe le impone,
Se oftenta con màs valor,
Que hafta una planta fe indigna
De una humilde fugecion?
Y de aquefte movimiento
Contra el pefo es la occafion,
Que el Cielo la facultad
Del ayre, y fuego le diò;

Anfi

250 *Hay amigo*

Anſi pues,ſi la fortuna
Impuſiere al coraçon,
Para humillarle el capricho,
El peſo de ſu rigor,
Se moſtrarà màs valiente,
Como palma,al peſo atroz,
Con el ayre de ſuſpiros,
Con el fuego del amor.

Dor. Buſca en fin algun remedio
A la herida deſſe harpon.

D Iſ. Hede pues mudar el nõbre,
Por ver en eſta ſazon
Si la deſdicha ſe muda,
Quando el nombre ſe mudò;
Le diràs que Doña Elvira
A ſus partes ſe inclinò,
Notando ſu gentileſa,
Su nobleſa,y diſcrecion,
Y que en el hermoſo prado
Con el hablarà mejor,
Si una obediencia merece
Quien un decoro arrieſgò:
Y has de llevarle el recado
Con la promptitud mayor,
Que como el nò te conoſca,
Se aſſegura mi inteneion.

Dor. Para caſos ſemejantes
El reboço ſe inventò. *Van-ſe.*

Sale D.Die, yD.Lope como enfermo.

D.Lop. Siempre ſe precia de dura
Leonor bella a mi triſteſa,
Que ſiempre fue la dureſa
Hermana de la hermoſura.

D.Die. Pues dezid,ǧ haveis de hazer
ſi ſentis lo riguroſo;
Oh ſi el cuydado amoroſo *apart.*
Le dexaſſe de encender!

D.Lop. Si la por fia batalla
En la guerra de un rigor,
Siempre rinde ſu valor
De la eſquivez la muralla;
Oſtentando pues firmeſa
Hede ver,ſi vençọ yo
Con por fia a quien venciò
Mi coraçon con belleſa.

D.Die Ved,D.Lope,ǧ ſe alcança
Con la dama groſſeria,
Canſarla eon la por fia,
Porque parece vengança.
Siempre tiene amor injuſto,
Si es con ella por fiado,
Pues le motiva el enfado,
Y ſe le oppone en el guſto;
Y amor no ſe hade llamar,
Pues de amor no ſon coſtúbres,
Occaſionar peſadumbres.
A quien pretende agradar.

D.Lop No paſſeis màs adelante,
Que un affeċto generoſo,
Si pierde por amoroſo,
Puede ganar por conſtante.
Con lo fragil de una flor
Moſtrarſe amante no es bien,
Quando al ſoplo de un deſden
Se deſvanece un amor.
Que flaco amor, ſobre necio,
Aqueſſe ſe llamaria,
Pues queda ſin valentia,
Si le acomete un deſprecio.
Y fino amante no ha ſido,
Quando dexa el padecer,
Pues no quiſo por querer.
Sinò para ſer querido.
Si las por fias apura

Quien

para amigo. 251

Quien conquista una ciudad,
Sufra tambien la igualdad
Quien coquista una hermosura.
Serà despues admittido
Lo fino de su cuydado,
Porque merece lo amado,
Como premio, lo sufrido.
La porfia, que en seguirla
Se empeña amorosa llama,
No es para enfadar la dama,
Es solo para sufrirla.
Y tan fuera està cansarla,
Si el tormento amor adquiere,
Que quien sufrirla no quiere,
Muestra que no quiere amarla.
D. Dieg. No os replico, pero dad
Algun remedio al dolor,
Que si vòs moris de amor,
Yo morirè de amistad.
Quando vòs estais doliente,
Y el alma siente afflgida,
No arriesgais sòlo una vida,
Dos se arriesgan juntamente.
Cruel en vuestro tormento
Con vòs, y conmigo estais,
Con vòs, porque os maltratais,
Con migo, porque lo siento.
Por gran lastima se advierte,
Si el amor matar os trata,
Pues ninguna pena os mata,
Solo un gusto os dà la muerte.
D. Lop. Si muero, D. Diego, es justo
El morir, pues se me ordena,
Si otros mueren de una pena,
Que yo me muera de un gusto.
Este amor en fin, que offrece
Mi pecho a Leonor amada,

Morirè, si no le agrada,
Vivirè, si le agradece. *Va-se.*
D. Dieg. Amor empieça a mover ·
Contra amistad guerra dura,
Aquesta vencer procura,
Aquel procura vencer;
Si el amor quiero emprender,
La amistad estoy buscando,
Y en varia contienda, quando
Una, y otra cosa emprendo,
Dexo lo que voy siguiendo,
Sigo lo que voy dexando.
Qual hade ser vitorioso
Dezid, Alma, a mi dolor?
Vença el amor, que el Amor
Màs que todo es poderoso:
Pero no, que es riguroso,
Si vence Amor: pues se advierte
Que mi amigo desta suerte
Hade morir, y es injusto
Que cueste aora mi gusto,
A quien bien amo la muerte.
Vença la amistad: mas no,
Que cõ mi amor me desmiento,
Pues inconstante escarmiento
Lo que firme se jurò.
Vença el Amor: pero yo,
Si el amor quiero estimar,
Con la amistad que he de obrar?
Que occasion he de seguir?
O mi amigo hade morir,
O mi amor hade acabar.
Vença la amistad, que fuera
Poca fe, si bien se infiere,
Si lo que mi amigo quiere,
Yo mismo no lo quisiera:
Demàs que el pecho pondera

En

252

Hay amigo

En amor deigualdad,
Pues halla mi voluntad,
Para seguir el honor,
Solo el gusto en el amor,
Y el honor en la amistad.
Leonor no se ha de quexar
De que pida a su belleza
El alma, que mi firmesa
Hasta aqui le quiso dar;
Que en amistad singular,
Que con D.Lope tenia,
Era suya, y no podria
En la dulce ardiente llama
El alma dar a mi dama,
Pues el alma no era mia.
El Amor, en lo que veo,
No se quexe, si consiento,
Al pesar del pensamiento
Dar lo mismo que deseo;
Que doy mucho no lo creo,
Aunque Amor lo diga ansi,
Pues dando a D.Lope aqui
Lo que agradava a mi fè,

Que mucho que un gusto dè
A quien un alma le di?
Ni oy devo estar quexoso
De que Leonor compassiva
Con braços de amor reciba
De mi amigo lo amoroso;
Pues si el primor generoso
De mi amistad pudo darle
Ser otro yo desearle
Leonor, no serà perderme;
Pues no dexa de quererme
Quando se empeña en amarle.
Rios, ya mi amor si llora,
Plantas, ya mi amor se alexa,
Flores, ya mi amor se dexa;
Aves, ya mi amor se ignora;
Hombres en fin, se athesora
Vuestra afficion la firmesa,
No me culpeis la estrañesa,
Pues si dexo mi afficion,
Lo que en otros es traycion,
En mi viene a ser finesa.
Va-se D.Diego.

JORNADA SEGUNDA.

Sale Doña Leonor, y Flora.
D.Leon. Ya tarda D.Diego, quádo
Con tantas ansias le espero:
Oh como muchas tardanças
Pensiones son de un dezeo!
Flor. Estimarlas te conviene,
Que esse alivio pretendiendo,

La gloria aumenta de un logro,
De una tardança el desvelo.
D.Leon. Dizes bien, q̃ en lo penoso
Sabe mejor, al tenerlo,
Con lo amargo de una pena
Lo gustoso de un consuelo.
Si quien un contento alcança
Quan-

para amigo. 253

Quando otro guſtava.es cierto
Que no ſe logra applaudido,
Porque nò viene a ſer nuevo.
Agora es bien que en lo tardo,
Si el plazer eſtoy previendo,
Se anticipe una congoxa
Para applaudir un contento.
Flor. Mas dexando aqueſto aparte,
Sabràs,ſeñora,que un pliego
Para ti me diò D.Lope,
La diligencia advertiendo,
Y con temor,y oſadia,

Entre ſi tibio,y reſuelto,
Dando el papel parecia
Que lo dava ſin quererlo.
Mira ſeñora,la carta,   *Dale.*
Y en ſus razones veremos
Si de D.Diego ſu amigo
Son enemigos ſucceſſos.
D.Leon. Leo el papel temeroſa
Ya con mil ſuſtos abierto,
Queriendo ver,ſi averigo
Las deſdichas,que no quiero.

Lee.

Hermoſo ſiempre,ſiempre atormentado,
Tu roſtro agrada,vive el pecho mio;
Robame el alma,vence mi alvedrio,
Sufre el rigor,eſtima ſu cuydado.

Mi pecho amante es,tu roſtro amado
En priſion dulce,en grave ſeñorio
Tu roſtro blando,tu rigor impio
Al pecho gloria dà,tormento hà dado.

Con luz tu roſtro,el pecho ſin repoſo
Externo reſplandor,dolor interno
Mueſtra agradable,ſiente laſtimoſo;

Tiene con gracia pues,con mal eterno
Tu roſtro bello,el pecho congoxoſo
El Paraiſo alegre,el triſte infierno.

D.Le.D. Lope aqueſto me eſcrive?
D.Lope me eſcrive aqueſto?
Quando D.Diego me quiere,
D.Lope me eſtà queriendo?
Eſto es amiſtad? ò ſiglo
Con tus engaños perverſo
Que ſe juſgue por amigo
Un enemigo encubierto?
Oh coſtumbre de trayciones!
Oh tyrannia de enredos!

Que para hazer mas ſeguros
Al coraçon ſus intentos,
Los cauſan,ſin prevenirlos!
Los obran,ſin conocerlos!
Quando D.Diego me affirma
Con alto encarecimiento
Que es de antiguas amiſtades
La ſuya feliz compendio,
Como en D.Lope hallo aora
Eſta traycion?como,ò Cielos,

Ee   Per-

254 *Hay amigo*

Permittis coraçon doble
Contra coraçon fincero?
Mal haya el dia, en que vifte
Mi prefencia, amaneciendo,
Quando en el Cielo la Aurora
En tu juyzio el defacuerdo,
Con que formando palabras
De amorofo arrojamiento,
Quiça de tantas locuras
Se eftava Aurora reyendo.
Aunque a D. Diego olvidaffe,
Flora amiga, te encarefco
Que nunca viera D Lope
El dulce amorofo premio,
Porque quando fus doblezes
Medrofamente eftoy viendo,
Quien temo amigo alevofo,
Amante alevofo temo;   (ones
Que en fu amor muchas trayci-
Por confequencias infiero,
Que de un imperfeto amigo
Se haze un amante imperfeto,
Flor. Buenos amigos de ogaño
Juro por Dios que fon buenos;
Pero alli D. Diego viene,
Señora.

     Sale D. Diego.
D. Leon. Querido dueño,
De mi coraçon la pena,
Y de mi pena el foffiego,
Oh quanto me pefa! oh quanto!
(Si eftuve yo padeciendo)
Solo porque el alma es tuya,
Que la maltrate el tormento,
Como tardafte? que hizifte?
De que te mueftras fufpenfo?
En el papel de tu roftro

Mi defdicha eftoy leyendo,
Buelve-te, Flora, allà fuera, *va fe*
Solos eftamos, que es efto?
Tu con triftefa me miras?
Por ventura tienes zelos?
Nò fabes que foy conftante?
Nò conoces los exceffos
De mi amor? pues como aora
Te véo anfi? no penetro
De tus triftezas ca caufa;
Empieça, no tengas miedo,
Habla, dime que has fentido?
No me encubras lo que fiento,
Si encubres por no matarme,
Ya de fentirlo me muero;
Pero fi no me declaras
El dolor, que eftoy temiendo,
Oy lo fabrè de ti propio,
Si lo pregunto a mi pecho.
D. Dieg. Ya llegò, Leonor hermofa,
(Nò fè fi dezirlo puedo)
Al dia nocturna fombra,
Al Verano duro Invierno,
Al clavel defmayo trifte,
A la llama fin violento;
Y por dezir mucho en poco,
Mi amor fe acaba, y te pierdo.
Mira aora en lo que d go,
Si es mal para padecerlo,
Si es dolor para fentirlo,
Si es pena.
D. Leon. Bafta D. Diego,
Que cada voz, que pronuncias,
Es un tofigo que bevo;
Pero quando en mis firmefas
Con las montañas me apuefto,
No temas, D Diego mio,

                 Que

para amigo.   255

Que en amorofos empeños
Dia, Verano, clavel,
Y llama fe acaben prefto;
Pues para el dia le guardo
De lo firme el luzimiento;
Para el Verano las flores
De mis finefas prevengo;
Para el clavel en mi llanto
Vital rozio le vierto;
Para la llama en fufpiros
Le eftoy fomentando el viento;
Quiero dezir que mi amor,
Como lo explicaftes fiendo
Dia, Verano, clavel,
Y llama firme, le veo
Con luzimiento, con flores,
Con agua, y viento, q̃ offrefco,
Quando conftancias apuro,
Quando finefas confervo,
Quando lagrymas derramo,
Quando fufpiros aliento.
Dime en fin el trifte caſo,
Que parece injufto effeto,
Que fobres para fentirlo,
Y faltes para exponerlo.
D Dieg Ay Leonora que las vozes
Me aprifiona el defconfuelo.
D. Leon. No lo explicas, y lo fientes;
Como, mi bien quãdo es menos,
No puedes dar al avifo
Lo que dàs al fentimiento?
D. Die Sabràs pues que la fortuna
Por dar al amor, que tengo,
Las antiguas oppreffiones,
Que merece por difcreto,
Occafionò que mi padre
Con rigurofos precetos

Me cafaffe.
D Leon. Que me dizes?
D. Dieg. Me cafaffe.
D. Leon. No te entiendo,
D. Dieg. Y por dar execuciones
A lo mifmo que aborrefco,
En veinte dias dilata
Los figlos del cafamiento.
Efta es, Leonor, la defdicha,
(Amarga invécion cõfiento) *ap.*
Que defenlaça dos almas
A pefar de un ñudo eftrecho.
D. Leon. Gran mal la fuerte publica
A nueftro amor, yo confieço
Que es gran mal, pero conofco
Facilidad al remedio;
Porque puedes refponderle
A tu padre con defpejo
Que no hay eftado dichofo,
Si el alvedrio es fugeto;
Que el forçado matrimonio
Quando fin gufto fe ha hecho,
En vès de offrecer el alma
Solamente entrega el cuerpo;
De fuerte que con violencias
El eftado no es perfeto,
Pues fi el alma falta entonces,
Es un matrimonio muerto.
En fin con eftas difculpas,
O con otras, que no expendo
Lifongeas lo amorofo,
Y te quitas lo molefto.
D Dieg. Obedecer a mi padre
Es jufto, que a lo que devo,
Ser hijo, y fer obediente
Es en lo noble lo mefmo.
Quien viò Cielos lo q̃ obliga *ap.*

Ee ij   Una

256   *Hay amigo*

Una amiſtad,que profeço,
Pues dezeo que ſe eſtorve
Oy lo miſmo,que dezeo!
*D.L.D.*Diego,quando en las almas
El amor hay de por medio,
Como ciego en las fineſas
Se haze ſordo a los conſejos.
*D.Die.*Un odio en mi padre alcaço,
Si a mi padre no obedeſco,
*D.Leon.*De ſuerte ſi , que procuras
Abraçar el deſacierto?
*D. Die.*Perdona,Leonor querida,
Si contra tu amor te dexo.
*D Leon.*Ingrato,perfido amante,
Que eſtàs aora añadiendo
A las culpas de alevoſo
Los delitos de groſſero,
Dime,donde eſtà lo firme?
Donde eſtà lo verdadero?
Donde dexaſte lo fino?
Donde truxiſte lo eſento?
Eſtos eran los halagos?
Eſtos eran los extremos?
Eſtos eran los cariños?
Eſtos eran los requiebros?
Como aora en mi preſencia
Me dixiſte ſin reſpeto:
Perdona,Leonor querida,
Si contra tu amor te dexo?
Que diran aquellos prados,
Donde,lo verde viſtiendo
La eſperança aſſeguravas
Del caſto amoroſo lecho?
Que diran aquellas plantas,
Quando notavan,al vernos
Aun mas , q en ſus ramos hojas,
En tus palabras concetos?

Que diran aquellas flores,
Donde affirmavas por cierto,
Aunque flores tus fineſas,
Dê firmes el privilegio?
Ya creo que prados dizen
Que mal tratarme eſtoy viendo,
Como el Enero a ſu pompa,
De mis penas el Enero.
Ya creo que plantas dizen
Quando ſus hojas pondero,
Que eran hojas de palabras
Tus traydores penſamientos.
Ya creo que flores dizen,
Si tus doblezes advierto,
Que viſten menos colores,
Que ornavan tus fingimientos.
Quien me dixera, ah fortuna!
Que de amor el oro bello
La pildora de trayciones
Tenia entonces cubierto.
Quien me dixera, ah deſdicha!
Que un voraciſſimo fuego
debaxo de unas cenizas
Tan blandis eſtava pueſto.
Quien me dixera, ah peſares!
Que a vozes de llanto tierno
Me llamava laſtimoſo
Un cocodrilo ſangriento.
Quien me dixera,ah rigores,
Que de engaño un aſpid fiero
Entre flores de eſperanças,
Occultavan los deſeos!
Salga en fin del pecho,ſalga
Tu imagen,que ya recelo
Que enfermedades de ingrato
Pueda pegarle a mi pecho.
Oh como aora me afflige,

                        Tus

para amigo. 257

Tus mudanças conociendo,
Todo el tiempo mal gaſtado
En amoroſo ſuſtento!
Pues quádo en glorias de amáte
Triſtes memorias rebuelvo,
Aquellos dias de gloria
Los juſgo ſiglos de inſierno.
Buelve-te pues para ingrato,
Que me corro,ſi me acuerdo
De que ſuya me llamaſſe
Quien tan vjllano ſe ha buelto.
      Va-ſe. (ſies
D.*Dieg.*Que es eſto,amor? no por-
Con la amiſtad,que venero;
No ves que màs de lo amigo
Que de lo amante me precio?
Ceſſen ya tus deſvarios,
Enmudeſcan ya tus ruegos,
Callenſe ya tus porfias,
Mueran ya tus devaneos.
Mas ay,ſiero amor, que agora
Se conocen acà dentro
Quando en tu vida los ſines,
En tus llamas los alientos.
Bien aſſi,como en ſus rayos
Un encendido luzero,
Que es eſtrella de la tierra
En emulacion del Cielo;
Si a ſu reſplandor le faltan
Los vitales alimentos
Entre luzidas congoxas
Em pieça a eſtarſe muriendo;
De ſuerte,que en ſus deſmayos
Con màs luminoſo esfuerço
Aviva màs lo flammante
Quando llega lo poſtrero.
Luzero tambien del alma

Cruel amor,te con templo,
Quando en tus vivos ardores
Te miro eſtar pereciendo,
Pues avivas mas tu,llamas
Quando acaban tus incendios.
      Sale Puño.
Puñ. Dime,ſeñor,quien te puſo
En tu roſtro tales geſtos,
Que pueden ſervir al gato,
Buſcando el raton incierto?
*D Die.*Dexa,Puño, los donayres,
Que quien vive en ſuſrimientos,
Aumenta el tormento propió,
Si attenta al plazer ageno.
Puñ. Dexa,ſeñor,las triſteſas,
Que quien vive muy contento,
Se enfada mucho,ſi el otro
Con el ſe eſtà maldiziendo.
D.Dieg. Amor,amor,no batalles,
Amiſtad,no haya recelos,
Que aun que amor es poderoſo,
Ya ſu poder es deshecho.
Puñ. El agora en loco ha dado
Sobre amante,por S Pedro,
Con que loco ſobre loco
Mueſtra en fin ſu entédimiento.
Podrè,ſeñor de tu bocca
Saber aqui lo que es eſſo?
D.Die Biè ſabes q̃ amo a Leonora.
Puñ A delante,venga el reſto.
*D.Die.*Sabes tambien que D. Lope
Es mi amigo.
Puñ. Y contra el tiempo.
D Die. Sabràs pues q̃ el es amante
De Leonora,no ſabiendo
Que a Leonor,v al alma mia
Para rendir a dos pechos,

                 Vibrára

258 Hay amigo

Vibràra harpones dorados
De Cypre el rapàs flechero.
Puñ. Dorados? Hermofa herida,
Siempre me hieran con ellos.
D. Die. Dixe a Leonor que mi padre
Arrojado en lo fevero
Me cafò.
Puñ. Tambien mentimos?
D. Die. Porque con ella pretendo
Que ame a D. Lope mi amigo,
Y no fin razon lo creo:
Que una muger, quando quifo,
Y padece algun defprecio,
En defpique de fu gufto
Admitte qualquiera empleo.
Pero Leonor offendida
Conmigo ayrada fe ha buelto,
Culpandome las mudanças
Tan rigurofa, que pienfo
Que fi alli no me alentaffen
Sus ojos, muriera luego
De fuerte, que por matarme
Ayrado rigor moviendo,
Se eftorva a fi con los ojos
Lo que caufa con el ceño.
Puñ. Ha tal ficcion, voto a Chrifto
Que nò la formàra un Griego;
Pegaftela como farna,
Eftarè de ti muy lexos.
Es poffible que effe engaño
Aun Angelito fupremo,
Sin mirar por fu innocencia,
Formaron tus embelecos?
Ea feñor, no maltrates
Al açucenado objecto,
Vè regarlo con tu llanto,
Que nò la marchite el yelo.

No confientas, no que pierdas
(Vè que lo murmura Venus)
Un melindre de cryftales,
Un donayre de luzeros.
D. Die. Calla, Puño, no parefcas
Con tus gracias, como aquellos,
Que por medio de graciofos
Tienen fama de indifcretos.
Puñ. Nada les cuefta a los mifmos
Ser indifcretos, que en ferlo
Les dan de gracia el renombre.
D. Die. Siempre es barato lo necio.
Puñ. Pero fabràs que en tu cafa
Te efpera con gran fecreto
Un demonio, ò una muger,
Que poco lo differencio,
Occultando con reboços
(Poquito de culto hablemos)
Los flammigerantes globos,
Los albicantes reflexos,
Los rubicundos diftritos,
Y los gemiferos fenos.
Si no me entendifte aora,
Una verdad te revelo,
Pues aqui folos eftamos,
Que para haver de entenderlo,
Lo que digo, he menefter
Para mi propio un comento.
D. Die. Es lenguage de Poetas
De los que llaman modernos.
Puñ. Effos no fe alaban cyfnes,
Porque fe precian de cuervos,
D. Die. Voy pues ver quiè es la da-
Que cò ella hablar intèto, (ma,
Y de camino en las cafas
De mi amiftad te encomiendo
Que las puertas de tus labios

Cierre

para amigo. 259

Cierre llave del filencio;
Que no fiempre los criados
Han de eftragar los fecretos.
Puñ. Con una palabra fola
Te refpódo anfi, prometo *Va-fe.*

Sale Roftro con un diamante, y muy contento.

Roft. Dióme un diamante luftrofo
Mi amo, y me encomendò
Que a Flora lo dieffe yo,
Que es amante dadivofo.
Bien fè que dize un bergante
Que el diamante es para Flora;
Pero miente, porque aora
Para mihi es el diamante.
Señores, no hede llevarlo,
Pues, fi es bien a mi pobrefa,
No ferà mucha fimplefa
Tener el bien, y dexarlo?
Señores, efta es mi gloria,
Que nò me acuerdo al fentilla,
Dar el diamante a Florilla,
Que el diamáte nò es memoria.
Nò admiren las occafiones
De mi doble deslealtad,
Que criados en verdad
Son criados en trayci nes.
Mira muchas vezes el diamante.
El diamante que alegria
A mi avariento dezeo!
Es mas fondo, fi lo veo,
Que un punto de Theologia.
Con fu durefa me alegro,
Que no puede deshazerfe,
Pues por màs encarecerfe
Es tan duro, como un fuegro.

Efte es con mucha razon
En la tierra màs preciado,
Que en el Cielo el inflammado
Flamenguillo vellacon.
Mas ay, que alli Puño viene,
Efcondo el diamante anfi.

Efconde el diamante con prefteza, y fale Puño.

Puñ. Que efconde?
R. Lo que efcondi.
Puñ. Mueftrelo acà.
R. Nò Conviene.
Puñ. No fabe que foy fu amigó,
Y fiempre le quife bien?
R. Lo mifmo digo tambien,
Nunca le fuy fu enemigo.
Puñ. No fabe, pues no le affombre,
Que amor en nòs otros fiembra,
Pareciendo ufted el hembra,
Quando yo parefco el hombre?
No fabe, fi nos pedia
El ventero màs del gafto,
Que quando nos dava el pafto,
Grandes beftias nos hazia?
No fabe, yo lo refiero
Quando bevimos, hermano
Aque: vino tan Chriftiano,
Que lo bautizò el ventero?
Si fabe nueftra amiftad,
Mueftre enfin lo que efcondiò,
Que lo quiero ver.
R. Yo
Lo mueftro por fu lealtad,
Dale el diamante.
P. Es diamante! en contemplarlo
Me eftà enamorando el alma,

Bien

260 *Hay amigo*

Bien lleva a piedras la palma;
Quien se lo ha dado?
R. El no darlo.   *aparte.*
P. Que dize?
R. Bestia, no sabe
Que mueren damas por mi?
Pues una lo diô.
P. No vi
Dama liberal.
R. Suave
Es mi requibrillo.
P. Quiero
Para mi dama el diamante.
R. Nullo modo sor hurtante.
P. Mammavit sor cavallero.
R. El diamante hade bolver,
Porque el diamante no es mio.
P. No lo ignoro, pues confio
Que aora mio hade ser.

R. Deme el diamante, que es
Grande baxesa tomarlo
A quien no dudò mostrarlo.
P. Yo se lo darè despues.
R. Amìgo Puño, dè pues
El diamante.
P. Para que?
R. Paro lo que yo me sè.
P. Yo se lo darè despues.
R. Mal hayan sus leves piès,
Que le truxeron, dè ya
El diamante.
P. Esperarà,
Yo se lo darè despues.
R. Vive Dios que hede matarle.
P. Si despues q̃ me muriere. *Va-se.*
R. Picaro ladron, espere,
Que la vida he de robarle.
Vase tras el.

Sale D. Isabel reboçada, y D. Diego.

D. Dieg. De una criada vuestra persuadido
Vengo, bella señora, obedeceros,
Y si de sasiarme haveis querido,
Ya me ha muerto el motivo de quereros;
Mas siendo vuestro intento obedecido,
Solo me falta en la pelea el veros;
Ea pues entre lucidos enojos
Las armas esgrimid de vuestros ojos.
Mirad que al dia le teneis quexoso,
Quando aora negais los esplendores,
Y mirad, que sintiendo lo amoroso,
No es bien que ignore quien me causa ardores;
Al dia pues quitad lo tenebroso,
A mi amor aliviad en sus dolores,
Prestando en igualdades de alegria
Venturas a mi amor, luzes al dia.
Pero ya no me admiro, hermosa dama,

Quan-

para amigo. 261

Quando el reboço en vueſtros ojos dura,
Que ſiempre ſe atreviò contra ſu llamma
Al Sol radiante la tiniebla impura:
O ʻcomo agora,ſi mi amor ſe inflamma,
Os averigo Sol con nube obſcura,
Pues ſi entre nubes ſu eſplendor ſe ſiente,
Quando menos luzido,es màs ardiente.

Si abrazais a mi pecho atormentado,
Como al reboço no abrazais,ſeñora?
Pues ſi el eſtà màs cerca de inflammado,
Como el incendio,que cauſais,ignora?
Mas no,que ſi es incendio occaſionado
De vueſtros ojos,juſtamente agora,
(Como rayos de fuego ſi decienden)
Siendo parte mejor,al alma encienden.

Si matais disfraçada deſſa ſuerte,
No ganais en la muerte noble gloria,
Porque con el disfraz dando la muerte,
No es de vueſtra hermoſura la vitoria:
Traças nò buſqueis,no, pues bien ſe advierte,
Quando teneis de Parca execuʼoria,
Que para occaſionar mortal fiereſa,
No hade buſcar màs traças la belleſa.

Abrid en fin,abrid a vueſtros ſoles
Eſſa obſcura cortina,que a ſus rayos
Los mios ſerviràn de Gyraſoles,
Sin temer del incendio los deſmayos;
Y haziendo de flammantes arreboles
Con mi rendido amor bellos enſayos,
Viendo al Sol,ſiendo amante,ſerè luego
Ciego de vueſtra luz,de mi amor ciego.

D.Iſab. Mirad D.Diego bien que liſongero
No hade moſtrarſe quien ſe afina amante,
Que anſi pierde el amor lo verdadero,
Aun que quiera ganar en lo conſtante:
Pero ſi en vòs habita lo ſincero,
Pero,ſi en vòs ſe niega lo inconſtante,

Ff   Pol

262 *Hay amigo*

Por quedar vueſtro amor màs ſatisfecho,
Deſcubro el roſtro a quien deſcubre el pecho.

Deſcubre-ſe D. Iſabel.

D.Dieg. · Doña Iſabel,hermoſa es Doña Helvira,
Buen engaño por Dios.

D.Iſab. En mi deſvelo
Eſte engañoſo enredo no ſe admira,
Pues baſta ſer de un amoroſo duelo;
Mas aunque injuſta la invencion ſe mira,
Siendo para caſarme,quiera el Cielo
En la occaſion,que amor os manifieſta,
Aun que el medio es indigno,el fin lo honeſta.

Sabreis pues[yo lo ſiento]que inclinada
El alma os tuve,bien que en mi reſpeto,
Con el civil temor de enamorada,
Vinculè mi afficion con el ſecreto:
Oy quiebro la priſion de recatada,
Aun que nunca a mi amor os vi ſugeto,
Porque ſatisfaziendo lo quexoſo
A quien no puede amante,logre elpoſo.

D.Dieg. Agradeſco,ſeñora,en el miraros
El motivo dichoſo de quereros,
Que quien no paga anſi deudas de amaros,
Viene a negar la obligacion de veros:
Nadie puede en lo bello contemplaros,
Si merece el favor de conoceros,
Que no ſienta igualmente competiros
Penas de amaros,dichas de ſufriros.

Pero averigo eſtorvo a vueſtro intento
Quando ſabeis que ſoy conſtante amigo
De vueſtro hermano,a quien mi penſamiento
Se ha de offrecer traycion,ſi lo proſigo:
De ſuerte,que el amor en lo que ſiento,
Y tambien la amiſtad en lo que ſigo,
Ambos me exhortan,y en eſpacio breve
Me enfrena la amiſtad,ſi amor me mueve.

Deveis agradecer el deſengaño,

Aun

para amigo. 263

Aun que lo jufgue amor por villania,
que haziendo a vueftro hermano doble engaño,
Tambien a vueftra cuenta competia:
De fuerte,fi os evito aquefte daño,
Màs amor os oftenta el alma mia;
Soy pues,señora,en cafo fewejante
Quando menos os amo,màs amante.

D.Ifab. De vueftra cortefia eftoy pagada,
Aun que fe opponga al pretendido empleo,
Pues viendo effa finefa,que me agrada,
Mayor motivo para amaros veo:
Ya queda mi afficion màs acertada,
Si effa finefa en la amiftad os creo,
Pues féreis fino en amorofo eftado
Si con una amiftad,con un cuyd do.
Si mi hermano,D.*Lope*,conociere
Que el coraçon os ama enternecido,
Premiando vueftra fè,fi la fupiere,
Cumplirà mis defeos comovido:
Pues quando effa finefa le advirtiere,
Con màs razon hara lo pretendido
De fuerte pues,que del favor prefente
Quando lo defechais,fois pretend ente.

D.Die. Alentado mi pecho venturofo
Con la que prometteis,dulce efperança
A cruel tempeftad de lo penofo
Ya parece que llega la bonança.

D.Ifab. Aliento cora on en lo amorofo.
D Die. Una vitoria mi amiftad alcança.
D.Ifab. Yo firme quiero. *D Dieg.* Yo conftante figo.
D.I ab. La fè de amante. *D. Die.* La verdad de amigo. *Vanfe*

Sale D.Lope,y Roftro.

D.Lop. Ya que ingrata mi Leonor
En papeles,que embiè,
Lo que fe deve a una fè,
Lo paga con un rigor;
Muera pues,y defta fuerte

Agradefca fu fierefa,
Pues le oftento una finefa
Quando me caufa una muerte;
Amor amorir fe offrefca,
Si conmigo fe apaffiona;
Quien pues la muerte occafiona,

Ff ij   Tam-

264   *Hay amigo*

Tambien la muerte padeſca.
Aun en mi muerte me afino
  Quando obedecerla trato,
  Pues ſe le acaba lo ingrato,
  Que es deſayre a lo divino.
Y ſi dexo mi cuydado,
  Le hago tambien un favor,
  Pues, muriendo-ſe mi amor,
  Acaba entonces ſu enfado.
*Y*a pues, que en morir me empleo,
  La muerte ſe acorque ya;
  Mas creo que no vendrà,
  Porque yo me la deſeo.
Que tal deſdicha ha logrado
  Quien nunca vive en la dicha,
  Que no viene una deſdicha
  Por quererla un deſdichado.
De ſuerte ſi el golpe fiero
  Porque quiero, no he de ver,
  Ya no le quiero querer
  Porque vea lo que quiero.
Roſt. Muere ſeñor, que muriendo
  Con eſſe dolor profundo,
  No has de ſufrir en el Mundo
  Mil coſas, que eſtoy ſufriendo.
Imprimis por declararte
  De un abogado me quexo,
  Que eſtà vendiendo un conſejo
  Deſpues de vender la parte.
Secundò te has de admirar
  De un Medico, quando vieres
  Que ſi tu por matar mueres
  Eſte vive de matar.
Tertiò, un eſcrivano ſuma
  De muchos pobres el pan,
  Haziendo-ſe un gavilan
  Quando ſe pone la pluma.

Quartò, veo en un pelon,
  Que con canas barbas beve,
  Lo que le anochece nieve,
  Se le amanece carbon.
Quintò, y es caſo bien ſabido
  Un marido ſufrir oſa
  Al bello Sol de ſu eſpoſa
  En Capricornio metido.
Sextò, a mis ojos ſe aviſa
  Un hombre de poco aviſo,
  Que ſe precia de Narciſo,
  Y alfin viene a ſer Narciſa.
Septimò, ſufro un gentil
  Mercader, q̃ es ſiempre eſento,
  Pues lo que compra por ciento
  Nos ſuele vender por mil.
Octavò, un Judio azecho
  Muy ſantarron de Chriſtiano
  Con el Roſario en la mano,
  Y con ſu ley en el pecho.
Nonè, veo Pedantones,
  Que agenos verſos hurtando,
  Se eſtan las uñas ſacando,
  Por negar que ſon ladrones.
Enfinhay coſas iguales
  En el Mundo, que el morir
  Ya nò ſe puede ſentir
  Por ſentirſe coſas tales.
D Lop. Dexame, Roſtro un inſtáte.
Roſt. Voyme pues traçar en todo
  El arte, la induſtria, el modo
  De recobrar mi diamante *Va-ſe.*
D. Lop. Pero ſi quiero eſtimar
  Mi amor, no es juſto el morir,
  Pues faltandome el vivir,
  Vengo a perder el amar.
*S*i me muero, es afrentoſo

A

para amigo. 265

A mi cuydado conſtante,
Pues no me quiero lo amante,
Si me niego a lo penoſo.
De ſuerte, que en mi dolor
Si lo amante ſe me ordena,
Sugete el amor la pena,
Y no la pena al amor.
Vengan enfin mas triſteſas,
Que las tendrè por contentos,
Pues dandome màs tormentos,
Me occaſionan màs fineſas.
Trata Leonor de affligirme,
Que quando mi amor apuro,
Si fueres peña en lo duro,
Yo ſerè peña en lo firme.
Si te mueſtras riguroſa
Porque mi amor deſmerece,
Como nadie te merece,
Con nade ſeràs piadoſa.
Anſi que, ſi el deſdeñar
Por tal razon appeteſcas,
Como a ti ſolo mereſcas,
A ti ſola te has de amar.
Quando mi pecho pondera
Tu hermoſura, y tu crueldad
Al tiempo, que una deidad,
Te eſtoy juſgando una fiera.
Dos firmeſas conſidero,
Si amada, y dura te offreces;
Una, con que me aborreces,
Otra con que yo te quiero.
Pero agora quiero dar
En mi amoroſo ſentir
Si a los ojos que dormir,
Al coraçon que velar.

Duerme-ſe, y deſpues diga entre
ſueños.

Ya tus ojos ſon piadoſos,
Leonor, ya por mi conſuelo
Te abraço, teniendo el Cielo
En mis braços venturoſos.
Que ventura! que recreo!
Que bien! que gloria! que aliento!
Que poſſeſſion! que contento!
Que alivio!
De pierta.
Pero que veo?
Es iluſion del cuydado?
Supero en ſer bien lo fundo;
Que todo el bien en el Mundo
Se paſſa como ſoñado;
Pude en el ſueño creer
Que con dulciſſimos laços
dava a Leonor mil abraços;
Que bien ſe engaña el querer!
Ya Leonor hermoſa, quando
Blando ſueño eſtoy tenendo,
Soy fino, pues aun durmiendo
No dexo de eſtar amando.
Mis ojos tienen ventura
A peſar de tus enojos,
Que aunque cerrados mis ojos
Pudieron ver tu hermoſura.
Viendote yo deſta ſuerte,
Eſtraño bien ſe combida,
Pues pude yo ver mi vida
En quien retrata mi muerte.
El ſueño fuè deſigual,
Si el bien mis ojos no ven,
Pues concediòme aquel bien
Para ſentir eſte mal.
Pero el ſueño al coraçon

No

266 *Hay amigo*

No ha de ganar la vitoria,
Pues no le quita la gloria,
Si quita la poffeffion.
Ya no quiere mi dolor
Leonor, que lo que he foñado
Porq̃ el favor que me has dado,
Aun que foñado, es favor.
Y devo mas eftimarlo,
Pues agora, dulce duelio,
Si me lo difte en el fueño,
Lo tuve fin procurarlo.
Ya tengo muy bien fabido,
Si aquefte favor advierto,
Que lo que fufi o defpierto,
Quiere pagarme dormido.
O como honefta te adoro,
Pues quãdo el favor me has he-
Favorecifte a mi pecho   [cho,
Sin arriefgar tu decoro.
Si el hado pues defabrido
Me matare, no es penofo,
Pues ya muero venturofo,

Muriendo favorecido.
Coraçon, la muerte dura
Con animo has de efperar,
Que bien fe puede animar
Quien fe goza en la ventura.
Mas fi tiene el pecho fino
A Leonor, no temo el mal,
Que no puede lo mortal
Atreverfe a lo divino.
Defuerte, fi el pecho pide
El morir, en que fe emplea,
Quien la muerte le defea,
Tambien la muerte le impide.
Pero fi quereis la palma,
De fino morir podreis,
Que el retrato entregareis,
Para que lo guarde al alma.
Y fepa Leonor el trato
De amarla tan ve:dadero, (ero,
Que aũ defpues, quãdo me mu-
Hade vivir fu retrato.   *Va-fe.*

JORNADA TERCERA

Sale D Leonor, y Flora.
Flor Como tanto le aborreces,
Quando tu le amavas tanto?
D Leo. Si grande al amor lo jufgas,
Mayor al odio lo alcanço,
Ya de D. Diego alevofo
Su traycion confiderando,
Con iras de aborrecido
Caftigo errores de amados

Y tanto el odio fe aumenta,
Que fiempre eft oy dezeando,
Aunque fe nota impoffible,
Todo aquel tiempo paffado,
Que con amores indignos
Defperdiciò mi cuydado,
Para que en aborrecerle
Oy pudieffe aprovecharlo.
Flor. Quando D. Diego te olvida,

Tu

para amigo. 267

Tu sueño, señora, es claro,
Pues para tu amor es muerto,
Aun que vivo se ha mostrado.
D Leo. Bien lo temian mis penas,
Pero importa remediarlo
Con otro amor.
Flor. A D. Lope
Quieres amar?
D. Leon. Castigado
Verà D. Diego su olvido
Con su amigo, porque usando
Mi pecho deste instrumento,
Le cause rigor doblado,
Pues mi vengança amorosa
Le executo por las manos
De su amistad: que un castigo
En el coraçon incauto
Viene a ser màs lastimoso,
Donde es menos esperado.
Mas se D. Diego me offende
Con otro amor occupado,
Y yo oretendo vengarme
Con otro amor, estimando
De D. Lope las finetas,
Corto pues en lo que igualo,
El rigor de mi vengança
Por el filo de mi aggravio.
Flor. Otro amor te ha encendido,
Quandoel uno has olvidado?
D. Leon. Si un exemplo te propógo,
Tus preguntas sasisfago.
No has visto a caso dos fuegos,
Que en uno llammas notando,
En otro tibios ardores
Consideras, y si el Austro
El soplo respira entonces,
Al que vivia inflammado

Tremulas luzes despoja,
Y al mismo tiempo contrario,
El que sin llamma era tibio,
Queda con l'amma animado?
Ansi tambien de D. Diego
El amor, que estoy culpando,
Y el de D Lope mi amante
Con los dos fuegos comparo;
Pues siendo aquel cõ su llamma
En su ardor màs alentado,
Tibios ardores en este
Mi pecho estava burlando;
Pero quando venta el soplo
De una offensa, desmayado
Se queda el amor primero,
Que era con llamma gallardo,
Y de D. Lope el segundo
Se asienta en llammas bisarro,
Comoviendo con lo ardiente
A mi pecho lo abrazado.
Flor. Mas quien señora creyera
Que viendo a D. Diego grato,
Era ficcion de engañoso
Lo que es fè de enamorado?
D Leo. No me admiro, porq siepre
A los civiles engaños,
Que los hombres màs queridos
En el amor han formado,
Las mugeres se sugetan
O por Haquesa, ò por daño.
Demas, que todos los hombres
Quando quieren, han llamado
Las mugeres inconstantes,
Porque puedan a su salvo
Ellos culpar las mugeres,
Y ellas no puedan culparlos.
O quiea pudiera dezirles,

Si

268   *Hay amigo*

Si ellas pretenden amarlos,
De su inconstancia el desayre,
De sus trayciones el trato;
Porque entonces, porq̃ entõces
No pud esse su recato
A precio de sentimientos
Escarmentar desengaños.

Flor. Pero examino en D. Lope,
Quando en lo fino reparo,
Que ha de ser firme querido,
Si era firme desdeñado.

D. Leo. Mal hava el tiẽpo, mal haya,
En que a mi pecho tyranno,
A quien devia lo fino,
Pagò tan mal con lo ingrato:
Pero fuè justo, que agora
Su firme amor festejando,
Me empeña màs lo amoroso
Por pagar lo despreciado;
Suya soy, y serè suya,
Porque dos tiempos contando,
No quepa en un tiempo solo
De tanto amor lo acertado;
Y ĥ agora en lo futuro
Me profetizo el amarlo,
Antes de lograr el tiempo
Ya me festejo el regalo.

Flor. Leyste a caso, señora,
El papel que te hà mandado?

D. Leo. De su papel en lo escrito
Parece que el niño sabio
Con la flecha, y con la herida
La pluma, y tinta le ha dado.
Que bien estima su penal
Que bien exprime su llanto!
Que cortez le hà conocido!
Que discreto se ha quexado!
Quando ayer en sus renglones
Aspides estava hallando,
Oy quando el papel pondero,
Dulcissimas flores hallo.

Flor. Oh quien pudiera pedirle
A D. Lope albricias, quando
En la guerra de rigores
Dulce vitoria ha ganado!

D. Leo. Para que sepa D. Lope
Que su proceder hidalgo
Con amor correspondido
Le paga el pecho inclinado,
Mandarle aora pretendo
Por dar al alma un agrado;
Mas ven conmigo, que luego
Te lo dirè.

Flor. Procurando
La occasion estoy señora.

D. Leo. Tus obediencias alabo.

Flor. En quien sirve la obediencia
Sin jurarse, se ha jurado. *Van-se.*

Sale D. Lope, y Don Diego.

D. Lop. Bien conoceis, D. Diego, mi noblesa.

D. Die. Confieço respetoso su grandeza.

D. Lop. Tengo pues una hermana, a quien quiziera
Darle el estado, que en su honor cupiera,
Porque muriendo aora de mi gusto,
No lo pueda achacar algun disgusto,
Sè tambien que con alma agradecida,

Aun

para amigo. 269

Aunque nunca de vòs correspondida,
Os tiene algun amor, por cuyo effeto
Con mi hermana casaros os prometto,
Que no es poco llevar anticipada
En la muger la voluntad preciada.

D. Die. Ya dessa suerte una ventura gano
Quando me hazeis, D. Lope, vuestro hermano;
Pero tened aliento en lo amoroso,
No me robe essa vida lo penoso.

D. Lop. Dirè luego a mi hermana el casamiento,
Por quitar dilaciones a mi intento,
Que no siempre ha de ser lo dilatado
Congoxosa pension de lo esperado.
Pero agora mi hermana enternecida
Fue-se hablar con el dueño de mi vida,
Por intentar remedios a mi pena,
Con quien aunque su effeto la condena:
Que una muger tercera
En los trastes de amor es la primera,
Haziendo con su voz por sympathia
En la dama cruel blanda harmonia;
Y quiera el niño arquero
Que a su coraçon fiero,
Por tomar la vengança despreciado,
Le vibre del carcàs harpon dorado.

D. Dieg. No hay pino, no hay ciprès, que aunque sublime,
No postre el rayo, si el incendio esgrime;
No hay coraçon, no hay pecho, que aunque altivo,
Amor no postre, como el rayo vivo.

Sale Rostro, como quien pergona.

Rost. Albricias, quanto dan al pregonero?
Albricias, den en fin algun dinero,
Albricias pues.

D. Lop. Que nueva me has traido,
Que tanto al coraçon ha commovido,
Pues ya despide la congoxa dura
Por recebir mejor una ventura.

Gg   *Rost.*

270 *Hay amigo*

Roſt.   Luego te lo dirè, vengo canſado.
D.Lop.   Dime pues la occaſion del guſto mio.
Roſt.   El menſage te fio,
     Si una coſa promettes.
D.Lop.   Que me quieres?
Roſt.   Que no lo ſepas tu, ſi lo ſupieres.
     Pero ya, por quitarme lo gracioſo
     Que muchas vezes cauſa lo enfadoſo,
     Un papel de Leonor·
D.Lop.   De quien?
Roſt.   De un diablo,
     De Leonor dizir quiero, en lo que te hablo;
     Toma eſta carta, que huvo ſu criada,   *Dale.*
     Como letra de porte encommendada.
D.Lop.   Venturoſo papel, [no ſe que diga
     Quando mi guſto applauſos averigua]
     Venturoſo papel, que aunque nevado,
     Las llamas de mi amor has aumentado,
     Effeto, que a ſu mano ſe le deve,
     Quando alimenta el fuego entre la nieve!
     Abro-lo pues, y quando anſi lo veo,
     Se abre la puerta a mi amoroſo empleo;
     Su mano beſo en el papel ufano;
     Por brindarle a mi labio con ſu mano;
     Que es de un amante penſamiento juſto
     Al guſto dar lo que ſe niega al guſto.
D.Dieg.   Empeçad aleerle, que al contento
     Applico en mi favor oydo attento.

Lee la carta Don Lope.

Agradecida de vueſtras fineſas, os amo, ſi bien
Recelo que os pegu e alguna traycion un amigo, que
Teneis, el qual, me dizen, ſe llama *D. Diego.* Vueſtra D. Leonor.

D.Lop. El papel enigma ha ſido,   Qual es màs, no ſe aſſegura,
     No le entiendo ſus renglones,   Si el favor de mi ventura,
     Que en carcel de confuſiones   Si la occaſion de mi enleo.
     Me tiene preſo el ſentido: Que dezis a mi paſſion
     De ſuerte, que en lo que veo,   Con eſte papel, D. Diego?

                              D. Dieg.

parã amigo. 271

D.Die. A muchos empeños llego, *ap.*
Si defcifro la occafion;
Pues ha de entonces faber
Lo que quiziera occultar.
D. Lop. Acabad de me explicar
Lo que no puedo entender.
D. Die. Formo pues una ficcion, *ap.*
Yle occulto la verdad;
Mas nò, que hallan igualdad
La mentira, y la traycion.
Ya que eftoy, D. Lope amigo,
Con vueftra hermana cafado,
Pues nò ha de fer eftorvado
Lo que hize por vòs, os digo.
Leonor me amava conftante,
Yo tambien firme le amava,
Pero quando fe enfermava
Vueftro pecho de lo amante,
A Leonor dexè burlada
Con ficcion de un cafamiento,
Porque en vueftro penfamiento
La vieffe entonces vengada.
Fuè pues lo folicitado
De fuerte favorecido,
Que alcançafteis lo querido,
Quando yo lo defpreciado.
Efto D. Lope, fe entiende,
Quando me llama traydor:
Que como es Rey el amor,
Se haze traydor quiê le offende.
D. Lop. D. Diego a Leonor queria? *ap.*
Hay fucceffo tan confufo!
Roft. Es fabula, que compufo
Gongoratica poefia.
D Lop. Notable aggravio por Dios
Hizifteis a mi amiftad,
Pues lo que jufgo lealtad

Conmigo, es traycion con vòs.
Si vueftro pecho fe offrece
Negarme el amor, que os ciega,
Como la verdad fe niega,
Algo de traycion parece.
Si fois mi amigo, mal hecha
Fuè la traycion con la dama,
Porque de traydor la fama
Puede darme una fofpecha.
Injufto fuè que occultaffeis
Vueftra amorofa paffion,
Si attentaveis mi afficion,
A mi amiftad attentaffeis.
Que en demoftracion fincera
Dexando a vueftra lealtad,
Lo que era mi voluntad,
Un gufto en dexarlo os diera.
Y fi diera mi alvedrio
Lo que era vueftro, pudieffe
Daros algo, quando os dieffe
Lo que entonces nò era mio.
D. Die D. Lope, nunca mal hize,
Si mi amor os encubri,
Pues fi yo no hiziera anfi,
No hizerais vòs lo que quize.
Porque yo bien conocia
Que fi mi amor conocierais,
Contra mi nò pretendierais
Lo que yo me pretendia.
Yquando Leonor me amava
Con razon mi fè la diò,
Pues fi no me amàra, yo
Nada dava en lo que os dava;
Roft. Señores hay tal efcufa!
Vieron amigos comò eftos?
Simplefillos fon aqueftos,
No faben de lo que fe ufa.

Gg ij   *D. Lop.*

272   *Hay amigo*

D.Lop. Es poſſible,amor injuſto,
   que vueſtro guſto eſtorvè,
   Quando quiziera mi fè
   Occaſionar vueſtro guſto?
Mas ſi quize pretender
   A Leonor,no admireis vòs
   Que ſiendo un alma en los dos,
   Fueſſe en los dos un querer.
Y ſolo me admiro aqui
   Que el alma lo conocieſſe,
   Y vueſtro amor me encubrieſſe
   Quando el alma eſtava en mi.
Nò es bien que querais caſaros
   Con mi hermana,es bien q̃ agora
   Hableis con Doña Leonora
   Para poder diſculparos.
D.Die. Diſculpas no he procurado,
   Pues ſi intento diſculpar
   Lo que hize,era confeçar
   Que en lo q̃ hize, eſtoy culpado
Que mi caſamiento ſigo,
   Por quedar màs obligado,
   Quando ſoy vueſtro cuñado,
   Y quando ſoy vueſtro amigo.
D.Lop. A ſu caſa he de llevaros.
D.D e. Yo no puedo obedeceros.
D.Lop. Allà preſente he de veros.
D D e. Yo no puedo acompañaros.
D.Lop. Haveis de venir conmigo.
D.Die. No mandeis lo q̃ es injuſto.
D.Lop. Hazedme agora eſte guſto.
D.Die. Dexadme , ſi ſois mi amigo.
D.Lop. Que eſperais?
D.Die. Nò voy por Dios.
D.Lop. Eſto os pido.
D.Die. Mal lo aceto.
D.Lop. Venid ya.

D.Die. Notable aprieto!
D.Lop. Que dez is?
D.Die. Ya voy con vòs.
    Vanſe,y que de Roſtro.
Roſt. Sabran,ſeñores,y agora
   Dixeronme a mi peſar,
   Que al valentiſſimo Puño
   He deſafiado,tà,
   Miren uſtedes que bodas
   Para yo me combidar?
   Donde la Parca es trinchante
   Con el cuchillo mortal.
   La cauſa del dezafio
   Dizen que el miſmo la dà,
   Porque hurtòme aquel diamãte,
   Que caro me ha de coſtar:
   Mas no me eſpanto,ſi pierdo
   La que tamben quiſe hurtar,
   Porque ſiempre malè parta
   Malè dilabuntur:ya
   Con ſer ſolo medio quarto,
   Canſado eſtoy de eſperar,
   Penſando yo que hede ver
   En quartos mi humanidad:
   El viene?no;ſi le eſpero,
   Mil tragos he de llevar;
   Que aun q̃ tragos no ſon buenos,
   Porque aqui vino nò eſtà.
   Mas ay de mi,que el ſe acerca,
   Y en ſu furor infernal
   Veo un Portuguez *Magriço,*
   Y veo un Francez Roldan;
   Valgame en eſte conflito
   San Jorge.de Portugal.
    Sale Puño.
Pun. Por un papelito Roſtro
   Mandòme dezafiar,

       Titubeo

para amigo. 273

Titubeo en referirlo;
Quien se ha visto en otro tal!
Valga el diablo mi codicia,
Porque le quize tomar
El diamante,q aun que es claro,
Negro se muestra en mi mal.
Mas animo,lacayote,
Nò soy Puño tan audaz,
Que me hazé merced los buenos
De llamarme escarraman?
A Rostro hede deshazerle
De suerte,que se verà
Como yo,quando en un puño
Lacayos suelo estrellar.
Mas vitor,alma tristona,
Que el no viene,miedo me ha;
Mas que dize? ay deste Puño!
Que el ha venido; San Blas.
Rost. Antes que su furia osada
Empiece a desenvainar,
Quiero con buenas palabras
Ablandarle por demàs.
Señor Puño,ciertos hombres
Amigos de enemistad
Me induxeron que os mandasse
A dezafio llamar;
Yo que soy hombre amiguillo
De la vida,y de la paz,
Solo quiero que el diamante
Me buelva su urbanidad.
P.El alma me ha buelto al cuerpo,ap
Plegue a Dios por tal piedad
Que le dè cavalleriza
Con estiercol que limpiar;
Señor Rostro,nò pensava
Que se pudiesse empeñar
La burla de aquel diamante

A tal valor;pues sabrà
Que el diamante yo le tengo,
Y que aqui lo quiero dar.   *dal:.*
R. Hay tan graciosa ventura!
Pero si el medroso estâ,
Es bien que quiera brindarle
El trago de pelear.
P. Pero si yo no peleo,
Quantas necias me diran
Que el desafio no aceto?
Que al corça para acetar.
R. Quiero que saque essa espada.
P. La suya se ha de sacar
Primero,que es cortesia
De vida a su calidad.
Saca Rostro su espada bien vieja.
R. Ea,ya la tengo fuera,
Y nò hade comer màs pan,
Que pues ya fuera la miro,
Dentro del se hade occultar.
Ea cobarde,que espera,
Si vè mi temeridad?
P. vea primero en el suelo
Si la espada hade quebrar,
Que pues pelea conmigo,
Es bien que seguro và,
   Mira en el suelo su espada.
R. Ya la tengo bien mirada.
P. Pues ya saco.
R. Bravo azar!
P. El montante de mi furia;
Y veamos si es igual
Este azero con el mio.
Miden las espadas ridiculamente?
Pues si me quiere aguardar,
Guarde su cuerpo,y si nò
Su vida se afusarà.

R. Ya

274
Hay amigo

R. Ya lo doy la muerte.

Danse las espaldas uno a otro.

P. Yo por aqui.

R. Yo por acà.

P. Mire como su cabeça
Se mira de par en par.

R. Mire como sus bigotes
Se los llevo de un gilvàs.

P. Pero el cobarde escapò-se.

R. El huyò como un patan.

P. El se fuè,porque temia
En mi furia un Barrabàs.

R. Perdió su cuerpo un vestido,
Si pudiesse acuchillar
A su cuerpo , con que entonces
Se mostraria galan.

P. Pues que se ha ido el gallina,
Voyme yo;la necedad
No quiero del desafio,
Porque se quizo hidalgar,
Y como yo soy lacayo,
No le tengo voluntad.

Entrase por una puerta.

R. El se fuè,pues voyme yo,
Que tengo necessidad
De hazer cierta diligencia
Por delante,y por detràs.

*Entra-se por otra puerta,y sale D.Leo-
nor,y D.Isabel con manto.*

D.Isab. Por mi hermano esta visita,
Bella Leonor,quize hazeros,
Para dar a conoceros
El fino amor,que le incita;
Pues si explicar solicita

Delante de mi su afan,
Tal amor las quexas dan,
Que aun q̃ hermana,si mellama,
Yo me paresco su dama,
Y el parece mi galan.
Desuerte,que yo le digo
Quando le veo quexoso,
Que no muestre lo amoroso
De sus ternesas conmigo:
Porque entonces le averigo
Que los zelosos recelos
Os pueden dar sus desvelos;
Mirad lo que amor allana,
Que de un amante la hermana
Os puede causar los zelos.

D.Leon. Isabel,conosco bien
De vuestro hermano el amor,
Y que en el muestra el primor
De sus finesas tambien;
Y si hasta agora el desden
Ha sentido su afficion,
Le hade amar mi coraçon
Desde aqui con tal grandeza,
Que se haga naturaleza
Lo que se logra eleccion.
Ya mi gratitud es justa,
Aun que lo ingrato ostentava,
Porque a mi pecho abrazava
De otro amor la llama injusta.

D.Isab. Amor tuvisteis?

D.Leon. Si gusta
Vuestro pecho que le nombre,
A quien mi vengança assombre
Por vòs le dirà mi labio,
Aunque renueve mi aggravio,
Quando pronuncio su nombre.

D.Is.Pues dizid,Leonor, quiẽ ciego

Os

para amigo. 275

Os ha burlado inconstante?
D. Leo. Un vil, un traydor amante,
  Yo lo dixo, ya D. Diego.
D. Isab. D. Diego?
D. Leo. Si; a saber llego,
  Quando zelos os combida,
  Que ereis la dama querida,
  Con quien dixo se casava.
D. Isab. Ay amor! Bien recelava, ap.
  Otra dama es pretendida.
D. Leo. Iusgad pues, que es lastimoso
  Vuestro amor en mi fortuna,
  Que amante que fuè con una,
  Serà con otra alevoso;
D. I. Hay traydor mas engañoso! ap.
  Quien es cielos la muger,
  Que dixo suya hade ser?
D. Leo. Bien empeçais a penar.
D. Isab. Con esto he de equivocar
  Lo que dize el padecer.
  Sien o, Leonor, las trayciones,
  Que D. Diego occasionò,
  De suerte, que siento yo
  Por mias vuestras passhones;
  Y en estas demostraciones,
  Que mi pecho quiere usar,
  Os viene a manifestar
  (Esto amor haze en làs dos)
  Que siendo el pesar por vòs,
  Por mi padesco el pesar.
D. Leo. O le querais, ò el os quiera,
  Bien libre estoy de quererle,
  Que quien traydor pudo verle,
  Otra vèz raydor le viera,
  Pues quien en la vèz primera
  Por traydor se ha declarado,
  Segunda vez in famado

Traydor le veremos, pues
  Siendo facil una vèz,
  Ya queda en otra inclinado.
D. Iab Ami hermano agradecedle
  El amor con ablandaros,
  El por gusto de vengaros,
  No por gusto de quererle.
D. Leo El amor quize tenerle,
  No por vengança es querido,
  Si nò, porque amante ha sido
  Desuerte, que siendo amado,
  No siempre lo desdichado
  Achaque lo merecido.
D. Isab. Quando amais ansi, mirad
  Que amor ningũ gusto os mueve,
  Pues la vengança os commueve,
  Y nò vuestra voluntad;
  En esse amor attentad,
  Si es por razon de un disgusto,
  Que parece amor injusto,
  Y por bastardo se alcança,
  Pues nace de la vengança,
  Deviendo nacer del gusto.
D. Leo La vengança solamente
  No es causa de aqueste amor,
  Pues de mi amante el valor
  Me incita esta llama ardiente;
  Y agora dichosamente
  Dos gustos al alma fio,
  Porque en el in ento mio
  Consigue mi pecho sabio
  La vengança de mi aggravio,
  El amor de mi alvedrio.
  De suerte, que quando veo
  En esta occasion dichosa,
  Offendida, y amorosa
  Mi vengança, y mi deseo,

Por

276 *Hay amigo*

Por dicha al aggravio creo,
Y lo tengo por amigo,
Si amor,y vengança figo
En lo que el pecho blafona,
Pues dos guftos me occafiona
Quando un aggravio caftigo,
    Sale Flora.
Elor. Señora,viene D.Lope
Con D.Diego.
D.Leo. Yo no atino
De D.Diego la venida,
Pero Flora no me admiro,
Que fiempre un animo doble
Lo vergonçofo ha perdido.
D.If. Ah mudable,ah falfo amante!
Que hazes con modos indignos
A pezar de tu nobleza
De las trayciones capricho.

    Sale D.Lope,y D.Diego,Roftro,
       y Puño.
D Lop. Es cuchad,Leonor hermofa,
La caufa de haver venido,
Que en una amiftad la veo,
Que en un amor la coligo;
    D. Diego.
D.Leo. Callad el nombre,
Quando al aggravio me incito
Deffe traydor encubierto,
Deffe traydor atrevido.
D.Lop. Efcuchad por vida vueftra
De aquefta accion el motivo.
*D Die.*Que dirà de mi D.Lope!
Que ya me corro de oyrlo!
Roftro Parecen eftos dos beftias,
Puñ. Una noria ha merecido.
D.Lop. D.Diego,pues os amava

Con lo conftante,y lo fino,
Sin que fe vieffe una fombra,
Sin que cupieffe un regiftro
De engañofo en las palabras,
Y de falfo en los gemidos;
Que de fer mi amigo folo
Havreis efto colegido,
Que nunca yerra alevofo
Quien pudo enfeñarfe amigo.
Pero agora,fi era firme,
Preguntareis,como ha fido
D.Diego tan inconftante,
Que burlò vueftro alvedrio,
Que engañò vueftros dezeos,
Que dexò vueftros avifos?
A lo que dezìs refpondo
Lo que en quatro exemplos digo.
Mira-fe un aftro en el Cielo,
Y dà de pequeño indicios,
Mira-fe un ave en el ayre,
Y mueftra un color luzido;
Mir-afe un objeto lexos,
Y entonces negro fe ha vifto;
Mira-fe un remo en el agua,
Y parece quebradizo;
Nò fiendo el aftro pequeño,
Nò fiendo el color precifo,
Nò fiendo el objeto negro,
Nò fiendo el remo partido.
Anfi pues un pecho humano
Con lo firme,y lo fencillo
Inconftante fe ha mirado,
Engañofo fe ha tenido;
Aunque nò fe halle en el pecho
Para caftigarfe el vicio,
De la mudança el defayre,
De la ficcion el eftylo.

           Sabreis

para amigo: 277

Sabreis 'pues q̃ en vueſtros ſoles
Me abrazava inadvertido
Sin ver que os dava D. Diego
Amoroſo ſacrificio;
Cuyo amor una dolencia
Al cuerpo diò por ſufrirlo,
Pues viendo quexoſa el alma
De que el penoſo martyrio
Padecia ſolamente,
Quizo al cuerpo repartirlo,
Porque eſte tambien ſintieſſe,
Como aquella lo ha ſentido.
El entonces recelando
En mi vida el rieſgo impìo,
Pues ſi una dolencia ſola
A la muerte ha conduzido,
Que haran dos enfermedades·
En el alma, y el cuerpo miſmo,
Para que al vital eſtambre
Le rompa el mortal cuchillo?
Fingiò pues ſu caſamiento,
Porque vieſſe lo querido
En la verdad de mi amor,
Como agora en vòs lo miro;
De ſuerte, que en ſus ficciones,
Y en mi fè, que tanto eſtimo,
La dicha a lo verdadero
Occaſionò lo fingido.
Oh de amiſtad gran fineſa!
Oh de un coraçon gran brio!
Que el amor, que tantos males
Ya le coſtò ſucceſſivos,
Para lograr en la dama
El bien de correſpondido,
Expuſieſſe a la fortuna!
Arrojaſſe al precipicio!
Vòs creyendo el matrimonio,

Que contra ſu amor os dixo,
Entonces de aqueſte aggravio
Vueſtro Cielo commovido
Quizo añublado moſtrarſe
En las iras, que previno,
Ya de la vengança el rayo,
Ya del deſden el granizo.
Oh facil engaño, oh facil
Credulidad del ſentido!
Que los engaños ſe crean
Tan preſto ſin màs teſtigos!
Y que las puras verdades
Bien eſentas de artificios
Sin examinar el tiempo
Nò las abrace el arbitrio!
Sabidos pues los engaños,
Sea D. Diego admittido;
Yo pretendo occaſionarlo,
Si haſta aqui quize impedirlo:
Porque es juſto que quien pudo
Deſunir lo que era unido,
Dè la cura, ſi la herida,
Dè la occaſion, ſi el deſvio.
Agora os pido ſeñora,
Agora Leonor os pido,
Ya que al engaño doy muerte,
Ya que el amor reſucito,
Ya que es verdad la conſtancia,
Ya que es mentira el olvido,
Que vueſtro pecho en lo blando
Oy ſe buelva a lo encendido;
Nò pueda ya lo engañoſo
Motivar lo vengativo;
Amor piadoſo revoque
La ſentencia del caſtigo;
Nò ſe impute a las verdades
De la mentira el delito;

Hh   Aca-

278 *Hay amigo*

Acabe-ſe con bonanças
De la borraſca el peligro,
Y al deſengaño deſpierte,
Lo que al engaño ha dormido.

D Leon. Que no era traydor D.Diego
Que es eſto, Cielos Divinos?
Si las verdades pondero,
Las confuſiones recibo.
Pero el coraçon no quiere
D.Lope el amor antigo,
Que ſiendo una vez echado,
No hade ſer màs recogido.

D.Die. Amiſtad, grande vétura, *ap.*
Que es mi intento executivo.

D.Iſab. Falſo fuè ſu caſamiento, *ap.*
Albricias, coraçon mio.

D.Lop. Quando es falſedad ſeñora
El empleo, que incentivo
Puede eſtorvar lo piadoſo?
Puede occaſionar lo eſquivo?

D.Leo. Aun que a ſu fè me confieço,
A ſu amor no me habilito.

D.Lop. Puedo ſaber el eſtorvo
De tanta eſquivez?

D.Leon. Explico
Con un exemplo, que pongo,
La dureſa, que proſigo.
El Ebano del Oriente,
Arbol bella, que el veſtido
Tiene de negros colores
Para moſtrar a los ſiglos
Que puede en lo tenebroſo
Caber tambien lo luzido,
Si acaſo un golpe le corta,
(Parece que de ſentirlo)
De ſu forma ſe ha mudado,
Y piedra ſe ha convertido.

Anſi tambien padeciendo
Mi coraçon el nocivo
Golpe injuſto de travciones,
Fue cortado, y dividido
En dos vitales pedaços,
Que el ſentimiento los hizo,
Quedando entonces tan duro,
Que Ebano ſe ha parecido,
Pues ya piedra le conoſco
Quando el golpe le averigo.
Mirad agora ſi puede
Lo que es piedra conocido
En el amor de D.Diego,
Aun que firme le examino,
Enternecerſe a los llantos,
Ablandarſe a los ſuſpiros?

D.Lop. D.Diego eſte era el dezeo,
Que por vòs he pretendido,
Dezid el guſto, que os lleva
En el empeño, que ſigo?

D.Die. Si ya me teneis caſado
Con vueſtra hermana, es delirio
Que eſtorve, lo que nò quiero,
Una dicha, que conſigo.

D.Lop. Dà pues Iſabel la mano
A D Diego

D.Die. En ella eſcrivo
Mi ventura, porque ſiempre
Vea un bien, que en ella cifro

D.Iſab. De Leonora los engaños
Ya ſon verdades conmigo,
Siendo pues un falſo empleo
De lo cierto vaticinio.

D.Leon. Ya q̃ el hado os fuè piadoſo,
Yà que amor os fue propicio,
Eſta es mi mano, D.Lope.

D.Lop. Aqui me teneis rendido,

Y

Y deste caso se aprenda
De una amistad el prodigio.
Rost. Ellos se casan, señores,
Con bastante regozijo,
Como si agora embiudaran.
Puñ. Al casarme me persigno.
Flor. Dessa suerte nò te casas?
Puñ. Esso era hazerme novillo.
Rost. Pues que falta en la comedia?
Puñ. Finis, laus Deo.
Aun verde, noble Senado,
Rost. Un juyfio,
Con la Comedia ha salido,
Siendo agora la primera,
Si en ella pudo serviros,
Tenga propios los applausos,
Aunque estrangero ha nacido;
Y siendo amigo tan vuestro
El Autor, le dad un vitor,
Para que diga dos vezes
Hay amigo para amigo.

FIN.

Hh ij AMOR

AMOR, ENGAÑOS, Y ZELOS.
COMEDIA NUEVA.

HABLAN EN ELLA

El Duque de Mantua.
Carlos Farnefto.
Henrique Gonzaga.
Fabio criado del Duque.
Soldados.

Violante hermana del Duque.
Margarita fu prima.
Clavela criada de Violante.
Celia criada de Margarita.
Dinero graciozo.

JORNADA PRIMERA.

Salen de noche el Duque, y Fabio acuchillando a Carlos.

Duque. Defcubre-te villano, ò vive el Cielo
Que tus roxos corales beva el fuelo.
Carl. Dime, quien eres, o dirà tu muerte
Efta lengua que ves, de azero fuerte.
Duq. Muere traydor, y acabe tu ofadia.
Carl. El Duque es quien me figue, fuerte impìa!ap.
                                                      Duq.

282 *Amor engaños,*

Duq. Carlos es con quien lidio,fuerte eftraña! *ap.*

Arrodilla-fe Carlos a los pies del Duque.

Carl. Si tu furor te engaña,
Aqui tienes mi efpada,y fatisfecho,
Si pienfas la tra/cion,rompe-me el pecho:
Que perdonar la vida aun alevozo
Es indifcreta accion de un Rey piadozo.
Duq. Levanta Carlos,que el intento doble
No puede prohijarlo un pecho noble.
Carl. Soy tu efclavo Señor.
Duq. Eres mi amigo.
Carl. Ah Flechero enemigo! *ap.*
Ah Margarita fiera! ah dulce ingrata!
Duq. Agora fabrè yo fi amores trata
Carlos con Margarita,porque luego *ap.*
Se defcubre el amor,que amor es fuego:
Carl. Que pienfa el Duque Cielos? pero agora *ap.*
Segun lo jufgo,a Margarita adora:
Que es fiempre un recelofo penfamiento
Prognoftico fiel de un fentimiento.
Duq. Fabio?
Fab. Señor.
Duq. Retira-te,que folo
Antes que la ve Apolo
Con cryftalino humor fu roxa frente,
Con Carlos quiero hablar.
Fab. Soy obediente. *Va-fe.*
Duq. Carlos,fi eres mi amigo,un poco efcucha.
Carl. Con amor,y lealtad el alma lucha. *ap.*
Duq. Bevo un dulce veneno,
Padefco tempeftad de un mar fereno,
Siento un ardor guftofo,
Un inquieto repozo,
Un rigor blando,un fiero agrado offrefco;
Todo es nada,efto es màs,amor padefco.

Carl.

y zelos. 283

Carl. Pues señor quien te aviva aquessa llama?
Duq. Para que sepas, Carlos, quien me inflamma,
La occasion te dirè, quando amor sigo,
Si cabe lo que siento en lo que digo.
Carl. Dime tu ardor, que hede escucharte attento,
Que es la attencion lisonja de un tormento.

Duq. Era el tiempo, en q̃ el Planeta,
Blandon del quarto Sapfiro
Del Zenith precipitado
Và con desmayos luzidos
Pidiendo a Tethys el agua,
Como saludable alivio,
Para alentar los desmayos,
Para bolver a los gyros;
Quando penetro de un bosque
El frondoso labyrintho,
Que en condensados verdores,
De mi arboles vestido
Nube de ramos lo jusgo,
Borrasca de hojas lo admiro.
Sigo un Tigre, que manchado
Entre colores distinctos,
Lo jusgava el pensamiento
Por lo ligero, y lo lindo
Viento galan de los bosques,
Errante Abril de los riscos.
Fatigando en fin las selvas,
En un balcon (que prodigio!)
Veo a caso oh como el logro
De una dcha no es previsto!)
Una flor que no padece
Las pensiones del Estio,
Una rosa, que rigores
Por espinas le averigo;
Una luz, que le era sombra
De mi dolor el martyrio;
Una estrella, que el cuydado

Hizo en el alma destino.
Oh ley dᵉ amor inviolable!
Que quien burla divertido
De sus tiros lo flechero,
Y de sus llamas lo activo,
En el ocio del descuydo
El fiero vendado niño
Le prende al pecho sus llamas,
Le vibra al alma sus tiros!
De suerte que en los empeños
Del montaràs exercicio
Hallo a mi vida lisonjas,
Dando a mi vida peligros:
Festejo un jardin hermoso,
Pisando un bosque texido;
Una Diosa en fin venero,
Quando una fiera persigo.
Oh quantas vezes, oh quantas
Lançava al ayre suspiros,
Porque siendo puras llamas
Del fuego, que dentro crio,
Al alma suya pegassen
(Quando se esenta en lo esquivo)
Los incendios del cuydado
Por las puertas del oido!
Sintiendo pues sus rigores,
Le dixe, si no me olvido,
Lo cortez destos requiebros:
En quien ama, el Cielo mismo
Amor influye; pues como,
Si a vòs por Cielo os affirmo,

Quando

284 *Amor engaños,*

Quando deveis motivarlo,
Quereis, mi Cielo, impedirlo?
Ved las plantas, que en las plātas
El fruto de amor coligo;
Ved las flores, que en las flores,
Florece el affecto vivo;
Ved las fuentes, que en las fuentes
Llanto amoroso se hà visto;
Ved los vientos, q̃ en los vientos
Alas buelan de Cupido;
Mirad en fin a mi pecho
Por compendio de lo dicho,
Las plantas de mi firmeza,
Las flores de mis cariños,
Las fuentes en lo que lloro,
Los vientos en lo que gimo.
Mas viendome desdeñado,
Vi mis deseos crecidos,
Pidiendoles a mis ojos,
Siendo dos, que en triste officio
Uno llore el mal de amante,
Y otro el mal de aborrecido.
No hàs visto a caso en el soto
Un verde al médro, y no has visto
Que florece, quando el Cielo
Del Enero con movido
Graniza globos de nieve,
Despide flechas de frio?
Assi tambien, como al mendro
Mi cuydado hà florecido,
Quando en Enero de penas
Arroja mi Cielo esquivo
De sus desdenes el yelo,
De sus iras el granizo.
Apartème de sus ojos
Por peticion de su arbitrio,
Pero despues en mis males

Algunas vozes le explico
Por papeles, que se jusgan
Terceros enmudecidos,
Ya mi verdad en lo blanco,
Yà mi tristeza en lo escrito.
Pidole en fin ami hermana
Que con ruego successivo
La truxesse a mi palacio,
Que Cielo, y templo se hà visto,
Pues ya tiene venturoso
En la luz, y el sacrificio
La Aurora de la hermosura,
La Diosa del alvedrio.
Acclamè pues la vitoria
En la guerra de gemidos;
Conquistè con mis finesas
De sua bellesa el castillo;
Tuvo la amorosa nave
En aquel puerto el abrigo,
Coronòse de esperanças
Vitoriozo mi designio;
Y del Oriente de affectos,
Que fuè de mi amor principio,
No rubies, no diamantes,
No topazios, no saffiros,
Una Margarita alcanço,
Una Margarita estimo.
Estos son los pensamientos,
Carlos, que me han divertido,
Esta la luz, y el Planeta,
En cuyas llamas, y visos
Como Maripoza, ciego,
Como Gyrasol, rendido,
Al rigor de incendios muero,
Al favor de rayos vivo.

Carl.

y zelos. 285

Carl. El Duque quiere a Margarita,oh Cielcs!   *ap.*
O mi vida quitad,o mis recelos;
Que fi es muerte los zelos;bien fe advierte
Que no pueden unirfe vida,y muerte.

Duq. Vive Dios,que en fu amor Carlos profigue,   *ap.*
Y de mi dama el norte hermofo figue;
Mas fi le mato;en naufragos intentos
Serà fu fangre mar,mis iras vientos.

Carl. Eres,señor,dichofo
En el lance amorofo.

Duq. De ti mi pecho los fecretos fia,
Porque puedas faber la amiftad mia,
Pues quien fecretos fia,es claro effeto
Que entrega el coraçon en un fecreto.

Carl. Bien conofco,señor,tantas finefas.

Duq. Y porque eftimo,Carlos,tus proezas,
Por ti mañana efpero,
Porque mandarte quiero
A florencia en favor de Carlos quinto,
Cuyos foldados con Mavorcio inftinto
La cercan,porque den en fu vitoria
Al Pontifice honor,a Carlos gloria.

Va-fe el Duque.

Carl. Que hemos de hazer Amor,por defdichado?
Pues te affaltan eftorvos al cuydado;
El Duque a Margarita eftima agora:
Que el Duque es poderofo no fe ignora:
Todo pues facilita lo amorofo:
Todo puede abrazar lo poderofo:
Dos rayos tiene para mi defmayo,
Porque es rayo el poder,y Amor es rayo.
El Duque me compite en el defeo,
Yo defigual me jufgo en el empleo;
Mas nò,que fi es Amor un Dios.me atrevo
Con fu fiero rigor,pues un Dios llevo.
Vine en efte jardin aver mi dama,
Por dar hermofo alivio a dulce llama,

Ii   En-

286 *Amor, engaños,*

Encuentro luego al Duque, que me embiſte,
Y en conocerme inſiſte,
Haſta que me declara que es dichoſo,
Su cuydado glorioſo;
Que nò ſolo es amante, pero amado.
Que huvieſſe ſus paſſiones ignorado?
Ah penſion del tormento,
Que en el golpe violento
Por hazer el eſtrago màs ſentido,
Nunca lo ſiente el alma prevenido!
Agora pues el Duque me deſtierra
Con liſongero arbitrio de una guerra,
Porque pueda guſtar ſin triſtes zelos
Con Margarita bella ſus deſvelos,
Sin mirar que aun preſente
Mi pecho amante dulce guerra ſiente
Con las armas de amores, y de enojos
En las bellas provincias de ſus ojos;
Al cerco de Florencia
Me intima la ſentencia,
Porque cerque ſu amor con màs ventura
El caſtillo gentil de ſu hermoſura;
Que es Florencia mejor a ſu firmeſa
Su florida belleſa;
Mas aunque *Margarita* me condena
A triſte muerte de zeloſa pena,
Sin pedir zelos, le hede hablar mañana:
Que temo ſu hermoſura ſoberana,
Y no es bien que pareſca preſumido,
Que glorias le mereſco de querido.

Va-ſe, y ſale Violante.

Viol.　Amo a Carlos, y temo
De mi hermano cruel el noble extremo,
Porque llama aun affecto verdadero
Fino el Amor; pero el honor groſſero;
Temo en la empreſa de amoroſas pyras
El exercito fiero de ſus iras,

Quando

y zelos. 287

Quando intente en campañe de rigores
Talar firmesas, y vencer amores,
Que el honor offendido
Con razon es temido,
Pues se jusga como aspid, aggraviado,
Que la muerte occasiona, si es pisado.
Temo tambien que Carlos atrevido
Por costumbre alevosa de querido
Quiera texer a costa de mis daños
En la tela de amor hilos de engaños;
Aunque yo soy Violante,
Y de Carlos amante,
(Para conocer yo si Amor le excita)
Me finjo *Margarita*,
Sin que lo sepa nadie, que el secreto
Es padre sabio de opportuno effeto:
Desta suerte le apuro
De su fè lo constante, o lo perjuro,
Porque despues no siga al pensamiento
La tyranna pension del escarmiento.
Calos es forastero,
Con que engañarle espero,
Pues nò sabe que soy del Duque hermana,
Y su amor màs se allana;
Pues si supiera mi sublime alteza,
Entibiàra el ardor de su firmeza,
Que en desigual honor (como le excedo)
Lo que se escoge amor, se encoge miedo.
Y no es mncho que ignore mi persona,
Que como se occasiona
Del hombre màs amante
El mas cierto inconstante,
Evitè con retiros de mi estado
Los incautos peligros de un cuydado;
Que el retiro dichoso
Con el tiempo ingenioso
En leciones de avisos se combida

Ii ij   Un

288
Amor, engaños,

Un deleytoſo eſtudio de la vida;
Viendo ſiempre en las flores,
(Si mancha agena mano ſus primores)
Para dar mudo exemplo a mis corduras
Un florido conſejo de hermoſuras.
Mas para mi alegria, o mi tormento
Viendo de Carlos el biſarro aliento,
Mil almas attraher, y bien lo he dicho,
Que mil almas llevava en ſu capricho;
Eſte ſolo fuè cauſa de un contento
Amargo, y dulce, placido, y violento,
Eſte del alma fuè blando homicida,
Si vivo en muerte, quando muero en vida.
Eſte de un alvedrio (que bolava
Libremente en el ayre, y ſe emplumava
De vanas preſunciones) le ha formado
En la jaula de amor priſion de agrado.

Sale Carlos ſuſpenſo.

Carl. Ap.
En el incendio amoroſo
Doble a *Margarita* veo;
Pero es arbitrio engañoſo,
Que de una traycion lo feo
No ha de caber en lo hermoſo.
Viol. Carlos con triſte eſquiveſa
Sin querer el deſengaño?
Mas ſi, que para mi daño   *ap.*
Es en fado la triſteſa,
Por disfraçar el engaño.
Carlos.
Carl. Señora.
Viol. Dolores
Teneis de amor apurados?
Carl. Parto ya por màs favores
Un cuydado en mil cuydados,
Un amor en mil amores.
La Fama en mi amor glorioſo,

Y en vueſtro roſtro elegante
Dos graves prodigios cante,
Vòs prodigio de lo hermoſo,
Yo prodigio de lo amante.
Si deſſa viſta el contento
Logra de amor la vitoria,
Con tal fineſa me ſiento,
Que hago eſcrupulo eſta gloria.
Por quitarme el ſentimiento.
Si quereis averiguar
El dolor de mi plazer,
Mirad que eſtraño querer,
Que por ver el nò penar
Padeſco el no padecer.
Quiziera al dulce dolor
Dos coraçones en tanto
Llanto alegre, blando ardor,
Uno, que deſtile en llanto,
Otro, que abraze en amor.

Por

y zelos.   289

Por veros, y por amaros
Aunque mi bien fuè de veros,
Agradefco al pretenderos
A los ojos, por miraros,
Al coraçon, por quereros;
Si de vòs me hallo querido,
Quando me afino amorofo,
El primero agora he fido,
Que hallò bienes de dichofo
Con aciertos de entendido;
Mas vòs folo en la defdicha
De todo acertado intento
Quitais contra el efcarmiento
La necedad a la dicha,
La quexa al entendimiento.

Viol. Lo que tan difcretamente
Vueftro pecho encareciò,
No es amor, que en lo que fiente
Lo que facilmente entrò,
Se defpide facilmente.
Si lo llamais afficion,
Ya me profetiza el Cielo
Que en verdad de mi recelo
Lo provais por diverfion,
No lo beveis por defvelo.

Carl. Si florece en tiempo breve
De mi cuydado la palma,
Con primor mi fè fe atreve,
Pues quando os entrega el alma,
Paga luego lo que deve.
Pero calle, y prenda agora
Las vozes mi amor injufto,
Pues de una aufencia el difgufto,
que vueftro pecho no ignora,
Tambien me aprifiona el gufto.
El Duque por vueftro amor
Me manda que parta luego

A Florencia.

Viol. Que rigor!   *ap.*
El alma pierde el foffiego
Con el azar de un dolor.

Carl. Son la caufa vueftros zelos,
Y fi vòs al Duque amais,
Amad el Duque, que dais
Mejor gufto a los defvelos.

Viol. Effos concetos formais?
Sabed Carlos que no foy
De las communes mugeres,
Que en fu afficion mudan oy
Lo que ayer quieren; poderes
A la fortuna no doy.
Y porque màs certifique
De mi firme amor la fè,
A Violante pedirè
Que vaya mi hermano Henrique.

Carl. Siempre tu amor eftimè.

Viol. A Margarita hede hablar, *ap.*
Porque affi mi engaño entable,
Si qniero a Carlos amar,
Que al Duque fu amante hable,
Y eftorve tanto penar.
Carlos fi vueftro querer
Leyes de amor os enfeña,
La conftancia es mejor feña.

Carl. Siempre conftante hede fer.

Viol. *Yo* roble ferè.

Carl. Yo peña.

Viol. Lo que affeguran mis labios,
Dirà mi fè.   *Va-fe.*

Carl. Mi temor
Callo, porque nò es primor
Publicar quexas de aggravios
En los principios de amor. *Va-fe.*

Sale

290 *Amor,engaños,*

Sa'e el Duque,y Fabio.

Duq. Dexiſte a Carlos que luego
  Vinieſſe a verme?

Fab. Señor,
  Como me mandaſtes ayer,
  He llamido a Carlos oy.

Duq. No quiero que en mi preſencia
  Con Villana preſuncion
  Se opponga Carlos aun Duque
  Contra halagos de un aidor;
  Que quien aun Princıpe eſtorva
  Una modeſta afficion,
  Como ſe le atreve àl alma,
  Algo tiene de traydor
  Y como de un Rey el guſto
  Es govierno de ſu accion,
  Tambien el cetro le uſurpa
  Quien el guſto le uſurpò.
  Vaya Carlos a Florencia,
  Y en juego de ſu paſſion
  Dè de barato una auſencia
  A quien un guſto perdiò.
  Y ſi en la guerra amoroſa
  Eſſe rapàs flechador
  Con laureles de eſperanças
  Sus affectos coronò;
  Agora pues en la guerra,
  Que Carlos quinto moviò
  A contemplacion del Papa,
  Gane vitorioſo honor,
  Y en guerra de fuego,y hierro
  Gracias rinda ſu valor
  Al hierro de un Dios guerrero,
  Al fuego de un ciego Dios.

  Sale Margarita,y va-ſe Fabio.
Marg. Mi bıen,vòs ayrado?agora

Vòs triſte? que es eſto? Amor,
Si es blanda pena de un pecho.
Os quite la ayrada voz.
Quiſiera, ſeñor, pedıros
Para mi hermano un favor,
Pero os hallo tan ſevero,
Y ayrado,que mi intencıon
Quando buſcava un agrado,
Viene a encontrar un temor.

Duq. Margarita,a todo tiempo
  Podeis mandarme,que yo
  No ſugeto mais fineſas
  Ala varia de ſazon
  Del tiempo;que ſiendo amante,
  Fuera injuſto fuera error
  Que deſobligaſſe un tiempo
  Lo que deve una afficion. ◡

Marg. Quiſiera, ſeñor,que agora,
  Sı ruegos pueden con vós,
  Mandaſſeis para la guerra
  (De que es noble ſuperior
  Fſſe Principe de Orange)
  A mi hermano,a Carlos no;
  Que D.Fernando Gonzaga
  Eſtimarà ſu valor
  Como cercano pariente,
  Y Henrique gane opinion
  De valiente Capitan:
  Que en Italia ſiempre uſô
  La Nobleſa màs iluſtre
  Tratar armas en favor
  De algun Principe eſtrangero;
  Que me reſpondeis?

Duq Quien viò   *ap.*
  Tanto aggravio en el cariño,
  Tànto ha lago en el rigor?
  Que en liſonjas Margarita

Me

y zelos. 291

Me pida que mande yo
A Henrique para la guerra,
Y que no mande(ay do!or!)
A Carlos, fintiendo ingrata
Su aufencia? que confufion
Me affalta! pues Margarita
Con tan eftraña occafion
Del mifmo amor fe hà valido
Para offender al amor.

Marg. Mi bien, fufpended agora
La engañofa turbacion,
Que fi nò quereis hazerme
Efte gufto que intentò
Mi pecho para mi hermano,
No hede culpar la efencion,
Que bafta quererlo, fi,
Para nò alcançarlo, no.

Duq. A la guerra vaya Henrique,
No vaya Carlos.

Marg. Ya os doy
Mil gracias por tal finefa; *ap.*
Pues Violante me pidiò
Que hiziefle efte eftorvo, agora
Dezir a Violante voy
Que ya no fe auzenta Carlos,
Porque le dè fu afficion
Prifion alegre al cuydado
Seguro Alcalde al temor.

Va-fe.

Duq. Diffimulemos cuydados,
Porque quien diffimu!ò,
Se previene en el engaño,
Y examina la traycion.
Si queda Carlos, bien puedo
Conocer, fi es offenfor
De mi defeo amorofo:
Que quien amado fe viò,

O por capricho, o por gloria
Haze al arde del amor.
Pero que màs evidencias,
Si quando le dixe yo
Que en Mantua quedafle Carlos,
Con ingrata fumiffion
Lo agradeciò tan alegre,
Que el defnudo Flechador.
Parece que en el femblante
Por credito, o compaffion
Me acautelava en el daño,
Me avifava en la color?

Sale Fabio , y Carlos.

Fab. Aqui feñor viene Carlos.

Carl. A tus piès rendido eftoy.

Duq. Aunque, Carlos, de tu dieftra
Efperava mi opinion
Que acreditàras a Mantua
Con tu valerofo ardor,
Confiderando primero
Que eres mi amigo, a quien doy
De mi govierno la parte,
De mis intentos la accion,
No quiero, no que te auzentes,
Que era fiero defprimor
Solicitar una aufencia
A quien lleva un coraçon.
Bien fabes ya de mi gufto
El fecreto, que fiò
De tu recato mi pecho,
Que aquien amigo fe amò
El fecreto no fe encubre:
Que fuera baftardo error,
Carlos, negar un fecreto
A quien un alma fe diò.

Carl. Señor, indigno me veo

De

292   *Amor ,engaños,*

De tan notable favor.
Ah Cielos!que bien entiendo *ap.*
Lo que aftuto el Duque hablò;
Porque no pueda querer
A Margarita,el primor
Me defcubre de fu gufto
Con la opportuna occafion
De amigo,que defta fuerte
Si profigo mi paffion,
Falfo foy a fu amiftad,
Y falfo a fu gufto foy.
Duque. Llama a Henrique,Fabio.
Henrique *Va-fe Fabio.*

     parta a Florencia.
Carl. Señor,
Del palor de Henrique efpera
Buen fucceffo.
Duq. Del volor
Suyo la palma fe efpera,
Y de tu amiftad mejor
Efpero fatisfaciones,
Carl. Pagarè mi obligacion
Duq. Oh como Carlos fe alegra
Defta aufencia.   *ap.*
Carl Oh como voy   *ap.*
Sabiendo que el Duque intenta
Dar deftierro a mi afficion.
     Sale Henrique.
Henr. Henrique,señor,fe offrece
A tus plantas.
Duq. La occafion
Defte terço de Florencia,
Noble Henrique,me obligò
A que tambien a tu dieftra
Deva Italia aquella accion;
Don Fernando de Gonzaga

Pariente nueftro embiò
A pedirme alguna gente,
Y agora te mando yo
Con lo mejor de mi eftado
Solamente por favor,
Que avn coraçon animofo
De una guerra la fazon
Es generofo peligro,
Es lifongero rigor.
Henr. Befo tus plantas humilde,
Agradeciendo el honor,
Que me dàs por tu vaffallo,
Que es gloriofa adulacion
De un Principe iluftre, y cuerdo
Honrar fus vaffallos.   yO *ap.*
Me aufento(tyranna fuerte!]
De Violante,a quien formò
El Cielo para fu embidia,
La tierra para fu flor.
Siempre dura,fiempre hermofa
Su bellefa fulminò
Contra mi rayos de fuego,
Rayos de luz contra el Sol.
Duq. Partid Henrique al momento,
Argos fe a mi attencion. *Va-fe.*
Carl. Alarma fuertes cuydados. *Vaf.*
Henr. Al aufecia ingrato Amor. *Vaf.*
     Sale Celia.
Cel. Yo quiero mucho aun lacayo,
Y aunque efte nombre mal fuena,
Como el tiene voz de plata,
Haze confonancia bella.
De un foraftero es criado,
Y en frafe mejor dixera
De la falud de fu bolfa
Enemiga peftilencia.
En los caudalofos huaros,

               Quando

y zelos.

Quando a caſo me requiebra,
Lo que le uſurpa a lo caco,
A lo Alexandro me entriega;
De mas deſto el es un hombre,
Que bien puede por ſus prendas
Hazer de una peña miel,
Hazer de un marmol manteca.
Tiene deſpejo Heſpañol,
Tiene Toſcana prudencia,
Tiene donayre Gitano,
Tiene xarifa preſencia.
Y todo reduſgo a un tiene,
Que es la mayor gentileſa.
Para marido es muy bueno
Por ſus vozes liſongeras:
Porque ſi es muerte un marido,
La muerte agradable queda;
Yo ſi un marido tuvieſſe,
Que aſſi me hablaſſe, quiſiera
Con palabras muy de Aurora,
Quiero dezir muy riſueñas.

Finge.

Bien mio, vida del alma,
Dulce dueño, muerte bella,
Por ti muero, un lindo abraço
El blando ſepulcro ſea.
No como algunos maridos,
Verbum Carolque ſi llegan,
Muy añublados ſe ponen,
Echando truenos de piernas.
Deſpues ſi el comer no guſtan,
Un milagro manifieſtan,
Pues ſin ſer aves los platos,
Todos por los ayres buelan;
Duda con razon entonces
La muger en ſu dureſa,
Si haze vida, ſi es caſada

Con un hombre o una piedra.
Viendo-ſe pues ſin ſer calle,
Bien que calle ſus fiereſas,
No la moçuela caſada,
Empedrada la moçuela.
Que bien merece uno deſtos
Quando a lo grave ſe oſtenta,
Que ſi es muy a lo Caton,
A lo Cornelio ſe vea.

Sale Dinero.

Din. Aqui traygo un papelillo
Para Margarita bella;
Eſta es ſu criada, quiero
Llegarme un poco. Mi Reyna,
Mi lamedor, mi coſquilla,
Mi vidilla, mi açucena,
Mi açucar, mi peregil,
Mi zelo, mi Cielo, y Celia;
Habla-me un poco, que agora
Traygo la bolſica llena.

Cel. Yo te harè muchas preguntas.

Din. Si es de amor examen, vengan.

Cel. Quien eres tu? dime agora,
Porque ſi acaſo deſeas
Ser mi marido, es forçoſo
Saber tu vida, y tus prendas.

Din. Primero, quanto a la vida,
Sirvo aun amo, y oppongo fiera
Mi malicia natural
A ſu vida foraſtera;
Sirvo-le yo con buen trato,
Y tan bueno ſe pondera,
Como el verdugo a quien mata,
Y como el potro a quien niega;
Mentiras llueven, y tantas,
Que ſi tempeſtades fueran,
Pudiera con mis mentiras

KK

294   *Amor, engaños,*

Anegar toda la tierra.
Soy criado tan fiel,
Que ufando de mil cautelas,
Aun gran raton de un bolfico
Le doy de gato mil bueltas.
De los hurtos no te admires,
Que porque màs lo encarefca,
No fe puede hallar criado
Sin que efcrivano no fea;
Efto es en quanto a la vida.
Cel. Vamos al fegundo thema.
Din. En las prendas profigamos.
Primeramente, mi perla,
Yo me precio de muy noble,
Fingiendo folar noblefa,
Porque no quito el fombrero
A perfona mala, ò buena;
Soy valiente, porque juro,
Y cuento falfas pendencias;
Porque murmuro de todo
Tambien difcreto me creas;
Soy graciofo en mis palabras,
Porque en maliciofas pruevas
Dichos agenos repito;
Soy galan, porque en qual quiera
Converfacion hablo en damas;
Tengo applaufos de Poeta,
Porque hize quatro coplillas,
Y las mejores agenas.
Eftas fon, Celia, mis partes,
Y fi acafo te contentan,
El gufto me harà tan gordo,
Que el mayor necio parefca.
Cel. Ama bien, y firve fiempre
Con tu nombre; y porque fepas
De mi amor memorias firmes,
De mi fè grandes finefas,

No fe olvidarà tu nombre.
De mi amor.
Din. Ya fe me acuerda
Un papelillo, que traygo
A tu feñora, y quifiera
Que luego, luego lo dieffes,
Pues mi amo te encomienda
La prontitud.
Cel. Mil preftefas
Hede moftrar por fervirte.
Mueftra pues.

Al darle el papel
fale el Duque.
Duq. Que es efto, Celia?
Cel. Efte hidalgo foraftero
Como fiempre me requiebra,
Me efcrive papel de amores,
Y agora aquefte me enrega.
Duq. Por Dios q̃ truxo el criado   *ap.*
De aleve amor eftafeta
Para Margarita el pliego.
Din. Triftis eft anima mea:
Vive Chrifto que en fu rabia
El Duque ayrado me entierra;
Y agradecello bien puedo,
Pues efta muerte me efenta
De un boticariu las purgas,
De un Medico las recetas.
Duq. No fois criado de Carlos?
Din. Soy feñor de aquella oveja
Disfraçado en hombre un lobo,
Soy en infieles cadenas
De aquel cautivo Chriftiano
Su Argel.
Duq. Effa carta mueftra,
Celia, agora.

Tomale

y zelos. 295

Tomale la Carta.

Cel. Dios me libre
Del Duque, que le pondera
Mi coraçon recelofo,
Con fu Ducal impaciencia,
Cada palabra una tia,
Cada amenaça una fuegra.

Va-fe Celia.

Lee el Duque.

Efta noche, Margarita,
Al bello jardin me efpera,
Que fiendo flor tu hermofura,
Es bien que en jardin fe vea,
Porque pueda agradecerte
Con la verdad de mi lengua
De tu prefencia el halago,
Y el eftorvo de mi aufencia.

Siempre tuyo. Carlos.

Duq. Carlos
Me aggravia, y no confidera
Que quien aun Principe offende,
No quiere hazer differencia
De la accion, y del caftigo,
De la muerte, y de la offenfa.
Y vòs picaro alevofo,
Que fois de amorofas nuevas
El diligente Mercurio
Con talares de obediencias,
Como profanais lo facro
De mi palacio?,

Din. Mi lengua
Te lo dirà; foy criado,
Que fe junta la obediencia
Con fociedad tan notable,
Como la cola a una beftia,
Como la ventura aun necio,
Como aun fabio la pobreza;

De mas amas foy Dinero,
Que todos, feñor, me huelgan
De q entre fiempre en fus cafas;
Tambien feñor, me festeja
El palacio, y con arbitrios
Me bufca, pretende, y lleva.
Diganlo en todos los Reynos
Con pretextos de las guerras
Los tributos, que me ufurpan,
Las fifas, que me atropellan.
Penfè pues que me eftimàras,
Si en tu palacio me vieras,
No eres, feñor, Ginovèz,
Pues agora me defpreciais.

Duq. Salid de aqui mentecato,
Antes que os abra la puerta
Con efta daga en el pecho.

Din. Tu vimos mortal tragedia.
Sed nos liberati fumus.

Va-fe.

Duq. Creed agora triftefas,
Creed agora cuydados,
No difcurfos de la idea,
Verdades fi, que a los ojos
Difparan de aggravios flechas;
Hafta aqui con torpes dudas
Fluctuava mi fofpecha,
Mas ya de aquella borrafca
El naufragio fe efcarmienta.
Ya fabe el alma infelice
Porque de Carlos la aufencia
Quifo eftorvar Margarita
Contra mi gufto: ah firmefas
De amor como fois mentidas!
Mas que mucho, fi ligera)
La muger excede amante
Lo facil de una veleta,

KK ij

Lo

296   *Amor,engaños,*

Lo pre∫uro∫o de un viento,
Lo caduco de una niebla?
No es blanco pues el papel,
Aunque candido ∫e offre∫ca,
Porque ∫olo el alma mia
Es blanco,donde ∫e emplean
E∫tes de cuydados tiros,
E∫tas de aggravios ∫aettas.
Quando leo ∫us renglones,
Imagino cada letra
Lengua de fuego alevo∫a,
Que en dos e∫feros ∫e mue∫tra
De fuego,quando me abraza,
Y quando me avi∫a,lengua.
Hede mo∫trarle el papel
Para ver ∫i en la evidencia
Puede de∫mentir mi aggravio:
Que de zelos las fiere∫as
Tal es ∫on,que un tri∫te amante
Sabe lo cierto,y de∫ea
Aun engaño∫as di∫culpas,
Aun mentiro∫as defen∫as.

    Sale Margarita,y le dize.

Es po∫∫ible,Margarita,
Es po∫∫ible hablar no puedo)
Que con cautelo∫o engaño,
Que con atrevido exce∫∫o
Me aggravias? q̃ aun Duq. amàte
De∫precias? que otro ∫ugeto
Enamoras? Mal conoces
Mis iras

Marg. Señor nò entiendo
Lo que dizen tus locuras
Contra mi amor;pero miento,
Ya lo entiendo,∫i,que agora
Con alevo∫os intentos
Por olvidar mis verdades,

Quieres fingir que te offendo;
Que quien de∫precia una dama
Con mentiro∫os pretextos,
Siempre le achaca el aggravio
Por di∫culpar el de∫precio

Duq. Dime tyranna,no quieres
A Carlos? pues vive el Cielo
Que al arbol de ∫u e∫perança
Le hande cortar mis de∫velos;
Las alas de ∫u o∫adia
Le hande abrazar mis affectos;
Las flores de ∫u cuydado
Le hande marchitar mis zelos;
Los campos.

Marg. Señor reporta
Tantos enojos;que es e∫to?
Tu dizes que adoro a Carlos?
A Carlos: que fingimientos
Tu ceguedad atropellan:
Que aunque ciego al amor veo,
Sus ceguedades ∫on otras,
De otro modo es amor ciego.

Duq. Oh como ∫iempre el delito
Por a∫tuto,y li∫ongero
Quando alienta lo engaño∫o,
Siempre affectò lo encubierto!
Tu te atreves a offenderme,
Traydora,no conociendo
Que offender∫e un podero∫o
Es fulminar∫e un azero,
Es rebentar∫e una mina,
Es añublar∫e un Invierno,
Es precipitar∫e un rayo,
Es alimentar∫e un fuego?
Mal haya el tiempo,mal haya,
Que en mil devotos ob∫equios
Adorè tu Sol hermo∫o

Como

y zelos. 297

Como idolatra indiscreto.
Mal haya el dia, mal haya,
Que en amorosos extremos
Fuy siempre roca en lo firme,
Fuy siempre cera en lo tierno.
Mal haya el Amor, mal haya,
Que como a soldado experto
Por conquistar tus favores
Me quizo armar con desvelos.
Tu Margarita me engañas,
Quando me afino sincero?
Tu Margarita me offendes
Quando verdades profeço?
Ah costumbre de rigores!
Ah villania de enredos!
Que en mal, y doblez indigna
Siempre se estan opponiendo
La desdicha màs penosa
Al mejor merecimiento!
A la verdad mas hidalga
El engaño màs grossero!
No te acuerdas que juravas,
Formando encarecimientos,
Que quando fuesses mudable,
Primero el prado, primero
No se ornaria de flores,
Ni los Polos del uzeros,
Dexaria el mar las aguas,
El pedernal los incendios?
Queden pues en tus mudanças
Por cumplirse el juramento,
Sin luzes el Cielo claro
Sin flores el prado ameno,
Sin llamas la piedra viva,
Sin aguas el mar sobervio.
Y agora para que veas
De tus engaños los yerros,

Sin disculpables sobornos,
Mira tyranna esse pliego,
    Dale la carta.
Que como fiel testigo
Depone tus dezaciertos,
Y quiça fiel lo jusgo,
Porque candido lo advierto.

Lee la carta Margarita, y se suspende.

Duq. Oh que bien te has convencido,
Pues te accusa lo suspenso;
Que quien se convence acaso
En las trayciones, que ha hecho,
Se embaraça en el discurso,
Se aprisiona en el silencio.
Habla cruel, y responde
A tan fuertes argumentos;
Finge pues una disculpa,
Dime agora, que otro objeto
Pretende Carlos amante:
Que son otros sus empeños,
Que tu amor no solicita,
Ni le quieres; y al momento
Con mugeril artificio
Forma, porque ya te creo,
El falso aljofar de llanto
Con oro falso de affecto.
Queda-te, sirena hermosa,
Oirte agora no quiero,
Que quando el pecho fluctùa
En alevosos intentos,
Seran tus vozes encanto
Serà naufrago mi pecho!
    Va-se el Duque.
Marg. Espera, engañado Duque
Aguarda, querido Dueño;

              Suerte

Suerte, que mudanças formas?
Amor, que enredos son estos?
Si instable, suerte, te han dicho,
Si engañoso, Amor te han hecho,
Dime, suerte, las mudanças?
Y dime, Amor, los enredos?
Carlos un papel me escrive
Entre amorosos concetos,
Supponiendo que le adoro,
Ya mi amor agradeciendo
De su auzencia los estorvos.
No a Violante, que es aquesto?
Cielos, que en blandas piedades
Prestais oido al remedio,
Si esta harmonia os dirige
Incessable movimiento,
Con cordad con vuestros gyros
La harmonia de un deseo.
Estrellas, que en los influxos,
Que os beven humanos cuerpos,
Sois celestiales motivos
De amorosos galanteos,
Descubrid el desengaño
Lo que dais al nacimiento;
Sol luzido, que en los rayos
El Orbe os pondera attento
Ya de luzes fuente hermosa,
Ya de llamas mar immenso,
Prestad incendio a mi amante,
Para que avive su incendio;
Aves, que en vozes, y plumas
Pareceis, amaneciendo,
Del ayre bolantes flores,
Del Alva alados Orfeos,

Despertad con vuestro canto
De tanta verdad el sueño;
Mares, que en vuestras espumas
Pudo animarse el portento
De aquella hermosura, aquella
Blanda Deidad de Cytheros,
Publicad en vuestras aguas
Las que en triste amor os vierto;
Campos, que os pintan Abriles
Entre verdores amenos
Ya de rosas los matizes,
Yo de lilios los bosquejos,
Dizid mi verde esperança,
Aunque la sequen los zelos;
Flores, que sois, quando sopla
El Zefyro lisongero,
De Flora galan adorno,
Del prado oloroso asseo,
Dad el olor de verdades
Al color de fingimientos;
Rios, que sois en las peñas
Ya musicos, ya risueños,
De plata corrientes lyras,
De crystal claros espejos,
Dizid en puros crystales
Los que veis puros affectos;
En fin, para ver si acazo
Mejorar mi suerte puedo,
Digan aqui lo que lloro,
Digan aqui lo que siento,
Rios, flores, campos, mares,
Aves, Sol, estrellas, Cielos.
Vase.

JORNADA

y zelos. 299

JORNADA SEGUNDA.

Sale el Duque, y Violante.

Viol. No te laſtimes quexozo,
    Que Margarita es conſtante.
Duq No puedo,que de un amante
    Siempre ſe engendra un zeloſo;
    Que en las batallas impìas
    De una amoroſa paſſion,
    Siendo campo el coraçon,
    Sirven los zelos de eſpias.
    De mas,que Amor en mi pena
    Con la ſentencia de enojos,
    Pues ſon teſtigos mis ojos,
    No ſin raſon la condena;
    Y quando aqueſtos deſvelos
    Los ſiente Amor,no los pienſa,
    Como averigua la offenſa,
    Paſſa aun allà de los zelos.
    De ſuerte que padecido
    Eſte tormento amoroſo
    Aun antes de ſoſpechoſo
    Me eſcarmente de offendido.
Viol. Es deamantè eſſa paſſion,
    Que como ſiempre ſe ve
    Deſconfiado en la fè,
    Siempre pienſa la traycion;
    Y para bien del ſentido
    Creer deve en ſu terneſa,

Que ſi quiere con firmeſa,
    Que con firmeſa es querido.
    Mas con los zelos no ignoro
    Que poco amante ſe alcança,
    Pues,ſi le crèe la mudança,
    Viene amancharle el decoro.
    Y ſoſpecha eſte dolor
    Por ſu mal,pues quien le adora,
    Si ella juſga que es traydora,
    *H*ade juſgar que es traydor.
    Tiene con la dama bella
    Baſtarda de amor porfia,
    Pues ella del deſconfia,
    Pues el deſconfia della.
    En fin por raſon de eſtado
    No hade penſar lo engañoſo,
    Pues le mueſtra recelozo
    Que puede ſer aggraviado.
Duq. Dizes bien,pero ſi ver
    Pude offenſas del deſeo,
    *H*ade ſer lo que no veo,
    Lo que veo,no hade ſer?
Viol. El galan que viſte alli,
    Aunque ſoſpechas te inflamma,
    Vendria por otra Dama,
    Como ſi fueſſe po mi.

Que

300   *Amor, engaños,*

Que alguna Dama en querer
A Carlos, puede fentir;
Oh quien pudiera dizir
Lo que fabe padecer!   *ap.*
Duq. El vidrio, fi has reparado,
Que de un femblante apparente
Es una copia luziente,
Es un mentido traslado,
Brilla tal, que es parecido,
Quando refplandece igual
Un verdadero cryftal,
Lo que es un cryftal fingido.
Lo propio en fu amor fe diga,
Que en dobles caras, que offrece,
Como vidrio refplandece,
Quando falfo fe averigua.
De fuerte que en lo alevofo
Del amante refplandor
Luze verdadero amor
Lo que es amor engañofo.
Y porque fepas fi es fiel,
O fi es falfo fu tormento,
Sabràs que amorofo intento
Le confieça en un papel
Carlos a leve; que yo
A Celia el papel tomè,
Y a la vifta averiguè
Lo que el recelo penfò;
A Dios pues, que el alma mia
Và a padecer efte daño.
Viol. A la noche de tu engaño
De fu verdad falga el dia.

      Va-fe el Duque.
Agora mi amor alcança
Contra mi propia otros zelos;
Agora fe arman recelos

Para embeftir mi efperança.
Dime Amor, y al alma dilo,
Que harè? prefta en mis defeos
Al labyrintho de enleos
De tus piedades el hilo.
El Duque ingrato fe atteve,
Y Margarita fe infama;
Ella dà de amor la llamma,
El de fofpechas la nieve.
Con una vengança cierta
De mi hermano en m,l quererme
Por mi tanto affecto duerme,
Por mi tanto mal defpierta.
Se mi hermano la occafion.
Viere, fabra fu impiedad
Con la luz de la verdad
La color de mi afficion
Si fupiere fu rigor
Mi amor, temo fin tardança
El Cierço de fu vengança
Contra el lilio de mi amor.
Si viven eftos enojos,
Tendrà mi prima deshecho
Todo en fufpiros el pecho,
Todo en lagrymas los ojos.
Si declaro mis finefas,
Tendremos noches, y dias,
Ella Mayos de alegrias,
Yo Deziembres de triftefas.
Finalmente fi profigo
De mis engaños lo fiero,
Todo figo, y nada quiero,
Todo quiero, y nada figo.

      Sale Clavela.
Clav. Señora, gran mal te alcança.
Viol. Que dizes?

          Clav.

y zelos. 301

Clav. En tu finesa
Lo que crias por firmesa,
Se bautizò por mudança.
Carlos jusga en su passion
Que ama el Duque tu beldad,
Y aunque engendras la verdad,
Te prohija la traycion.
Supo en fin que al Duque incita
De Margarita el cuydado,
Y tu amante lo hà jusgado,
Pues te finges Margarita.
Viol. Oh dura suerte inconstante,
Que no solo aqueste engaño
Al Duque fabrique el daño,
Sino tambien a mi amante!
Oh del mal mal riguroso,
Que si maltrata nocivo,
Añade lo successivo,
Por dilatar lo penoso!
De Carlos es tan villano,
Es tan estraño su afan,
Que es mi hermano mi galan,
Que le dà zelos mi hermano.
Margarita no se adora,
El Duque vive quexoso,
Carlos me culpa zeloso,
Yo me condeno traydora;
De suerte que en los despechos
Deste amor dan sus dolores
Un engaño a quatro amores,
Una pena a quatro pechos.
Huvo Cielos, afficion
De igual confusion que altero;
Mas no es mucho, si Amor fiero
Es la misma confusion.
Clav. Carlos sabrà tu constancia,
No sientas su falso error.

Viol. Aun Clavel a mi dolor
Teme en Carlos la inconstancia;
Pero a nadie has de explicar
De mi nombre la ficcion,
Pues de ti mi coraçon
Lo quizo, amiga, fiar.
Aunque sepa Margarita
Que amo a Carlos, no quiziera
Que de su nombre supiera
El engaño, que me excita.
Sale Margarita.
Marg. Si algun bien mi mal cõsigue,
Violante, oid mi ventura,
Que sin tener hermosura,
La desdicha me persigue.
Quãdo a vuestro hermano el trato
De amor dà mi pecho amante,
Si amanesco en lo constante,
El anochece en lo ingrato.
Imagina que admittido
Carlos es de mi cuydado,
Con ceguedad de engañado
No vè la luz de querido;
Ya sè de vuestro dolor
Que el alma a Carlos rendis,
Si penas de amor sentis,
Remediad penas de amor:
De mas que quando me hazeis
Esta engañoza impiedad,
Se disteis la enfermedad,
Es bien que el remedio deis.
De suerte que mis amores
Aviven lo que vivieron,
Si por vòs flores murieron,
Por vòs resuciten flores
Que en esta infelicidad
Es lastimosa indecencia

LI   Que

302 *Amor, engaños,*

Que aggravie con la innocencia,
Que engañe con la verdad.
Dad pues deftierro a mi daño,
Que en las mudanças, que lloro,
Quando padece un decoro
No es bien holgarfe un engaño.
Viol Si fentis effa paffion,
Tambien por caftigo igual
Ya del golpe deffe mal
Siento herido el coraçon.
Carlos pues en la efperança,
Que un amor feguro crè,
Por no pagarme la fè
Me fofpecha la mudança;
Que muchas vezes ha fido
Un pecho tan mal hallado,
Que fe defmiente obligado,
Por no fer agradecido.
Quiero pues dezengañar
A mi amante; que hede ver
Florido nueftro querer,
Marchito nueftro penar.
Marg. Offrefco algratificaros
(Aunque es poco el admittiros)
La vida para ferviros,
La voluntad para amaros.
Viol. Una carta le efcrivid,
Que a Carlos hede mandar,
Y en buen concierto acabar
De tantos zelos la lid.
Yo no la puedo efcrivir
Por lo facil del amor,
Por peligros del honor,
Por recatos del fentir.
Efcrividla fin recelos,
Porque Carlos defconoce
Vueftra letra, y no conoce

Lo que fingen mis defvelos.
Marg. Vueftro confejo recibo,
Que aunque gran rielgo fe apura,
Sin otro peligro. Efcrivo
Vueftro papel.
Viol. como iguales
Prefta Amor en parabienes
De un defengaño dòs bienes,
Si de un engaño dos males!

Trahe Clavela recado de efcrivir.
Viol. va-fe,
y Margarita fienta-fe
a una mefa.
Marg. La carta, Amor, efcrivamos,
Amor la carta notemos,
Y al vil engaño que vemos,
Carta de examen hagamos.
Con tinta, y pluma efperamos
Que tenga fin mi defvelo:
Mas no quitarè el recelo,
Quando no puede hazer tanto
La tinta de amargo llanto,
La pluma de amante buelo:
Pero enel papel confio,
Si pondero fu candor,
que me amanefca un favor,
Que defpierte un alvedrio.
Ya la juzga el amor mio
Alva, que a tanta paffion
Annuncie en la confufion
Deftierre en la deslealtad,
El dia de la verdad,
La noche de la traycion.
Efcrive la carta,
y acabando la, cantan

Mu-

y zelos. 303

Muſicos.

Que guerra eſpera,ò que paz
Una voluntad ſuſpenſa,
Agradecida a la offenſa,
Y de vengarſe incapaz!
Marg. En tanto amor,dolor tanto
Agora me aſſalta el ſueño
Sabroſamente halagueño!
A la dulce voz del canto.
Que ſiendo del alma encanto
El amor en ſu porfia,
Es con igual ſympathia,
Y concordia del favor
Secreto canto el amor,
Que haze en el alma harmonia.

Duerme-ſe,y ſale el Duque.

Duq. Mi dueño al ſueño proſtrado!
No tiene amor,que ſu fuego
Es verdugo del ſoſſiego
En el potro del cuydado:
Pero ſi ella en el agrado
Muere de amor,falſamente
La ſympathia nò eſtraña,
Pues con falſa muerte engaña,
Pues con dulce agrado miente.
Pero que miro?un papel
Tiene eſcrito,que en mal fiero
Es deſahogo parlero
Para una pena cruel;
Si a mi me lo eſcrive?en el
Verè,ſi a tomarlo llego.

Toma la carta.

Lea Amor,aunque amor ciego.

Leela.

Los zelos Carlos de tu amor ſon
   grandes,
Y los peligros de mi honor ſon
   mayores,
Quiero pues eſta noche ſatisfa-
   zerte,por
Librar a mi honor de los peligros,
   y a tu amor de los zelos.
Duq. Aggravia,y duerme? yo no al-
   canço
Que offenda,y tenga el deſcanço,
Que aggravie,y logre el ſolſiego?
Mas creo que en la injuſticia
Del delito riguroſo
Llamò Cupido piadoſo
Deſte ſueño la juſticia;
Porque viendo la malicia
Del papel,[por caſtigarlo
El ſueño;quizo llamarlo,
Porque prendieſſe en hazerlo,
A los ojos por leerlo,
Al alma por diſcurſarlo.
Entre ſueños Margarita.
Marg. Por ti,Carlos,hè penado.
Duq. Bien le quiere (ay alevoſo!]
Que quien pienſa en lo amoroſo,
Siempre imagina en lo amado;
Si bien enquexoſo eſtado
Tanto ſu guſto pretende
Aggraviarme en lo q̃ emprende,
Que quando a Carlos adora,
Haſta en el ſueño es traydora,

Ll ij   Haſta

304   *Amor,engaños,*

Hasta en el sueño me offende.
Marg. Sepa el Duque el desengaño
Ya que culpa mi tormento.
Duq. Esto escucho,ah vil intento,
Ah siempre escondido engaño!
Forma en el sueño mi daño:
Porque como es la occasion
Del sueño callada accion,
Quiere con discurso sabio
Los silencios el aggravio,
Los recatos la traycion.
Dexo el papel,(ay dolor!
Ay zeloso padecer!)
Que esta noche quiero ver
Si Carlos viene(ay traydor!)
Al arma valiente Amor,
Si os toman las esperanças,
Si os taladran las bonanças,
Sin que os rezistan disculpas,
Embestid barbaras culpas,
Acclamad nobles venganças.

    Va·se,y despierta Margarita.

Marg. Ya mi pecho lastimado
Dexa un sueño natural,
Que poco descança un mal!
Que poco duerme un cuydado!
Que al coraçon,si es hallado
En un sossegado aliento,
Despiertan con duro intento,
Porque el sentimiento dexa,
Ya las vozes de una quexa,
Ya los golpes de un tormento,
Tomo el papel,y Clavela,
Segun lo dixo Violante,
Lo hade llevar a su amante,

Que al Duq. y a mi amor desvela;
Al papel mi pecho appela,
Si bien temo en mi pesar
Que estoy tan hecha al penar,
Y contraria de la dicha,
Que le pegue la desdcha,
Que le inficione el azar.
    Va-se.

    Sale Carlos,y Dinero.
Carl. Que Margarita le adora?
Din. De Fabio señor lo se:
Y para màs dezengaños
Me dixo que por no hazer
Escandalozo el palacio
Se hablavan en el vergel.
Carl. Cielos hay mayor mudança!
Din. De que te admiras?no vès
Que es synonomo del tiempo
Ser inconstante,y muger?
No vès señor,que mugeres
En la amorosa pared
Son arañas del amor,
Si enganos quieren texer?
No ves que quando son Damas
De Cupido en axedrez,
Hora aqui,hora acullà,
Nunca firmes se hande ver?
No ves que siempre una Dama
Cuenta al amante fiel
Falsas monedas de engaños
Quando lo paga el querer?
No ves que quando las llama
Primas quien las quiere bien,
Luego se tocan de falsas,
Con que destemplan la fè?
Finalmente quanto digo

                       De

y zelos. 305

De su inconstancia,y doblez,
Es,señor,tan ordinario
En ellas,como su mes.

Passeando-se.

Carl. Busquemos en fin disculpas,
Coraçon quexozo,puès
Si la quero disculpar,
Ya no me siento offender.
Amor las disculpas finge,
Mira Amor,que hallas tambien,
Quando en su culpa el tormento,
En su disculpa el plazer.
Dime agora,Margarita
Me offende?no:que no es bien
Que la murmures villano,
Si te precias de cortèz.
Es cierto lo que me dize
Margarita?es cierto:que
Aggravia mucho a quien ama
Quien a quien ama no creè.
Pero zelos al discurso
Que dezis?Mas ya se vè,
Como sois de amor contrarios,
Que contra amor respondeis.
Zelos,Margarita quiere
Al Duque si pues ya sè
Que con proceder bizarro,
Que con tierno proceder
La festeja Castellano,
La requiebra Portuguez.
Aunque soy Carlos Farnesio,
El Duque;un?Principe ès:
Que en sobornos de un cariño
No sè que tiene el poder,
Que es iman para un favor,
Que es flecha para un desden.
Pero Amor,que me respondes,

Esto es assi? no:porque ès
Tan fiero el vulgo, que siempre
Quiere prostrar a sus piès
De la innoceneia la palma,
De la puresa el laurel.
Pero zelos que dezis?
Hade ser cierto?hade ser;
Que si tantos lo publican,
No mienten todos, porque
Por costumbre,o por castigo
Del engaño descortez
Si este en mentiras se añubla,
Luze en verdades aquel.
Amor amaremos?si.
Pues lo quieres amarè;
Zelos amaremos'no:
No amarè,pues lo quereis;
Amor amemos,que agora
el affeto se hade ver
Màs luzido en el aggravio,
Que las estrellas con el
Manto obscuro de la sombra
Suelen mejor parecer.
En fin amemos,vençamos
Los zelos;pero tendrè
Fino amor a quien me engana?
No es justo zelos, serè
Vengativo en el desprecio,
Que lo mismo siempre fue
Una offensa no vengar,
Que otra offensa pretender.
De mas,que si el Duque adora
A Margarita,darè
Al olvido mis finesas,
Que un Principe,ah dura ley!
Es un vidrio,que se empaña
De formidable altivez,

Con

306 *Amor,engaños,*

Con qualquier ayre de aggravio;
Es un mar,que con qualquier
Viento de offenſas altera
Con poderozo byben
En olas de vengativo
Tempeſtades de cruel.
Que hede hazer en eſte empeño,
Alma mia,que hede hazer?
Amor me enciende el affecto,
Zelos yelan el deſden
De ſuerte,que el coraçon
No puede de una,y otra vez
Ni aquella nieve guſtar,
Ni aquella braza encender.
*Din.*Dexa ya locas ſoſpechas,
No quieras,ſeñor,verter
Al peregil del amor

De las ſoſpechas la yel;
Mira que los zelos pegan
Con mordedura infiel,
Porque ſon perros del alma,
Que el alma ſuelen morder.
Dexa en fin eſtos diſcurſos,
Que bien puedes conocer
Eſta noche el deſengaño.
Carl No dizes mal,yo verè
Si ſon falſos mis recelos,
Si es conſtante ſu querer.
*Din.*En el jardin lo veràs.
*Carl·*Al jardin le pedirè
Que me diga ſus affectos,
Porque bien ſe puede hazer
Lo florido de un jardin
Interprete de una fè. *Van-ſe*

Suenan caxas,y ruido de arcabuzes, y ſalen Henrique
con baſton,y ſoldados.

Henriq. Dichoſo el dia,que a mi patria llego,
Donde idolatra el alma al niño ciego;
Oh ſi cantàra amor,ſi eſtoy triunfante,
Otra noble vitoria por amante!

1 A tu famoſa dieſtra
No poco deve el Duque pues nos mueſtra
Que cria Mantua en ſu Marcial deſvelo
Màs cuerdo Fabio,màs feroz Marcelo.

2 Queda Florencia al Ceſar ſugetada,
Y con tu braço belico ganada,
Y tres vezes tu honor iluſtre ſe haga
Por valiente,por ſabio,por Gonzaga.

Henriq. Soldados,eſta palma eſclarecida
Por vueſtra gloria ſolo es applaudida,
Que en el ſucceſſo del confliro ayrado
Govierna el Capitan,obra el ſoldado.
Pero ya que la noche
Apreſta contra el dia el negro coche

Para

y zelos. 307

Para salir de estrellas coronada,
(Si un consejo os agrada,)
Esperemos mañana,que arrogantes
Entraremos en Mantua màs triunfantes
Con la feliz vitoria,
Que de una ostentacion se haze una gloria.

1 Es el dia escuzado,y bien te engañas,
Que luzen mucho,*Henrique*,tus hanañas.

2 Aunque de noche vamos,
Harta gloria llevamos
En tu presencia, que en acompañarte
Quien lleva a *Henrique*,desconoce a Marte.

Henriq. Amigos afamados,
[La lisonja os aceto por soldados]
No entreis en la Ciudad como dezia,
Que antes que Apolo nos bosqueje el dia,
Ver a mi hermana disfraçado quiero,
Por dar halagos a mi amor fincero,
O por dezir mejor,saber deseo   *ap.*
De mi Violante en mi amoroso empleo,
Que dos vezes padece el alma ausente,
Siente el alma el amor,la auzencia siente.

Ambos. Somos Henrique todos obedientes.

Henriq. Camino a Mantua,recoged las gentes.

Van-se.

Sale de noche Carlos,y Dinero.

Carl. Quiziera el piadoso Cielo
Para alivio feliz de mi desvelo,
Que puedan mis dolores
Prender sospechas, y soltar amores:
Que son dos gustos alpezar de un daño
Despues de una sospecha un dezengaño.

Din. Sabràs,señor,aqui lo que la incita
Quando mandò llamarte Margarita,
Que no se hade dezir que al bautizado
Vienes del niño amor,sin ser llamado.

Sale Fabio,y un criado.

Fab.

308

Amor, enganos,

Fab. Aqui me dixo el Duque que esperasse,
y que aqui le aguardasse,
Porque pueda en tinieblas cautelosas
Examinar constancias amorosas,
Que todo amante entre sospechas crudas
Todo es hecho de dudas.

Criad. Retiremonos pues a aqueste lado.

Fab. Lince sca del Duque mi cuydado.

Retiran-se.

Carl. Pero, segun lo creo,
Alli dos hombres veo,
Que parecen que quieren sus intentos
Estorvar mis dichosos pensamientos;
Que no es la vez primera, que a una dicha
Malogrò de un estorvo la desdicha.

Din. Señor tente un poquito
Aver si tomo colera, y permitto
A mi valor aquesto,
Por que un grande valor no se haze presto.

Carl. Calla cobarde, porque vive el Cielo
Que contra mi desvelo
Aunque sus hierros fuessen vivos rayos,
Les diera mil desmayos,
Tanto, que han de sentir primero ayrada
Su muerte, que mi espada.

Fab. Mirad que viene gente,
Sustente-se el lugar con brio ardiente,
Que la causa de un Rey enciende el brio
De qualquier hombre, quanto màs el mio.

Din. Mal haya el criadillo, que es serviente
Del hombre, que es valiente,
Que hade reñir con el, y de fendello
Entonces sin com ello, ni bebello.

Sacan las espadas.

Carl. Quien es?

Fab. Quien va?

Din. Que voz tan desabrida!

Què

y zelos.   309

Que un quien và,y un quien es quite una vida!

Carl.   Esta espada primero
Dirà quien soy;que de un valor severo
Mejor se sabe la noblesa ufana,
Que de unà voz liviana.

Riñen.

Fab.   Que buen pulso de esfuerço generoso!
Criad.   Oh como siento su valor famoso!
Carl.   Que una gloria os alcança en vuestra muerte.
Criad.   Muero,ay de mi!

Cae.

Fab.   Que adversidad esquiva!
Irme de aqui conviene.
Carl.   Mi amor viva,
Porque en este embaraço
Venciò mi amor,y peleò mi braço.
Din.   Buena respuesta huvieron
(Segun las cuchilladas,que sintieron)
De un quien và,y con facil ligeresa
Metieron la respuesta en la cabeça.
Carl.   Vamos;que nò me encuentre el Duque ayado,
Que temo ser,Dinero,castigado.   *Van-se*

Sale Henrique de noche con la espada desnuda.

Henriq.   Ruido de espadas a esta parte siento
Quando quiziera mi amoroso intento
(Viendo a Violante en placida alegria)
A pesar de la noche ver el dia.
Pero un hombre a mi viene
Con passos presurosos,y conviene
Saber quien es.

Sale Carlos.

Carl.   Huir agora quiero,
Porque quien soy no sepan.
Henriq.   Cavallero,
Donde con passos caminais velozes?
Carl.   A vuestra cortesia en pocas vozes
Respondo;yò he muerto por un caso

Mm   Aun

310 *Amor, engaños,*

Aun hombre por valor, o por acaſo;
Temo que me conoſca la Juſticia,
Y huyendo voy como me veis.

Henriq. Codicia
Tanto mi pecho, hidalgo, el ampararos,
Que a mi caſa llevaros
Pretendo, andad conmigo.

Carl. Dezid quien ſo s, pues vueſtros paſſos ſigo.

Henriq. Vòs lo ſabreis deſpues.

Carl. Ya bien ſe offrece
Que bien dize quien es quien favorece.

Eıtran por una puerta, y buelven a ſalir por otra.

Henriq. Aqui pues retirado
Podeis eſtar, ſeñor.

Carl. Bien explicado
Vueſtro honor ſe conoce por iluſtre,
Para que en tanto luſtre
Ambos quedemos al favor dichoſo
Agradecido yo, vòs generoſo

Henriq. Mi quarto es eſte, y en el quiero occultaros,
Y voy ſaber el caſo por libraros;
Quedad aqui, que luego vendrè averos.   *va-ſe.*

Carl. Azares fieros
Me affligen; mato un hombre, otro me ayuda
Sin conocerlo yo, y en eſta duda
Màs ſe abulta mi enleo,
Pues agora me veo
En el jardin, donde eſperava agora
A Margarita bel a; y pues ſe ignora
La cauſa deſte obſcuro labyrintho,
Con el ſocorro de mi vario inſtinto
Quiero ſaberlo, y adelante paſſo
Por eſtorvarme agora algun fracaſo,
Que no quiero que aqui venga aquel hombre,
Y que ſepa mi nombre,
Pues ya recela mı diſcurſo ſabio.

Que

y zelos.   311

Que aquel hombre era Fabio,
Que me truxo en su quarto, pues habita
En el jardin del Duque; ansi se evita
Otro peligro, porque si el supiera
Quien soy, al Duque amante lo dixera;
Y assi de aqui me aparto,
Y me voy a otro quarto.

Passa-se a otro, y sa'e Margarita.

Marg. Quando el Amor se aviva,
Es ciega luz, si enc ende,
Libre carcel, si prende,
Si mata, muerte viva;
El alma en fin me advierte
Ciega luz, libre carcel, viva muerte.
Si un desprecio se expone,
Sombra vil se partce,
Yelo tibio se offrece,
Nube ingrata se oppone;
En fin mi amante trata
Sombra vil, yelo tibio, nube ingrata,
Quando plantas se alientan,
Quando lirios respiran,
Quando rosas se admiran,
Quando en fin màs se ostentan
Con sobervias hermosas,
Caen plantas, seccan lilios, mueren rosa
Si bienes se festejan,
Si dichas se reciten,
Si amores se conciben,
[Ah fortuna!)se alexan,
Que en ludibrio de flores
Bienes coge, huella dichas, corta amores.
Con quexoso alvedrio,
Con suspiros, y llanto
Sienten tormento tanto
El Cielo, el viento, el rio,

Mm ij   Pues

312   *Amor, engaños,*

         Pues dà mi fentimiento
         Quexa al Cielo, agua al rio, fuego al viento.

Sale Carlos.

Carl. Una muger fe quexa laftimofa
       De algun ingrato amor; que la impiedofa
       Fortuna entre iguarias de inconftante
       Dà por poftres las quexas de un amante.

Marg. Un hombre allı divifo,
       Que fale de aquel quarto, y es cierto avifo
       Que ferà el Duque fi, que viene a hablarme
       Aqui, como coftumbra.

Carl.   Atormentarme
       Quiere el amor, no fè fi es Margarita;
       Que la conofca el ciego Dios permitta,
       Si bien en fus trayciones fementida
       Bien la jufga el amor defconocida.

Marg. Duque.

Carl. Eres Margarita?

Marg. No conoces
       Mis mal formadas vozes?
       No es bien que hablemos alto, efcucha un poco.

Carl. Ah mudable, ah cruel, dos vezes loco   *ap.*
       Me hazen en mis defvelos,
       Una vez fu traycion, y otra mis zelos.

Marg. Duque amado.

Carl.   Sentidos   *ap.*
       La ponçoña beved por los oidos.

Marg. Duque amado, una Dama
       Quando enciende en fu pecho ardiente llama,
       Padece de un ingrato los dolores
       Por dexar neciamente los rigores,
       Que luego en las venturas de admittide
       Ciega-fe ingrato quien fe vè querido.
       Si tengo màs amor, màs me aborreces
       De fuerte, que me offreces
       Tal rigor, tal effeto de enemigo,
       Que màs me offendes, quanto màs te obligo.

                                       Bien

y zelos. 313

Bien como humildemente entre verdores
Beſa arroyo los pies de hermoſas flores,
Siendo en el prado, ſi el cryſtal deſata,
Pobre liſonja de ſonora plata:
Mas deſpues, ſi ha llovido,
Con eſtrangero aljofar preſumido
Siendo de aquellas flores Parca undoſa,
Deſprecia lilio alilio, roſa a roſa.
Aſſi pues caminavas en tu intento
Con humilde, ſi amante penſamiento,
Liſongeando en el deſden, que amavas,
Eſtas prendas, que flores me llamavas;
Pero agora en favores arrogante,
Que te diò liberal mi amor conſtante,
Eſtas flores deſprecias ſin recelos,
Formando mal a mal, zelos a zelos.
No ſiento mucho, no, ſer deſpreciada,
Porque lo puedo ſer, ſin ſer culpada,
Mas ſer traydora, ſi, bien ſiento agora,
Porque culpada eſtoy, ſi ſoy traydora:
En fin para doblar el mal que lloro,
Dexas mi amor, infamas mi decoro;
Yo quiero a Carlos, yo? que poco entiendes
Como eſta alma, que es tuya, tanto offendes;
Que ſi ſupieras la triſteza ſuya,
No dieras tanto mal aun alma tuya.
Dizes que eſtimo a Carlos, quando apuro
De tal ſuerte en mi amor lo firme, y puro,
Que bien pudiera con affectos mios
Vencer los montes, exceder los rios.
No te acuerdas cruel, de los favores,
Que por mi mal te dieron mis amores?
Mas ay, que ſiempre por coſtumbre, o vicio
Es Lethes del ingrato el beneficio:
Como pienſas que formo aleve intento?
Quando por màs amarte me alimento
De dos amores duplicada palma,

Uno

Amor,engaños,

Uno en el coraçon,otro en el alma.
Son trayciones finefas?
Son mudanças firmefas?
Es delito el quererte,
Amarte es offenderte?
Mas fi,que un pecho ingrato en recompenfas
Por no pagar favores,finge offenfas.
En fin Duque inconftante,Duque amado.

Carl.   A leve a mi cuydado,
Como quieres librarte de la culpa
Quando tu culpa fe halla en tu defculpa?
Di pues,que tanto eftimas lo culpado,
Que lo repies yà,por darte agrado.
Oh como un pecho, quando aggravios trata,
En la offenfa que dà fu voz defata,
Por tener doble gufto al repetirla
Un gufto en cometterla, otro en dezirla!

Marg.   Pues fe efcucharme quieres
Tu hermana en efte amor.

Carl.   Que me refieres?
Hermana tengo yo,pues ya fe alcança
Que hermana de mi amor fuè tu mudança.

Marg.   Queda-te pues,ingrato a mis defvelos,
Caftigue mi defprecio infames zelos;
Que fi el honor peligra en infolencias
De zelofas licencias,
Bien puede fer fin riefgos de infamada
Una accion defcortez accion honrada.   *Va-fe.*

Carl.   Como,tyranno Amor,en mi tormento
Padefco aggravios,y venganças fiento?
Como mi ingrata que el delito entiende,
Se offende de que diga que me offende?
Mas fi,que quien no puede hallar defculpa,
Finge el pefar,que defmentir la culpa.
Margarita me efcrive,
Que al jardin defengaños apercibe,
Trahe la carta Clavela,

Y

y zelos.   315

Y agora Margarita se desvela
(Pensando que era el Duque) en aggraviarme:
Que es esto Amor? que pudo occasionarme
Tan engañoso mal? mas que pregunto?
Si el engaño es de amor màs cierto assunto.
Coraçon desdichado, y lastimoso,
Soltad cadenas de un amor quexoso,
Que amar, siendo el aggravio recebido,
Es festejar desayres de offendido;
Querer a quien es grata en otro empleo
Es villana locura de un deseo;
Competir con un Principe en amores
Es buscar neciamente los rigores;
Es forjar una espada
Contar la propia vida destinada.
Enfin daqui me ausento en tantos daños,
Porque no se proroguen màs engaños:
Que contra mis venturas
Este jardin es selva de aventuras,
Yun encanto parece en leo tan to,
Mas no es mucho, que Amor es todo encanto. *Va-se.*

       Sal el Duque de noche.

Duq. Entrè en este jardin, y un hombre muerto
    Topan mis plantas con juyzio incierto;
    No encuentro a Fabio quando aqui pensava
    Que mi gusto lo hallava,
    Solamente me dixo una criada
    De mi furioso amor amedrentada,
    Que en aquel quarto un hombre se hà escondido,
    Contra el gusto de un Principe atrevido,
    Y ansi en el quarto me entro como ayrado,
    Que de un zeloso nace un aggraviado.

Entra-se en el quarto. donde Carlos primere estuvo quando vino con
        Henrique, y sale Violante.

Viol. Es mordaça a mi ternesa,   *Noblesa.*

                                         Es

316 *Amor, engaños,*

Es prifion a mi amor ledo, *Miede.*
Es verdugo a mi efperança; *Vengança.*
Quando pues mi pecho alcança,
Un folo amor, en caftigos
Se opponen tres enemigos,
Noblefa, Miedo, vengança.
Oftufca la verdad pura, *Defventura.*
Inficiona al paffa tiempo, *Tiempo.*
Tyraniza al dios Cupido *Olvido.*
Congran rafon he fentido
Recelos del bien querer,
Porque fon para temer
Defventura, Tiempo, olvido.
Quien desbarata el temor? *Valor.*
Quien apoya la purefa? *Firmefa*
Quien afina el penfamiento? *Tormento.*
Si quiero pues el contento
Que gane de amor la palma,
Vivifique fiempre el alma
Valor, firmefa, tormento.
Quien enciende blando ardor? *Amor.*
Quien le provoca los daños? *Engaños.*
Quien le alienta los desvelos? *Zelos.*
Tiene en fin juftos recelos
De Carlos la dulce llama,
que habitan fiempre en quien ama
Amor, engaños, y zelos.
Sale el Duque de donde havia entrado.

Duq. Todo el quarto he rebolvido,
Y no han hallado mis penas
Hombre alguno; pero aqui
Alguna muger fe quexa;
Deve pues fer Margarita,
Segun mi amor lo dezea.
Viol. En aquel quarto, que veo,
Me dixo agora Clavela
Que un hombre eftava efcondido,

Y fegun las claras feñas
Le parccia fer Carlos;
Quiera Amor que Carlos fea,
Que no fiempre en los eftorvos
Los defeos fe atropellan.
Pero del quarto ha falido,
Y por temor, o cautela
Se hà detenido, y callado.
O'quiera la fuerte, ò quiera

Que

y zelos. 317

Que a tantas puras verdades
Quiebre una vez las cadenas.
Carlos. El es? yo quiero llamarlo.
Duq. Con vozes pequeñas
Me habla,que mal se conoce
De su voz la differencia;
Yo tambien quiero imitarla
Con voz baxa,que no entienda;
Eres Margarita?
Viol. Si Soy.
Duq. Mejor dixeras,   ap.
No Margarita,traydora.
Viol. Carlos cruel,bien pudieras
Conocer bien mis verdades,
Sentenciar bien mis firmesas,
Porque no fuesses tan necio,
Que a pesar de nobles prendas
Me condenes la mudança
Sin escuchar la noblesa.
Si amo al Duque,mi castigo
Los quatro elementos sean,
El agua a mi sed se esconda,
Embargue mis piès la tierra,
Neguese el ayre a mis vozes,
El fuego llamas me vierta;
En fin para mas dolores,
En fin por mayores penas,
Siendo amante de otra dama,
Con mil embidias te vea
Amimarla con halagos,
Cariciarla con finesas.
Si quieres que Amor agora
Quando en nuestras almas reyna,
Su dulce imperio assegure,
Destierren las almas nuestras
Esses traydores engaños,
Essas rebeldes sospechas.

Que respondes?
Duq. Ah desdichas,
Oh como sois verdaderas!
Que no muera,si esto escucho!
Que si esto escucho,no muera!
Mas no,que siempre la Parca,
Que de buen gusto se precia,
Cortar no quiere una vida,
Si la marchita una pena.
Traydora,ingrata,que dizes,a ella
Si tus delitos confiessas,
Que en castigo muchas vezes
De la traycion,que se intenta,
El delito se descubre
Con lo mismo que se niega.
Quiero aqui pues retirarme   ap.
Hasta que se vaya aquella
Ingrata,y despues ayrado
Bolverè al quarto,que esperan
Aqui mis iras a Carlos.
Porque puede ser que aun venga,
Pues Margarita en sus vozes
Aqui le esperava.
           Vase el Duque.
Viol. Ah penas!
Que verdades se aniquilen!
Que mentiras prevalescan!
Dezidme Cielos la causa,
Que al baxel de amor altera
Este confuso naufragio,
Esta engañosa tormenta.
Son por ventura,o desdicha,
(Quando agradecerse esperan)
Los desengaños trayciones,
Y las desculpas offensas?
Ah congoxosos engaños,
Que siempre Amor los alienta!

Nn   Ah

318   *Amor, engaños,*

Ah de un racional juyzio
Baſtardo arbitrio, que pienſa
Por mentira el deſengaño,
Por delito la innocencia
Sufrid, coraçon, ſufr d
Eſta ignorada tragedia;
Vida ſentid los peſares,
Pues no eſtrañais las triſtezas:
Amor reſiſtid valiente
Quando los zelos pelean:
Alma a peſar de rigores
Seguid ſiempre ſus vanderas:
Que luego el engaño eſpira,
Las verdades nunca ſeccan:
Al Otubre llega el Mayo,
El Sol la ſombra deſtierra,
Todo a la ſuerte ſe proſtra,
Todo al tiempo ſe haze cera:
Quien no ſoſpecha, no quiere,
Quien màs ama, màs recela;
No ſon los zelos aggravios,
Que ſon los zelos fineſas: (tan,
Porq̃ como perder lo q̃ aman ſien-
Es cariño el enojo, amor la quexa
                 Va-ſe.

        Buelve el Duque.

Duq. Ya que ſe fue Margarita,
Amor de eſpia a mis penas
Haſde ſervir, que aunque ciego,
Tu vès màs, quanto màs ciegas.
Carlos vendrà como juſgo,
Y mis furores ſe apreſtan,
Porque ſe abrazen venganças
Las que ſe empluman offenſas:
Que hay eſcarmientos de fuego
Para delitos de cera.
Aunque Carlos es mi amigo,

No hede atarme a la paciencia;
Vença el Amor la amiſtad,
Un guſto a otro guſto vença.
Demas, que Carlos infame
Por amigo no ſe attienda;
Que quien và contra mi guſto,
Tiene de enemigo ſeñas;
Enfin con mil attenciones
Amor ciegamente vela,
Que ſi cuydado te logras,
Vigilancia te confieças.
Entra-ſe en el quarto

    Donde havia eſtado, y ſa'e Henrique.

Henriq. Ya la Juſticia ha dexado
La calle, que aunque ſe lleva
El hombre muerto, no ſabe
Del homicida, y ſe alegra
Mi guſto de haverdibrado
Aquel hombre, que hoy quiziera
Saber quien es; Cavallero
Salid a eſta ſala.

    Sale el Duque con una daga dej-
           nuda.

Duq. Muera
Eſte traydor.
Henriq. Que es aqueſto,
Hombre ingrato?

    Saca la eſpada Henrique.

Duq. Pagaras
Tus traydoras inſolencias.
Henriq. Ingrato muere a mis manos.
Duq. Contra mi la eſpada alteras?
Ola.

                   Sale

y zelos. 319

Sale Fabio con una luz

Fab. Que es esto, señor?
  Que Hérique al Duque se atreva!
Duq. Que es esto, suerte engañosa?
  Que confusiones son estas?
Henriq. Que es lo q̃ miro, ah cõgoxas?
  Al alma la vista enlea;
  Que al mismo Duque he librado
  De la Justicia severa,
  Y que me pague en rigores
  Lo que me deve en finesas?

Pone la espada a los pies del Duque.

Duq. Henrique.
Henriq. Señor.
Duq. Tu aqui,
  Y a estas horas, sin que sepa
  Yò tu venida?
 Henriq. He llegado
  Con disfraçada cautela
  Solamente a la ciudad,
  Dexando las gentes fuera
  De los muros, por ser noche:
  Porque la vitoria nuestra
  A la luz del Sol infante
  Haga ilustre competencia,
  El Sol triunfante en el Cielo,
  Si nos otros en la tierra;
  Nos otros contra los hombres,
  El contra esquadras de estrellas.
  Pero dexando esto aparte
  Para el tiempo, en que se dava
  Contar el trofeo glorioso,
  Como mañana se espera,
  Queriendo pues esta noche

Ver a mi hermana, que ausencias
Tyrannizan en cuydados
I o que habilitan en penas,
Antes que llegue al jardin
Te veo aì, que con priessa
Caminavas, como quien
De la Justicia se esenta,
Hasta que como tu sabes,
En este quarto; mas dexan
De referirlo mis vozes,
Quando agora màs suspensa
Estraña el alma tus iras,
Pues con furiosa indecencia
Desabonas en trayciones
Lo que acredito en defensas.
Duq. No te entiendo tus palabras,
  Que dizes Henrique, sueñas?
Henriq. Dizes bien, que el beneficio
  Leve sueño se escarmienta,
  Pues passa de la memoria
  Como sueño de la idea
Duq. Henrique estàs engañado,
  Ni es possible que esto fuera.
Fab. El hombre, a quien diste ayuda,
  No es el Duque es cosa cierta;
  Quando socorriste a un hombre,
  Que en esta noche sangrienta
  Aun criado, que conmigo
  Alentava la pelea,
  Ha muerto, y como tu dizes,
  De la Justicia resuelta
  Con tu favor se ha librado.
Henriq. Toda esta noche es quimera!
  Pues como en el quarto mismo
  Te hallo aqui, quando con fiera
  Resolucion me acometes?
Duq. Dissimulemos sospechas, *ap.*

Nn ij   Que

Que no es bien que Margarita
Culpada en su amor se vea,
Quãdo hablo a qui cõ su hermano,
Porque basta, Amor, en ella
Que me quexe de un cuydado
Sin que arriesgue una noblesa.
En este quarto, que vès,
Entrè yo, porque quiziera
Quitar la vida al infame,
Que tu amparaste, y en esta
Noche quando tu venias,
Pensando ciego que el era,
Brotò, Henrique, mi corage
Indignaciones sangrientas.
Henriq. Que el hõbre, señor, se ha ido
Sin que Cielos yo supiera
Quien es, confusion estraña?
Duq. Yo lo sabrè, que te enleas?
Ah Carlos traydor, ya leve, *ap.*
Que al mismo tiempo fonentas
A mi palacio alborotos,
A mi gusto resistencias;
Yà sè que fuiste el traydor
Homicida.
Henriq. Noche fiera!
Duq. Quitarè Henrique la vida
A quien hizo esta insolencia.
Vamos de aqui, porque quiero
Saber las gloriosas nuevas
De la vitoria, que agora
Alcançaste de Florencia;
Si bien me ha dado un disgusto
Saber que en una refriega
Hà muerto Henrique el de Orãge,
Y de vòs con màs certesas
Sabrè el caso.
Henriq. Mis verdades
Te lo diran. Quien creyera, *ap.*
Violante, que amando siempre
Con fè limpia, y verdadera,
Quando de engaños me libro,
Engaños me acometieran.
Duq. Huve Carlos de mi furia,
Que mil venganças te esperan.
Henriq. Amor, advierte a Violante
Que este cuydado agradesca.

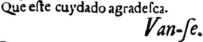

Van-se.

JOR-

y zelos. 321

JORNADA TERCERA.

Sale el Duque, y Fabio.

Fab. Hallaste, señor, alivios
  En tus males?
Duq. Sabràs Fabio
  Que despues de aquella nocho,
  Noche en fin para mis daños,
  Pues tambien en sus tinieblas
  Anochecò mi cuydado,
  Me descubriò Margarita,
  Dando al amor el descargo,
  Que de Carlos el affecto
  Nò sigue sus ojos claros,
  Y qoe a Violante mi hermana,
  Siendo juntamente amado,
  Requiebra ciego entendido,
  Adora cortez ufano.
  Averigo desta suerte
  Mentiras de zelos, quando
  Hablando yo con mi hermana,
  Pensè que la estava hablando.
  Oh como engaños occultos
  En la noche se han hallado!
  Enfin es muger la noche,
  Que de tinieblas con manto
  Tapandose ojos de luzes,
  Reboços fòrma de engaños.
  De màs que un pecho zeloso
  Como se jusga aggraviado,

Todo se le avulta offensa,
Todo se le pinta aggravio.
Con mi hermana finalmente
Sobre estos amores hablo,
Y luego en mis confusiones
Me dize que adora a Carlos,
Entre vozes mal distintas,
Y temores bien formados:
Que una muger si descubre
El dulce amoroso llanto,
Es prologo del affecto
I a turbacion del recato.
Pensaràs que el alma mia
Lo sintiò por menos cabo,
De mi sangre, pues no pienses
Que lo sintiò; porque estando
El alma llena de zelos,
No cupo en dolores tantos
De otra traycion el tormento,
De otro amor el desagrado.
Viste a caso un sauze hermoso,
Que los ojos lo jusgaron
Cortez lisonja del viento,
Caricia amena del campo?
Si fuere de un golpe agudo
Tyrannamente cortado,
Buelve otra vez presuroso
A nueva vida, brotando
Lo vegetativò de hojas,

Lo

322　　　*Amor, engaños,*

Lo bullicioſo de ramos.
Aſſi pues mi penſamiento
(Que por ſauze lo comparo)
De mil agrados veſtido,
De mil fineſas ornado,
Fue cortado con el golpe
De los zelos temerarios;
Pero deſpues venturoſo
Por ſe ver deſengañdo,
Buelve a brotar las fineſas,
Buelve a engendrar los agrados.
Fab. Pero, Señor, que pretendes
Quando ſabes que es amado
Carlos de tu hermana?
Duq. Agora
Mandè llamarle, eſperando
Que a mi hermana pretendida
Correſponda amante grato
En aquel laço amoroſo,
En aquel conſorcio ſacro,
Dò ſe desfruta lo bello
Sin profanarſe lo caſto.
Fab. Hazes bien, porque es iluſtre
Deſcendiente de los claros
Duques de Parma, y las armas
En tu ſervicio hà tratado.
Duq. Eſta eleccion me contenta,
Pues con ella ſatisfago
A mi honor en los empeños,
A mi amor en los halagos.
Fab. Ya Carlos llega a tus plantas.

Sale Carlos.
Carl. Aqui ſeñor un eſclavo
Viene a offrecerſe dichoſo.
Duq Sal de aqueſta quadra Fabio.
　　　　　Va-ſe Fabio.

De eſpacio, Carlos, hablemos
En la importancia de un caſo,
Porque negocios de peſo
Piden balanças de eſpacio.

Sale Henrique, & dize ap.
Aqui eſtan Carlos, y el Duque,
Quiero eſcuchar retirado
Lo que dizen; que a mi pecho
Le alborotan ſobreſaltos.
Duq. Supe agora de mi hermana
Para zeloſos deſcanſos,
Que te quiere, y tu le adoras:
Por ſer pues tu amigo, uſando
De la piedad, lo conſiento,
Aunque pudiera añublado
Con el vapor atrevido
De tus intentos livianos
Alterar truenos de horrores,
Mover borraſcas de eſtragos.
Quiero enfin, Carlos, que caſes
Con mi hermana, y bien te pago
La lealtad, con que me ſirves
Alegre, dichoſo, y grato.
Henriq. Bien el alma　*ap.*
Lo temia; pues le hà dado
A Violante por ſu eſpoſa,
Murió mi amor.
Carl. Cielos Santos!　*ap.*
Que engaño es eſte! que el Duque
Me offreſca ſu hermana? gano,
Si la aceto, gran ventura:
Pero nò, que a mi amor hago
Gran offenſa, antes le diga,
Por evitar mayor daño,
Al Duque mi affecto.
Duq. Carlos,

No

y zelos. 323

No respondes?
Carl: Duque excelso,
De Mantua Principe amado,
En que dudan reverentes,
Qual es màs, los adversarios,
Si en tu denuedo lo invicto,
Si en tu govierno lo sabio;
Bien conosco en tus favores
Lo que logro con la mano
De tu hermana; pero agora
En el riesgo amenaçado
Rompa el paxaro la liga,
Abraze al muro un portazgo,
Destierre el Sol la tiniebla,
Salga de la nube el rayo;
Corra el amor la cortina,
Quiebre al secreto el encanto:
Descubra enfin las verdades,
Diga el pecho los engmos,
Que quien la verdad occulta
Aun Principe soberano,
Màs que torpe mentiroso
Es un traydor disfraçado.
Sabràs pues (benigno escucha)
Que quiero dexa lo ayrado)
Constante (ruegos te muevan)
A Margarita, adorando
Entre de votos suspiros
De su rostro el simulacro,
Siendo altar mi pensamiento,
Mi coraçon holocausto,
La pyra un fuego amoroso,
El ministro un Dios vendado.
Quando supo mi desdicha,
Despues de haverla adorado,
Que es tu Norte el Astro mio,
Que mi papel es tu ensayo,

Que es mi laço prision tuya,
Que mi viento es tu naufragio;
Bolviò-se luego en mis penas
(Oh que tormentos contrarios?)
Tragico assunto el papel,
Estrella infeliz el Astro,
Tempestad de amor el viento,
Garrote del alma el laço.
Enfin queriendo mi pecho
Extinguir el fuego blando,
Quedò mi amor siempre firme,
No temiendo en lo obstinado
De tus zelos las tinieblas,
Aunque era luz de cuydados;
De tus rigores el Cierço,
Aunque era de affectos arbol;
De tu poder la borrasca,
Aunque era baxel de halagos;
El mar enfin de tus iras,
Aunque era rio de llanto.
Qual, gran señor, la veleta,
Que en lo instable se hà juzgado
Facil burla de los soplos,
Mudo emblema de los años;
Si es impelida del ayre,
Empieça a estarse mudando,
Agora para el Oriente,
Agora para el Occaso:
Y al mismo tiempo la torre,
En quien ella se hà fundado,
Firme està, firme se apuesta,
Siendo a los soplos contrarios
Dura opposicon del viento,
Constante adorno del campo.
Assi pues como veleta
Mi pensamiento igualado
Ya con los vientos te muda

De

324

Amor, engaños,

De dos intentos penſados
Al occaſo del olvido,
Al Oriente del agrado;
Pero mi amor como torre,
Sin que ſoplos temerarios
Le mudaſſen ſu firmeſa,
De zeloſos embaraços,
Duro ſe alienta a los rieſgos,
Firme ſe oppone a los daño.
Agora pues que me offreces
Tu hermana con tan gallardo,
Con tan generoſo exceſſo,
Eſpero en ti confiado
Que me dès a Margarita,
Y no ſin raſon lo alcanço:
Que quien pretende una Dama,
Que en otro amor ſe hà empleado,
Màs que capricho en lo amante
Es un deſayre en lo hidalgo.
Dàme enfin a Margarita
Por pariente, por eſclavo,
Por amigo al fin, que es nombre
Tan guſtoſamente blando,
Tan dulcemente ſonoro,
Que en beneficios rogados
Es para attraher eſponja,
Es para pedir halago.
No propongas en mi pleyto
De tus zelos los embargos;
Deſpierta con tu clemencia
De mi temor el lethargo;
Sea al Amor finalmente
(Quando niño ſe hà llamado)
Tu piedad ſabroſa cuna,
Tu favor dulce regaço.
Vè que eres Principe heroyco,
En cuyo pecho ſagrado

No hande habitar los rigores,
Pues ha de vivir preciado
Màs de vencer guſtos propios,
Que vencer reynos eſtraños.
Bien ſabes que te hè ſervido
En los belicos trabajos,
Pero nò, calle la lengua
Mis ſervicios ſeñalados;
Que en ellos, quando ſon muchos;
Puede un Principe obligado
Con gratitud recebirlos,
No ſin deſguſto eſcucharlos.
Solo en tu clemencia eſpero
El generoſo deſpacho,
Aſſi tu vida copioſa
Con mil guſtos dilatados
Reſplandeſca en màs hazañas,
Y floreſca en màs applauſos,
Que luzes eſcrive el Cielo,
Que flores dibuxa el Mayo.
Aſſi logres una Eſpoſa,
Que tenga tan bien caſado
La liſonja de lo hermoſo
Con el blaſon de lo caſto,
En ſucceſſion numeroſa
De bellos hijos: que es tanto
En un Monarca eſte logro,
Que ellos con fuertes amparos
Eſtablecen los Imperios,
Y proſperan los Eſtados.
Acaben, ſeñor, los zelos,
(Si valen mis ruegos algo)
Los zelos digo, que ſon
Un Aſpid en verde prado,
Un infierno en dulce gloria,
Una niebla en Cielo claro,
Un naufragio en mar ſereno,

Un

y zelos. 325

Un eclipſe en Sol dorado.
Duq. Que es eſto,fortuna impia?
Eſtos ſon los deſengaños,
Que Violante me hà texido,
Que Margarita ha formado?
Ah mugeres,que en amores
Cortais ſiempre,para ornarlos
De mil engaños la tela,
De mil mentiras el paño!
Henriq. Que a Violante Carlos dexe
Por Margarita? Eſtimadlo
Affectos mios;albricias,
Coraçon enamorado.
Duq. Que no quieres a mi hermana?
Carl. Deſnudas verdades hablo,
Solo a Margarita adoro.
D. Pues ya que deſcubres Carlos
Tu paſſion,yo te prometto
El dexarte libre el campo,
Si dixere Margarita
Que gratamente te hà dado
En dura guerra de incendios
Dulce vitoria de agrados.
Que ſiendo aſſi,fuera injuſto
Que de mi fueſſe eſtorvado
Por embidia tu contento,
Que en amor dos males hallo
Querer morir de embidioſo
Quien muere de deſpreciado.
Carl. Dexo ya de referirte
Mil cartas,que me hà mandado,
Porque en el juego amoroſo,
Donde ſe ganan regalos,
Por divertir una pena
Las cartas juega un cuydado.
D. Ah traydora,que eſto vea! ap.
Y que nò vea en pedaços

El coraçon? Ah deſdichas,
Para que es vivir penando?
Henriq Coraçon,hoy la oſadia
Te ha de occaſionar ha agos,
Si al Duque agora le pides
A Violante,pues alcanço
Que tambien la darà a Henrique,
Pues el la offrecia a Carlos.
Carl. Agradeciendo mi pecho
Tus favores ſoberanos,
Voyme ſeñor
Duq. Id con Dios.
Carl. Proſpere el Cielo tus años.
                    Va-ſeCarl.
D. Quando penſava mi affecto
Que hallava ya dezengaños,
Otros engaños renacen,
Reviven otros cuydados:
Mas nò entiendo la razon,
Porque agora me hà engañado
Violante con Margarita;
Pero es ocioſo el reparo:
Que una muger ſiempre engaña
En amoıes deſdichados,
No por cautela,por vicio,
No por temor,por agrado:

Sale Henrique dedonde eſtava.

Duq. Henrique.
Henriq. Señor:
Duq. Milſiglos
Vivais,pues ſiempre alentado
A vòs,a mi,y a mi reyno
Dais generoſos applauſos:
El de Gonzaga me eſcrive

Oo   Vueſtro

326 *Amor, engaños,*

Vueftro valor, y no pago
Lo que devo a vueftra dieftra
Con lo mejor de mi Eftado.

Sale Violante al paño.

Viol. No fè Cielos lo que Henriq. *ap.*
Habla agora con mi hermano,
Quiero oyrlos defta puerta;
Attencion, Amor vendado.
Duq. Pedid.
Henriq. Pues, feñor, fi puedo
Mereceros favor tanto,
Aunque atrevido es mi in`ento,
De vueftra fangre me valgo;
Que heredè de mis abuelos,
Que aqui, como vòs, reynaron,
Para pediros dichofo
De vueftra hermana la mano,
Si bien como os vi tan fàcil,
Que la offrecifteis a Carlos,
No es mucho que peque agora
De imprudente, y temerario.
Bien fabeis lo que es amor,
Y como fe arroja ofado,
Que como ligero buela,
Sube fiempre a lo màs alto.
Vueftra hermana enfin os pido,
Y fi efta occafion me hà dado
Vueftro pecho de pediros,
Con que me haveis otorgado
De vueftro Eftado, feñor,
Lo mejor; yà pues lo àlcanço,
Pues me dais cõ vueftra hermana
Lo mejor de vueftro Eftado.
Viol. Efperemos la refpuefta, *al paño.*
Que quiero bien efcucharlos.

Duq. Henrique fi ella quiziere
Cazar contigo, eftimarlo
Es forçofo, y de mi parte
Te la offrefco.
Viol. Cielos Santos!
Henriq Agradefco efta finefa
A tus piès arrodillado.

Va-fe el Duque.

Ya Violante tus rigores
Seran conmigo efcufados,
Si fui tu amante infelice,
Serè tu efpofo efperado.

Sale Violante.

Viol. Sois tan atrevido *Henrique,*
Que me pedìs a mi hermano,
Sin que en vueftras pretenfiones
Ni un ralguño, ni un retrato,
Ni una fombra de favores
Os hava mi gufto dado?
Mas fi, que quien no merece,
Es atrevido, y villano,
Y màs que de pretendiente
Se atreve de confiado.
Henriq. Señora, mi bien.
Viol. que es efto?
Henrique cerrad el labio,
Que aunque muger.
Henriq. Perdon pido,
Señora, de haver hablado;
Pero ved que confiança
Es mayor, que quando a Carlos
Eftimeis, el os defprecia,
E yo, que foy defpreciado,
Os eftimo; ved agora
Quien es aqui màs villano,

Si

y zelos. 327

Si quien defpreciado eftima,
Si quien defprecia eftimado.

Viol. Que dezis? Yo no os entiendo.

Henriq. Pues fabed que por defcãço
De tantos zelos el Duque
Offreceros quizo a Carlos,
Y el en fu amor poco firme
Fuè tan necio, y tan ingrato,
Que os dexò por Margarita:
Era amado, no me efpanto.
Liberal el Duque entonces
A Margarita le hà dado;
Yo viendo tal occafion,
Para mi amor defdichado
Ser venturofo le pido.

Viol No digais màs, bien alcanço
Su ingratitud, idos fuera.

Henriq. Si fois mi Dueño adorado,
Es justo que os obedefca:
Que como feñora, os amo,
El cortejo de obediente
Efcalon es para amado.

Va-fe.

Viol. Carlos me quita el fentido;
Henrique dàme cuydado,
El Duque a *Hérique* me hà dado,
Y Carlos no me hà querido;
Margarita me he fingido,
Y fi efto amor me enfeñò,
Baftardo arbitrio eligiò,
Pues Carlos por fino amante
Hà defpreciado a Violante,
Y a Margarita pidiò.
Agora en mi dulce fuego
Es mi defdicha tan dura,
Que me daña la ventura,
Y me defvela el foffiego:

Que fi a Carlos mi amor ciego
Grande conftancia aconfeja,
Tanto de mi màs fe alexa,
Pues en fu engaño offendida,
Quien me pretende, me olvida,
Y quien me bufca, me dexa.

Sale Carlos.

Viol. Carlos.

Carl. Margarita.

Viol. A un duelos
Duran de torpes engaños?

Carl. No fe atreven viles daños
A tan iluftres defvelos:
Si fon tempeftad los zelos,
No los temo en tu arrebol,
Que quando logro el faròl
Hermofo de tu beldad,
No temo la tempeftad,
Pues fiempre me alumbra el Sol.
Pero es tan fino mi amor,
Que antes de amar tu hermofura
Con dos tiempos fe affegura
Para fu gloria mayor;
En las dichas defte ardor
Imagino que logrado
Tuve fiempre mi cuydado,
Porque efte gufto contente
No folo al tiempo prefente,
Sinò tambien al paffado.
Quando el pecho no foffiega
Con llamas de un fuego blando,
Ya te impieço a eftar amando
Para el dia que aun no llega;
Y en efte amor, que me ciega
Difcretamente el penar,
Queriendo el dia efperar,

Oo ij   Ser

328
Amor, engaños,

Soy tan fino en el sufrir,
Que antes que logre el vivir,
Ya me anticipo el amar.
Quando consagro mi fè
A tan soberano bien,
A mi me quiero tan bien,
Porque tanbien acertè:
Y si en este amor me vè
El ciego alado rapaz,
Con otro amor me hallaràs,
Y quando otro amor altero,
Parece que menos quiero,
Solo porque quiero màs.
Desuerte que al conocer
Estotra llama amorosa,
Bien puedes estar zelosa,
Si ansi me vengo a querer:
Enfin si pude emprender
Otro amor en el que sigo,
Estraños zelos prosigo,
Pues quando me quiero ansi,
Si tienes zelos de mi,
Te doy los zelos conmigo.

Viol. Ya que estàs dezengañado
De aquella noche tyranna,
Dime si el Duque a su herman,
En sacro ñudo te hà dado.

Carl. Agora el Duque engañado
Me offreciò su hermana.

Viol. Que
Respondiste? mas yà sè
Que me olvidas,si te amè,
Que con color de prudencia
Una noble conveniencia.
Haze villana una fè.

Carl. No tengas vano temor,
Que en tu zeloso recelo
No ha de llegar a tu Cielo

De aquesse aggravio el vapor:
Que aunque en doblado favor
Mediera su Principado,
Nunca la huviera acetado,
Pues ya logra mi amor tierno
De tu alvedrio el govierno,
De tu hermosura el Estado.

Viol. Con mil engaños atrozes
Teme,Carlos,mi afficion
La mentira,y la traycion
En tus suspiros,y vozes;
No las creo por velozes,
Y por liviano ardimiento,
Que aunque estas,y aquellos sréto,
Dichos de amor,de amor tiros,
Son viento al fin los suspiros,
Al fin las vozes son viento.
Viste un fuego,que en rigores
Luzidissimos le acclamas
Oro liquido de llamas,
Sierpe tremula de ardores:
Con el leño sus furores
Brotan humo riguroso,
Que provoca a lo lloroso,
De suerte,que aun tiempo hà sido
De la llama lo luzido,
Del humo lo tenebroso?
Assi pues en tu afficion
Tu amor agora se extiende,
Pues como fuego te enciende
El leño del coraçon:
Recela en el mi opinion
Engañosas estrañesas,   (ños
Pues brota aun tiempo en mis da-
El humo de tus engaños,
La llama de tus finesas.

Carl. Con el mismo exemplo.yo

To

y zelos. 329

Te provarè mi soffiego,
Porq̃ quando es grande el fuego,
Nunca el humo respirò;
Assi tambien si abrazò
Con muchas operaciones
Grande amor a mis passiones,
No se junta en mis lealtades
Con la luz de las verdades
El humo de las trayciones.

Viol. Pues agora por mi mal,
Y porque en mi amor concluya,
No pudo, Carlos, ser tuya.

Carl. Que digas palabra tal!
Y si esse golpe mortal
De tu voz quiere acabarme,
Es ocioso el mal tratarme,
Aunque esgrima mal tan fiero,
Pues quando de amores muero,
No puede otra vez matarme.

Viol. Soy Carlos de Henrique agora,
Que el Duque a Henrique me diò.

Carl. El Duque?

Viol. El Duque.

Carl. Quien viò,
Tanto mal, que el pecho llora?
Empero advierte señora.
Que està tu pecho engañado,
Porque el Duque a ti me hà dado,
Y en una palabra noble
No cabe inconstancia doble.

Viol. Esto he visto, y he escuchado!

Carl. Viò-se mayor liviandad.
De un Principe soberano,
Que me prometta tu mano
Por gratitud, o piedad,
Y con leve falledad,
Y poco attento sentido

Hoy a Henrique te hà offrecido
Despues de offrecerte ami?

Viol. Tu lo mereces, que aqui
Tu mismo nò me has querido.
Henrique solo me quiere,
Y tu me olvidas ingrato
Solo porque amores trato.

Carl. Que esto tu labio profiere!
Yo te olvido? oh como hiere
El Duque, y tu misma (en essa
Nueva, que tu voz confiessa)
A mi triste coraçon,
Tu con ingrata opinion,
El con liviana promessa.
Hoy al Duque he de quexarme,
Y culpar la sin razon,
Pues pudo con una accion
Tanto mal occasionarme:
Pero si el quizo feriarme
Lo que mi fè pretendiò,
Como a Henrique lo offreciò?

Viol. Porque tu me aborreciste.

Carl. Siempre amante, y siempre triste
El alma mia te amò.

Viol. Aunque Carlos, me enamoras
Con sobornos de una pena,
Aun la doblèz te condena,
Pues sè que a Violante adoras.

Carl. Solo soy, aunque lo ignoras,
Amante de tu candor,
Que si es Sol, y flecha amor,
Tu sola vienes a ser
El blanco de mi querer,
Y la esfera de mi ardor.
Oh como agora me holgàra
Quando el alma màs se altera,
Quando Violante me quiziera,

Porque

330   *Amor, engaños,*

Porque por ti la dexàra,
Si lisonja en ti se hallàra;
Porque una Dama procura
Por vanidid o locura
Que por su rostro adorado
Se desprecie otro cuydado,
Y si olvide otra hermosura.
Viol. Enfin Carlos,que no quieres
  A Violante?
Carl. No me offendas
  Con tus vozes.
Viol. No pretendas
  Mi amor,si la aborrecieres:
  Mas si agora pretendieres
  Ser de mis penas amante,
  Ser en tu fè màs constante,
  Pues hoy tu afficion te incita,
  No quieras a Margarita,
  Ama,Carlos,a Violante.
Carl. Margarita,si te adoro
  Eres perla,con que advierto
  Que tiene hallado mi acierto
  En tu hermosura un thesoro:
  Que quiera a Violante ignoro,
  Ni fuera bien el quererla,
  Que entonces al escogerla
  Era juzgar superior
  Su bella a tu esplendor,
  Una Violeta a una Perla.
Viol. Quieresme bien?
Carl. El penar
  Siempre alimento por ti.
Viol. Pues si me quieres a mi,
  A Violante has de estimar.
Carl. Que mal entiendo esse hablar!
  Si no quieres ser a nada,
  Si tu desprecio te agrada:

Pues si aquesto se pondera,
Eres la muger primera,
Que estima ser despreciada.
Viol. Mira este papel dichoso,
  Infunde dichas amor, *ap.*
  Que en el papel,ay honor!
  Le confie o que es mi esposo.

    Dale El papel,y lee Carlos.
Carl. Leo el papel,temeroso,
  Breve parece la prosa.
Viol. Es breve,porque es dichosa.
      Leo.
Carlos querido, Violante
  Si fuè tanto tiempo amante,
  Serà mañana tu esposa.
Carl. Rompo el papel.
Viol. Carlos mira.
Carl. Jà nò tengo que mirar,
  Que si fino quiero amar,
  Es prudencia lo que es ira.
    Rompe-lo.
Rompo el papel,y me admira
  Que en tantas llamas precisas,
  Con que mi ardor solennizas,
  Quando agora lo rompiesse,
  Pedaços mi amor lo hiziesse,
  Y no lo hiziesse cenizas.
  Castigo-lo,si en lo amable
  Me aconseja lo grossero,
  Que aun siente el amor sin cero
  Un consejo de mudable;
  Y si el coraçon affable
  Contra el ansia verdadera
  Este papel admittiera
  Con villanas falsas artes,
  Màs que el papel en mil partes,

                      En

y zelos. 331

En mil partes lo romplera.
Viol. Enfin quizifte romprelo,
  Aunque lo contrario dixe?
Carl. El romperlo no me afflige,
  Solo me afflige el leerlo.
Viol. Pues ya que quizifte hazerlo,
  Quando en tus engaños toco,
  Queda-te ingrato por loco.

Haze que se vá, y detiene-la.

Carl. Oye, efpera Margarita.
Viol. Margarita? Màs me incita
  Tu voz, pues me eftima en poco.
  Tu te atreves a romper!
  Lo que Violante te efcrive?
Carl. Que mal tu pecho recibe
  La offrenda de mi querer.
Viol. Contigo puedo entender
  Que no tendrè buena eftrella,
  Que pues a Violante bella
  Defprecias, tambien te digo
  Que Carlos, haràs conmigo
  Lo que hazes, Carlos, con ella
  Y tanto màs fe adelanta
  Mi opinion eftablecida,
  Quanto và de preferida
  A una vaffalla una Infanta;
  Y defte difcurfo es tanta
  Mi pena, que mis triftefas
  Lloraràn otras finefas.
Carl. Yo no entiendo tus crueldades,
  Pues injurias mis verdades,
  Y caftigas mis firmefas.
Viol. Carlos, fi conftantes fon
  Tus finefas, yo lo pido,
  Ama a Violante.
Carl. El fentido

Me roba la confufion.
Viol. No fe altere tu paffion,
  Que dé modo pude hazerme
  Su amiga, que al offenderme,
  Y tambien al eftimarme
  Es el dexarla dexarme,
  Es el quererla quererme.
  Mañana pues, como digo,
  Entre t.nieblas vendràs
  Al jardin, donde hallaràs
  Sola a Violante conmigo.
Carl. Si ella eftuviere contigo,
  Darè con temor callado,
  Y defvelo enamorado,
  Entre uno, v otro conceto,
  A fu luz todo el refpeto,
  A tu luz todo el agrado.
Viol. Mi pecho al jardin te efpera.
Carl. Oh que noche ven urofa!
Viol. Albricias, alma zelofa,
  Que es fu affcion verdadera,
  Y tan otra fe pondera, *ap.*
  Que quando fu amor le creo,
  Es tan eftraño mi enleo,
  Que fe con engaño necio
  Por la voz de mi defprecio
  La conftancia de fu empleo.

Va-fe Violante.

Carl. En mis engaños no entiendo
  Lo que veo en mis engaños,
  Quando bufco dezengaños,
  Engaños eftoy fintiendo;
  Si a Margarita pretendo,
  Y el Duque a mi me la diò,
  Otro empeño fiento yo,

              Porque

334

Amor, engaños,

Porque mi mal signifique.
Pues và sè q̃ el Duque a *Henrique*
Mi Margarita offreciò.
Y despues, quando constante
Quiero solo a Margarita,
Ella en pesares se excita,
Porque no quiero a Violante;
Y me aconseja inconstante
Que quiera a Violante hermosa,
Y se enoja rigurosa
De que le rompa el papel,
Quando me promette en el
Que serà luego mi esposa.
No entiendo la variedad
De Margarita intratable,
Que me aconseja mudable
Un desprecio a su beldad:
Para saber la verdad
Al Duque agora que viene,
Hablar con el me conviene.

Sale el Duque.

Duq. Carlos?
Carl. Señor.
Duq. Que tristesa
  Teneis?
Carl. De vuestra grandesa
  Nace al alma el mal que tiene,
  Pues quando tan liberal
  Margarita me offrecisteis,
  Como señor, me rompisteis
  Vuestra palabra real?
Duq. Carlos en engaño tal
  Sabràs que a Henrique offreci
  Mi hermana, despues que aqui
  Te hablè.
Carl. Que dizes, señor,

Si Margarita a mi amor
Esto me confieça a mi?
Duq. Ya es mucho mi sufrimiento
Con tus varias pretensiones,
Pues agora en tus passiones
Me renuevas otro intento;
Si es tan loco tu ardimiento,
Que jugando en tu ventura
Con poco honor, y cordura,
Por Margarita, y mi hermana
Hazes pelota liviana
De tu liviana locura.
De suerte que quando yo
Por piedad màs generosa
A Margarita amorosa
Mi grandesa te offreciò,
Y aunque mi pecho sintiò
A pesar de mi deseo,
Que es Margarita tu empleo,
Ya te he dado a *Margarita*;
Que quieres màs?
Carl. Infinita
Es mi pena! ah fuerte enleo!
Duq. Que dizes, que te suspende?
Carl. Ella misma me affirmò,
Que a Henrique la dieras.
Duq. Yo?
El alma tu voz no entiende,
Que en sus mudanças agora
Tantos engaños hà hecho.
Carl En mil congoxas el pecho
Tantos enleos ignora.
Duq. Vamos, Carlos, que he de ver
Si Margarita te adora,
Porque si ella te enamora,
Tuya, Carlos, hade ser.
Carl. Amor, nò sè que hede hazer

En

y zelos. 335

En inquietudes, que has dado
Quando el sossiego has hallado.
Dime Amor, como en tus flechas
Me asseguras con sospechas,
Me sossiegas con cuydados!

Van-se.

Sale Dinero.

Din. Dexòme Carlos, aqui
Alma mia discurramos
Un rato sobre mi vida,
Pues tengo vida a lo gato.
Y soy criado, esto es mucho,
Carlos ilustre es mi Amo,
Que es un Archicavallero,
Y es un Archimentecato.
Ama solo a Margarita,
Otro amor hà despreciado,
No quiere amor a lo Turco,
Ama muy a lo Christiano.
Mas dexando este discurso,
A mi vidilla bolvamos;
Qual la salud mas perfeta
Con buen humor sirvo a Carlos;
Y de todos sus servientes
Lindos, morenos, o claros,
Graves, alegres, o bobos,
*Y*ò soy el Archicriado.
Todos a mi me respetan,
*Y*o dellos soy estimado,
Porque soy el màs antigo
Ladron de casa, o criado.
A los modernillos, que entran
Al serviente Noviciado,
Soy Maestro Capuchino,
Y soy Guardian Franciscano.

A las rentas, caserias,
Dineros, quintas, palacios
De Carlos los llamo nuestros,
Y al fin la verdad declaro:
Con privilegios nò impressos
De Criado, quando me armo,
Desafio, quiebro, rompo,
Injurio, acuchillo, y mato.
Ayer con una navaja
Muy sangriento dibuxando,
He delineado una frente,
Donde mis iras retrato.
Antaño en cierto bobillo
Fanfarron de los màs altos
Me guardò los mandamientos
Sin tener rostro a lo santo.
Y si acazo algun Esbirro,
Quando me encuentra, rondando,
Qu'en và me dize sobervio,
*Y*ò luego desenvainando
Lo de sirvo a Carlos, el
Con el temor no pensado
Se buelve como un cordero;
Y en inclinacion de urbano,
haziendo tiros cortezes,
Todo se dobla en un arco.
Y si acaso no serviera,
Me aprisionàra bolando,
Dando a mi cuerpo mil xaques:
Ay del que no sirve aun Carlos!
Tambien si pretendo honores,
Quantos quiero, los alcanço,
Y para màs merecerlos,
Por mis servicios los gano.
Tambien por me hazer sobervio
Con grandes señores hablo,
No con los picaros viles,

Pp   Ya

336 *Amor,engaños,*

Ya poco a poco me hidalgo.
Hay màs bien,ni màs fortuna,
Que servir? esto es bien claro,
Que si en esta vida siempre
Los hombres han procurado
Los honores,y riquesas,
Quien sirve es rico,es honrado.
De lo honrado ya lo he dicho,
La riqueza luego aguardo,
Porque Carlos me promette
Un officio muy ricaço,
Para que pueda venderlo
Yluego,luego embolsarlo.
En conclusion soy dichoso;
Quien no sirve,es mentecato
Ad perpetuam rei memoriam,
Sed libera nos amalo.

Sale Clarela.

Cl. Dinero amigo,que quiere?
D. Basilisco açucenado,
De los jardines clavel,
De los coraçones clavo,
Clavo dulce quando formas
Essa harmonia de agrados,
Ciavela,ò vela de amores,
Que estàs al alma abrazando,
Y en tu hermosura luziendo,
Quieres amarme?
Cl. Gallardo
Amante,a Celia no quieres?
Din. A Celia quiero hà mil años,
Pero en lo vario del gusto
Mi coraçon recreado,
Dexo a la Fenis lo solo,
Tomo a las flores lo vario.
Bien sabes que soy Dinero,

Cavallero muy bizarro,
Que trata con mucha gente,
Y por esso es màs amado.
Si me quizieres,Clavela,
Por ti passarè peñascos,
Breñas,montes,serranias,
Noches,inviernos,atajos,
Sepulchros,muertes,infiernos;
Y si encarecerlo trato,
Por ti sufrirè,Clavela,
De los pleytos el enfado;
Sufrirè la gravedad
De un descortez escrivano;
Verè la cara de un rico,
Que se precia de tacaño,
Y presume de muy noble;
Sufrirè de un Ministraço
La vara,quando se dobla
Al peso de algunos quartos;
Verè grandes presunciones
De un necio muy confiado;
Sufrirè de una ramera
El melindre adonzellado;
Hablarè con hombres sordos,
Y escucharè versos malos.
Cl. Dexa,Dinero,el sermon,
Que en mi election no me abaxo
A lo picaro de un gusto,
A lo bufon de un agrado.
Dn. Espera, miel con chapines,
Aguarda nieve con sayo.
Va-se.

*Sale Margarita, Celid,y Damas
que canten.*
Cel. Quando el dolor te condena,
Quieres que canten,señora?

Marg.

y zelos. 337

Marg. Si que es suspension canora
La Musica de una pena.
Canten pues, y en el rigor
De tanta tristeta mia
Será nectar la harmonia
Quando veneno el dolor.
Cantan.
Si mi pecho os enamora
Esse florido arrebol,
Sois tcda en los ojos Sol,
Sois tcda en el rostro Aurora.
*Y*a con vòs florecerà,
Como blanca flor, mi fè,
Pues en vòs el Sol se vè,
Pues en vòs Aurora està.
Cel. Dulce le trilla parece.
Marg. Con Sol, y Aurora es luzida.
Cel. El canto aliviò tu vida?
Marg. Mayor la pena se offrece:
Que un pecho en pesares, tibio
Vive al bien; y en ansia tal
Quando halla alivio en el mal,
Le causa mal el alivio.
Ay engaños, ay desvelos,
Ay de amor verdad ingrata! *Llora.*
Cel. Lluvia de liquida plata
No quieran verter tus Cielos.
Marg. Suele a Sicilia inundar

Con dos corrientes amero,
Que una sorve el mar Tyrrheno,
La otra el Libyco mar,
Un fertil rio; y si alarga
Con crystalino correr
Sus corr entes, viene a ser
Una dulce, y otra amarga.
Assi tambien este rio
De lagrymosa passion
Entre amorosa afficion,
Y zeloso desvario
Vierte agora en mis dolores
Dos corrientes por mis ojos,
Una amarga en mis enojos,
Otra dulce en mis amores.
Cl. *Y*a sabe el Duque, señora,
Para alivio de tus zelos,
Que Carlos en sus desvelos
Solo a Violante enamora.
Y pues esto ya se sabe,
El Duque sabrà tu fè,
Porque dichoso te dè
De su coraçon la llave.
El viene
Marg. Quiera la suerte
Que succeda el desengaño,
Porque se acabe mi daño,
O ya me acabe la muerte.

Sale el Duque.

Duq. Quien pensàra, cruel, que siendo amado
Tu rostro bello de mi fè constante,
Entre las luzes de amoroso agrado
Oppoziesses las sombras de inconstante!
Mas si que si el Amor se hà ponderado
Harmonia, y tu rostro flor brillante,
Entre harmonia, y flor, oh como infiero
La sirena traydora, el Aspid fiero!

Pp ij

Qual

Amor, engaños,

Qual ave hermofa, que en el verde prado
Siendo Mufico amante de unas flores,
Trueca una flecha con el golpe ayrado,
Quiebros dulces en quiebros gemidores;
Tal a mi coraçon, quando hà bolado
Al florido primor de tus candores,
Hiere tu engaño, fiendo en vil fofpecha
Ave mi coraçon, tu engaño flecha

Qual ciego pez, que en la carrera undofa
Entre el ançuelo fagafmente crudo
Le combida la yefca por fabrofa,
Y le mata el ançuelo por agudo;
Anfi mi amor en la paffion llorofa,
Que es agua de los triftes, hallar pudo;
Porque lo dulce, y lo mortal le affifta,
Ançuelo tu traycion, yefca tu vifta.

Rompa mi pecho la prifion quexofa,
Borre mi pecho tu gentil retrato,
Que aggravios quiebran la cadena hermofa,
Que fofpechas nò ven el lienço ingrato:
Marchite-fe el Amor como la rofa,
Viendo el Eftio de engañofo trato,
Porque nò fienta en mefas de porfia
Manjar mi amor, y tu traycion Harpia.
No dixifte.

Dize dentro Violante.

Viol. Llega Carlos.
Duq. Que es aquefto?
Carl. dentro. Gran ventura
D   Tu bellefa me affegura.
  uq. Vive Dios, que hede matarlos.
Carlos con mi hermana agora,
Y quando yo la offrecia,
Dixo que nò la queria,
Y que a Margarita adora;

En la guerra de un dolor
Dublado fiento el difgufto,
Uno, que conquifta el gufto,
Otro, que affalta el honor.
Quando pues iras me inflamma,
Ya dos caftigos merece,
Pues dos aggravios me offrece
Con la hermana, y con la Dama.

Va-fe el Duque.

Marg. Oye, feñor, que tu hermana;
                Mas

yzelos. 339

Mas ay, que entra riguroſo:
Ah lance de honor quexoſo!
Ah honra de Amor tyranna!
Voy pues ſu furia impedir,
Si lo puede una muger. *Entra-ſe*

Dentro el Duque.

Duq. Pues me quiziſte offender
Oy Carlos haſde morir.

Sale Carlos buyendo, y el Duque con una
daga, deteniendole Margarita, y
Violante.

Viol. Deten hermano el valor.
Marg. Enfrena, ſeñor, el brio.
Viol. Ah ſuerte, ah triſte alvedrio!
Marg. Ah fortuna, ah crudo amor!
Duq. Quita-te allà Circe fiera,
  Suelta yà Medea impìa.
Viol. Oye.
Marg. Eſcucha.
Viol. La voz mia.
Marg. Mi deſculpa.
Duq. Carlos muera.
Viol. Mata-me aqui,
Marg. Dàme muerte.
Viol. Si eres ſordo.
Marg. Sinò eſcuchas.
Viol. Mucho honor.
Marg. Verdades muchas.
Viol. En reſpetarte.
Marg. En quererte.
Viol. Vè.
Marg. Mira.
Viol. Mi honor
Marg. Mi fè.

Viol. Eſto te pido.
Marg. Eſto ruego. *A vmbas.*
Duq. Dize pues, acaba luego.
Viol. Ya digo.
Marg. Yo lo dirè.
Viol. Yo con Carlos haſta aqui
  Por Margarita le amè,
  Yen la verdad de una fè
  Eſtos engaños fingì;
  Encubriò mi pecho doble
  Con el disfràz engañoſo
  El ſemblante de amoroſo
  Por el decoro de noble,
  Y para mi deſempeño
  A Margarita pedi
  Que le eſcrivieſſe por mi
  De aquel papel el empeño.
  Ya Carlos es mi marido,
  Pues a Violante le diſte.
Duq. Carlos, que anſi te atreviſte?
Carl. Es amor, perdon te pido.
  Y agora deſengaño
  De tus zelos, y los mios
  Ceſſarán mis deſvarios,
  Y tu amor ſerà logrado.

Aqui ſa'en todos, y el Duque envaina
la daga.
Duq. Da pues la mano a Violante
  Carlos
Carl. A tus pies proſtrado
  Tendrè de eſpoſo el cuydado
  Entre el cariño de amante.

Dan-ſe las manos.
Viol. Eſtas ſon de amor las palmas.
Carl. Oh quien te diera eſtimado

En

En un amor mil agrados,
En una mano mil almas!
Henr. Amor perdì la esperança.
Duq. Margarita en tal firmesa,
Que devo a tanta noblesa,
Ya tu amor mi mano alcança.
  Dan-se las manos.
Marg. Esta es mi mano, señor.
Din. Tenemos màs casamientos,
Que junten otros jumentos
De otras manos el rigor.
Yo nò me quiero casar
Con Celia, ni con Clavela,
Y si el casar me desvela,
Es solo para embiudar.
Cel. Es picaro tu desprecio.
Cl. Eres necio.
Din. Nò.
Ambas. Porque?
Din. El que Dinero se vè,
Nunca fue picaro, y necio.
Señores, esto es mal hero,
La Comedia se acabò;
Todo mi ser perdi yo,
Pues dexè de ser Dinero.
Mis señores, mis amigos,
En esta Comedia veo,
Segun el titulo leo,
Los tres del alma enemigos;
Si en comparaciones hablo,
Amor en la carne fundo,
Engaños son todo el Mundo,
Y los zelos son el Diablo.

LAUS DEO.

ÍNDICE DE POEMAS

Primeyro Coro de Rimas Portuguesas
em Versos Amorosos de Anarda

Sonetos

I. Anarda invocada 1

II. Persuade a Anarda que Ame 2

III. Ponderaçõ das lagrymas de Anarda 2

IV. Sol, & Anarda 3

V. Moſtra se que a Fermosura esquiva naõ póde ser amada 3

VI. Iras de Anarda caſtigada 4

VII. Vendo a Anarda depõe o sentimento 4

VIII. Cega duas vezes, vendo a Anarda 5

IX. Rigores de Anarda na occasiaõ de hum temporal 5

X. Ponderação do roſto, & olhos de Anarda 6

XI. Naõ podendo ver a Anarda pelo eſtorvo de hũa planta 6

XII. Ponderaçaõ do Tejo com Anarda 7

XIII. Ao sono 7

XIV. Anel de Anarda ponderado 8

XV. Anarda esculpida no coraçaõ lagrymoso 8

XVI. Anarda temerosa de hum rayo 9

XVII. Effeytos contrarios do rigor de Anarda 9

XVIII. Esperanças sem logro 10

XIX. Encarece a finesa do seu tormento 10

XX. Rosa, & Anarda 11

Madrigaes

I. Navegaçaõ amorosa 11

II. Pesca amorosa 12

III. Naufragio amoroso 12

IV. Effeytos contrarios de Anarda 12

V. Ponderaçaõ do roſto, & sobrancelhas de Anarda 13

VI. Encarecimento dos rigores de Anarda 13

VII. Ver, & Amar 13

VIII. Cabello preso de Anarda 14

IX. Ao veo de Anarda 14

X. Ao mesmo 14

XI. Desdem, & fermosura 15

XII. Anarda escrevendo 15

XIII. Naõ póde o amor prender a Anarda 15

XIV. Sepulchro amoroso 16

XV. Amante preso 16

XVI. Suspiros 16

XVII. Rosas de liſtões no cabello de Anarda 17

XVIII. Doutoramento amoroso 17

XIX. Conveniencias do roſto, & peyto de Anarda 17

XX. Ao mesmo 18

XXI. Anarda vendo-se a hum espelho 18

XXII. Anarda jugando a Espadilha 18

XXIII. Teme que seu amor naõ possa encobrir se 19

Decimas

[I]. Anarda vendo-se a hum espelho 19

[II]. A hum Cupido de ouro, que trazia preso Anarda nos cabellos 20

[III]. Lacre atrevido a hũa mão de Anarda 21

[IV]. Exemplos com que se considera amante de Anarda 22

[V]. Sono pouco permanente 23

[VI]. Comparações no rigor de Anarda 23

[VII]. Roſto de Anarda 24

[VIII]. Cravo na bocca de Anarda 24

[IX]. Rosa na maõ de Anarda envergonhada 25

[x]. Comparaçaõ do rosto de Medusa com o de Anarda 25
[xi]. Comparaçaõ dos Gigantes com os pensamentos amorosos 25
[xii]. Eco de Anarda 26

Redondilhas
[i]. Anarda ameaçandolhe a morte 26
[ii]. Que hà de ser o amor hum só. 27
[iii]. Que o Amor há de ser descuberto. 28

Romances
i. Anarda passando o Tejo em huma barca. 30
ii. Anarda doente. 31
iii. Anarda sangrada 32
iv. Anarda chorando 33
v. Anarda colhendo neve 35
vi. Anarda cingindo huma espada 36
vii. Anarda vista de noyte 37
viii. Anarda sahindo fóra. 38

VERSOS VARIOS QUE PERTENCEM AO PRIMEYRO CORO
DAS RIMAS PORTUGUESAS. ESCRITTOS A VARIOS ASSUMPTOS

Sonetos
i. Á Morte Felicissima de hum Javali pelo tiro, que nelle
fes hũa Infanta de Portugal. 43
ii. A hum grande sugeyto invejado, & applaudido 44
iii. A Frey Joseph Religioso Descalço, prêgando na festa de Saõ Joseph 44
iv. A Affonso Furtado Rios & Mendoça sahindo do porto de Lisboa
a governar o Estado do Brasil em occasiaõ tempestuosa,
havendo depois bonança nos mares 45
v. Ao mesmo Senhor entrando no porto da Bahia na mesma occasiaõ
tempestuosa, havendo antes bonança nos mares. 45
vi. A morte do Dezembargador Jeronymo de Sá & Cunha 46
vii. Ao Astrolabio inventado, & fabricado pelo engenho do Reverendo
Padre Mestre Jacobo Estancel Religioso da Companhia 46

VIII. Ao General Joaõ Correa de Sà vindo da India 47

IX. Á vida solitaria 47

X. Ao Cravo 48

XI. Á Açucena 48

XII. Contra os Julgadores 85*

XIII. A hum clarim, tocado no silencio da noyte 85

XIV. Á morte do Reverendo Padre Antonio Vieyra 86

XV. Á morte de Bernardo Vieyra Ravasco Secretario do Eſtado do Brasil . . . 86

XVI. Ponderaçaõ da morte do Padre Antonio Vieyra,

   & seu irmão Bernardo Vieyra ao mesmo tempo succedidas 87

XVII. A hum illuſtre edifício de colunas, & arcos 87

XVIII. A Dom Joaõ Lancaſtro, na occasiaõ do incendio do Moſteyro,

   & Igreja de S. Bento em Lisboa, fazendo-se mençaõ de se livrar do

   naufragio da Barra da Bahia. 88

XIX. Ao mesmo Senhor, trazendo a Imagem de Nossa Senhora

   da Graça desde o seu templo atè o Moſteyro de Saõ Bento,

   sem alargar de seus hombros 88

XX. Ao mesmo Senhor, mandando a seu filho

   Dom Rodrigo de Lancaſtro para a India 89

XXI. Ao nacimento do Principe Nosso Senhor. 89

XXII. Á morte da Senhora Rainha Dona Maria Sofia Isabel,

   aliviada com a vida dos Senhores Principes, & Infantes 90

Panegyrico

Panegyrico ao Excellentissimo Senhor Marquez de Marialva, Conde

   de Cantanhede, no tempo que governava as Armas de Portugal 91

Á Rosa. 100

Cançoens

I. Á morte da Senhora Rainha de Portugal Dona Maria Sofia Isabel 104

II. A Luis de Sousa Freyre, entrando de Capitam de Infantaria

   neſta Praça no Tempo, em que Era governador do Eſtado

   do Brasil Alexandre de Sousa Freyre 110

* Erro na numeração do original.

III. Descripçaõ do Inverno 116
IV. Descripçaõ da Primavera 119
V. Ao Ouro 121
VI. Saudades de hum esposo amante pela perda de sua amada esposa 124

Á Ilha de Maré Termo deſta Cidade da Bahia. Sylva 127

Romances
I. Ao Governador Antonio Luis Gonsalves da Camera
  Coutinho em agradecimento da carta, que escreveu
  a Sua Mageſtade pela falta da moeda do Brasil 137
II. A hũa Dama, que tropeçando de noyte em hũa ladeyra,
  perdeu huma memoria do dedo 139
III. Pintura de huma Dama conserveyra 141
IV. Pintura dos olhos de huma Dama 143
V. Pintura de huma Dama namorada de hum Letrado 144
VI. Á fonte das lagrymas, que eſtá na Cidade de Coimbra 146

Segundo Coro das Rimas Castelhanas
em Versos Amorosos da mesma Anarda

Sonetos
I. Soneto 151
II. Encarecimento da fermosura de Anarda 152
III. Differentes effeytos de hum peyto amante, & roſto amado 152
IV. Naõ pòde amar outra Dama 153
V. Encarecimento do rigor de Anarda 153
VI. Que o amor há der ser pouco favorecido 154
VII. Eſtudo amoroso 154
VIII. Que seu amor se vé perdido nos olhos, & coraçaõ de Anarda 155
IX. Que naõ florece o Amor com o logro 155
X. Que a fermosura naõ há de ser amante para ser amada 156
XI. Anarda vendo-se a hum espelho 156
XII. Que naõ pòde o Amor abrazar a Anarda .157

XIII. Que atê quando dorme naõ deyxa de chorar .157

XIV. Lagrymas de Anarda por occasiaõ de seus desdens. 158

XV. Verifica algumas fabulas em seu amor 158

XVI. Amor namorado de Anarda 159

Cançoens

I. Solicita a Anarda para hum campo. 160

II. Anarda fingindo ciumes 162

Madrigaes

I. Desengano da fermosura de Anarda. 164

II. Anarda negando certo favor 164

III. Anarda viſta, & amada 165

IV. Amante secreto 165

V. Música, & cruel. 165

VI. Amor declarado pelos olhos 166

VII. Anarda borrifando outras Damas com agoas cheyrosas. 166

VIII. Rigor, & fermosura 166

IX. Amor medroso 167

X. Anarda vendo-se a hum espelho 167

XI. Ao mesmo 167

XII. Etna amoroso 167

XIII. Ays repetidos 168

XIV. Doença amorosa 168

XV. Jardim amoroso 168

XVI. Guerra amorosa 169

XVII. Anarda veſtida de azul. 169

XVIII. Retrato amoroso. 169

Decimas

[I.] Anarda cuel, & fermosa 170

[II.] Coraes de Anarda. 171

[III.] Anel de ouro de Anarda 171

[IV.] Sono invocado 172

[V.] Ceo no roſto de Anarda considerado 172

VI. Mote (muriendo eſtoy de una auzencia)...................... 172

Romances
I. Rigores de Anarda reprehendidos com semelhanças proprias 175
II. Bocca de Anarda.. 176
III. Anarda banhando-se 177
IV. Anarda colhendo flores................................. 178
V. Anarda discreta, & fermosa............................. 179
VI. Anarda penteando-se 181
VII. Anarda fugindo....................................... 182
VIII. Pensamento altivo em o amor de Anarda................... 183
IX. Anarda sahindo a hum jardim 184
X. Anarda cantando à viola 185
XI. Anarda ferindo lume 186
XII. Morre queyxoso....................................... 187
XIII. Morte celebrada em Endechas amorosas................... 189

VERSOS VARIOS, QUE PERTENCEM AO SEGUNDO CORO DAS
RIMAS CASTELHANAS, ESCRITTOS A VARIOS ASSUMPTOS

Sonetos
I. Á Morte da Senhora Rainha Dona Maria Sofia Isabel
 Cõparada com eclipse do Sol................................. 193
II. A hum Jasmim 194
III. Adonis convertido em flor.............................. 194
IV. Narcisso convertido em flor 195
V. A sepultura de huma fermosissima Dama 195

Cançoens
I. Descripçam da manhã 196
II. Descripçam do Occaso 198

Romances
I. Caçadora esquiva 200
II. Amante desfavorecido...................................201

MÚSICA DO PARNASO 421

III. Moral queyxa 202

IV. Despedida amorosa. 204

V. A hum Rouxinol 206

VI. Ao Amor 207

VII. Ao Excellentissimo Senhor Marquez de Marialva,
dandolhe os Parabens àa Vittoria de Montes Claros 209

VIII. A Dom Joaõ de Lancaſtro, dandolhe as graças a Cidade da Bahia
por trazer a ordem de Sua Mageſtade para a casa da Moeda,
que de antes tinha promettido 210

IX. Ao Senhor Dom Rodrigo da Coſta, vindo
a governar o Eſtado do Brasil. 212

Terceyro Coro das Rimas Italianas

Sonetos

I. Anarda querida na occasiam de suas lagrymas 217

II. Atrevimento, & lagrymas. 218

III. Leandro morto nas aguas. 218

IV. Endimiaõ amado da Lua 219

V. A Dom Francisco de Sousa Capitaõ da Guarda de
Sua Mageſtade no tempo, em que o chamou para a Corte. 219

VI. A Dom Luis de Sousa Doutor em Theologia,
alludindo às Luas de suas Armas 220

Madrigaes

I. Impossibilita-se a viſta de Anarda 221

II. Jasmim morto, & resuscitado na mão de Anarda 221

III. Compara se Anarda com a pedra. 222

IV. Sol com Anarda 222

V. Ponderaçaõ do Icaro, morto com seu Amor. 222

VI. Anarda fugindo. 223

VII. Anarda reprehendida por querer merecimentos no amante. 223

Quarto Coro das Rimas Latinas

Heroycos
Descreve-se o Leaõ 227

Epigrammas
I. Adonis morto em os braços de Venus. 228
II. Daphne convertida em arvore 228
III. Argos em guarda de Jo. 229
IV. Acteon vendo a Diana 229
[V]. Leandro morto nas agoas 229
[VI]. Á morte da Senhora Rainha Dona Maria Sofia Isabel 230

Colloquium Elegiacum
Tagi, et Mondae Pro obitu DD. Antonii Telles de Sylva. 231

Descante Comico Redusido em Duas Comedias

HAY AMIGO PARA AMIGO. COMEDIA FAMOSA, Y NUEVA 239

AMOR, ENGAÑOS, Y ZELOS. COMEDIA NUEVA 281

Título	*Música do Parnaso*
Autor	Manoel Botelho de Oliveira
Organizador	Ivan Teixeira
Projeto gráfico	Ricardo Assis
Editoração eletrônica	Negrito Produção Editorial
Revisão	Ivan Teixeira
Número de páginas	424
Papel	Polen Print 90g
Fotolito	Liner
Impressão	Lis Gráfica